高等学校"十三五"规划教材

土地整治工程制图

乔荣锋 ◎ 主编　　高进云 ◎ 副主编

化学工业出版社

·北京·

《土地整治工程制图》以《土地整治项目制图规范》（TD/T 1040—2013）为准则，参照其他有关国标规范和部标规范，介绍土地整治工程制图的主要规范性内容，具有鲜明的针对性，切合土地整治制图实际需求，便于行业制图规范表达。共分为十章，第一章至第六章为工程制图的一般知识，第七章至第九章为土地整治工程涉及的主要工程内容专项制图，第十章介绍运用AutoCAD软件绘图。

《土地整治工程制图》可供土地资源管理和土地整治工程专业学生使用，也可供土地整治行业从业人员参考。

图书在版编目（CIP）数据

土地整治工程制图/乔荣锋主编．—北京：化学工业出版社，2018.3
ISBN 978-7-122-31542-7

Ⅰ.①土… Ⅱ.①乔… Ⅲ.①土地整理-工程制图 Ⅳ.①F301.2

中国版本图书馆CIP数据核字（2018）第032424号

责任编辑：李 琰　　　　　　　　　　装帧设计：关 飞
责任校对：王 静

出版发行：化学工业出版社（北京市东城区青年湖南街13号　邮政编码100011）
印　　刷：大厂聚鑫印刷有限责任公司
装　　订：三河市宇新装订厂
787mm×1092mm　1/16　印张16½　字数402千字　2018年6月北京第1版第1次印刷

购书咨询：010-64518888（传真：010-64519686）　　售后服务：010-64518899
网　　址：http://www.cip.com.cn

凡购买本书，如有缺损质量问题，本社销售中心负责调换。

定　价：49.00元　　　　　　　　　　　　　　　　　　　　　版权所有　违者必究

前 言 FOREWORD

土地是人类赖以生存与发展的重要物质基础，在国家或地区人口、资源、环境与发展复合系统中，土地资源始终居于其他资源无法替代的核心地位。当前，土地整治工程已经成为全面推进土地复垦、开展土地生态整治、促进土地资源永续利用的战略手段。2017年3月，土地整治工程本科专业正式纳入国民教育本科序列，迫切需要开展土地工程学科建设，培养土地工程专业技术人才，指导和支撑土地工程建设的实践需要。为此天津工业大学管理学院组织教师编写了《土地整治工程制图》教材。

《土地整治工程制图》共分为十章。第一章至第六章为工程制图的一般知识，第七章至第九章为土地整治工程涉及的主要工程内容专项制图，第十章介绍运用AutoCAD软件绘图。编写分工如下：第一章至第四章由天津工业大学的乔荣锋编写，第五章和第六章由天津工业大学闵捷编写，第七章至第九章由天津师范大学高进云编写，第十章由天津工业大学李晓捷编写，全书由天津工业大学蔡为民教授审定。教材编写过程中，天津工业大学的石英、田洪阵、吴云青等老师以及孟丽君、李婉鑫、王玉萍、袁士超、白杨和刘洋等学生给予了大力协助，在此一并感谢。

《土地整治工程制图》适合土地整治工程、土地资源管理及其他相关专业的本科生使用，也可作为土地整治行业从业者的参考书。限于我们水平，教材中难免存在疏漏和不妥之处，请读者不吝赐教。

编者
2017年5月

目 录 CONTENTS

第一章 制图的基本知识 ... 1

第一节 行业标准的制图基本规定 ... 1
一、一般规定 ... 2
二、土地整治项目制图规定 ... 14

第二节 常用制图工具及使用 ... 18
一、图板、丁字尺和三角板 ... 18
二、绘图铅笔 ... 19
三、圆规和分规 ... 20

第三节 几何作图 ... 20
一、等分直线段 ... 20
二、等分两平行线之间的距离 ... 21
三、绘制圆的内接正多边形 ... 21
四、椭圆的画法 ... 22
五、圆弧连接 ... 23

第二章 点、直线、平面的投影 ... 26

第一节 投影的基本知识 ... 26
一、投影法概述 ... 26
二、投影法的分类 ... 26

第二节 点的投影 ... 27
一、三投影面体系的建立 ... 27
二、点的三面投影 ... 28
三、点的投影规律 ... 28

四、点的三面投影与直线坐标的关系 …………………………………………… 29
　　五、投影面上及投影轴上点的投影 ………………………………………………… 29
　　六、两点的相对位置 ……………………………………………………………………… 30
　　七、重影点的投影 ………………………………………………………………………… 30
第三节　直线的投影 …………………………………………………………………………… 31
　　一、直线的投影 …………………………………………………………………………… 31
　　二、直线上点的投影 ……………………………………………………………………… 34
　　三、两直线的相对位置 …………………………………………………………………… 35
第四节　平面的投影 …………………………………………………………………………… 38
　　一、平面的表示法 ………………………………………………………………………… 38
　　二、各种位置平面及投影特性 …………………………………………………………… 39
　　三、平面上的直线和点 …………………………………………………………………… 42
第五节　直线与平面、平面与平面的相对位置 …………………………………………… 43
　　一、直线与平面的位置 …………………………………………………………………… 44
　　二、平面与平面的位置 …………………………………………………………………… 47

第三章　立体及表面交线　　　　　　　　　　　　　　　50

第一节　平面体及表面上点的投影 ………………………………………………………… 50
　　一、棱柱体 ………………………………………………………………………………… 50
　　二、棱锥体 ………………………………………………………………………………… 52
第二节　平面体的截交线 …………………………………………………………………… 53
　　一、截交线与断面 ………………………………………………………………………… 53
　　二、截交线的投影与截交体的投影 ……………………………………………………… 54
第三节　平面体与平面体的表面交线 ……………………………………………………… 55
　　一、相贯线的基本概念 …………………………………………………………………… 55
　　二、求两平面立体的表面交线 …………………………………………………………… 56
第四节　曲面体及表面上点的投影 ………………………………………………………… 59
　　一、圆柱 …………………………………………………………………………………… 59
　　二、圆锥 …………………………………………………………………………………… 60
　　三、圆球 …………………………………………………………………………………… 62
　　四、圆环体及圆环表面点的投影 ………………………………………………………… 63
第五节　平面与回转体表面相交 …………………………………………………………… 64

  一、平面与圆柱相交 64

  二、平面与圆锥相交 65

  三、平面与球相交 66

 第六节 平面体与曲面体表面交线 68

  一、平面体与曲面体表面交线 68

  二、两曲面体的相贯线 69

  三、相贯线的特殊情形 71

  四、影响相贯线形状的因素 73

第四章 组合体的投影 75

 第一节 组合体三视图的读图方法 75

  一、三视图的形成及投影特性 75

  二、读图要点 77

  三、读图的基本方法 77

 第二节 组合体三视图的画法 81

  一、组合体的形成方式 81

  二、组合体中相邻表面间的连接关系 83

  三、画组合体视图的方法和步骤 85

 第三节 组合体的尺寸标注 88

  一、基本形体的尺寸标注 88

  二、组合体的尺寸标注 89

  三、标注组合体尺寸的方法和步骤 90

第五章 空间形体的表达方法 92

 第一节 视图 92

  一、基本视图 92

  二、辅助视图 92

  三、视图的简化画法 96

 第二节 剖面图 97

  一、剖面图的画法 97

  二、剖面图的种类 99

第三节　断面图 ·· 102
　　　　一、断面图的标注 ·· 102
　　　　二、断面图的种类及画法 ·· 103

第六章　标高投影　　106

第一节　点和直线的标高投影 ·· 106
　　　　一、点的标高投影 ·· 106
　　　　二、直线的标高投影 ··· 106

第二节　平面的标高投影 ·· 109
　　　　一、等高线、坡度线和坡度比例尺 ·· 109
　　　　二、平面的标高投影表示法 ··· 110
　　　　三、平面交线的标高投影 ·· 111

第三节　曲面的标高投影 ·· 113
　　　　一、圆锥面 ·· 113
　　　　二、同坡曲面 ··· 113
　　　　三、地形面 ·· 114

第四节　标高投影在工程中的应用 ··· 116

第七章　钢筋混凝土结构图　　120

第一节　钢筋混凝土结构的基本知识 ·· 120
　　　　一、混凝土结构的分类 ··· 121
　　　　二、钢筋混凝土结构的特点 ··· 121
　　　　三、钢筋的分类 ·· 121
　　　　四、钢筋的弯钩与保护层 ·· 124

第二节　钢筋混凝土构件图的图示方法 ··· 126
　　　　一、配筋图 ·· 126
　　　　二、模板图 ·· 127
　　　　三、预埋件图 ··· 127

第三节　钢筋混凝土构件图的阅读 ··· 128
　　　　一、钢筋的一般表示方法 ·· 128
　　　　二、钢筋的简化表示方法 ·· 131

三、钢筋图的阅读 ………………………………………………………………… 131

四、钢筋混凝土结构图的改革及平法概念 …………………………………… 134

第八章　房屋建筑工程图　　136

第一节　概述 …………………………………………………………………… 136
一、房屋的组成 …………………………………………………………………… 136

二、房屋工程图分类 ……………………………………………………………… 137

三、绘制房屋建筑图的有关规定 ………………………………………………… 138

第二节　建筑施工图 …………………………………………………………… 143
一、建筑总平面图 ………………………………………………………………… 143

二、建筑平面图 …………………………………………………………………… 145

三、建筑立面图 …………………………………………………………………… 147

四、建筑剖面图 …………………………………………………………………… 149

五、建筑详图 ……………………………………………………………………… 150

第三节　结构施工图 …………………………………………………………… 153
一、基础图 ………………………………………………………………………… 153

二、结构平面图 …………………………………………………………………… 155

三、建筑结构平面施工图的整体表示法 ………………………………………… 156

第四节　设备施工图 …………………………………………………………… 163
一、室内给水排水工程图 ………………………………………………………… 163

二、暖通空调工程图 ……………………………………………………………… 163

三、建筑电气施工图 ……………………………………………………………… 163

第九章　水利工程图与道路工程图　　166

第一节　水利工程图 …………………………………………………………… 166
一、水工建筑物中常见结构及其作用 …………………………………………… 166

二、水工图的分类 ………………………………………………………………… 169

三、视图配置及表达方式 ………………………………………………………… 170

四、水工图的尺寸标注 …………………………………………………………… 172

五、水工图的绘制 ………………………………………………………………… 175

六、水工图的识读 ………………………………………………………………… 175

第二节　道路工程图 ··· 176
　　一、道路的相关知识 ··· 176
　　二、路线工程图 ··· 178
　　三、道路交叉口 ··· 185

第十章　AutoCAD 2015绘图简介　188

第一节　AutoCAD 2015软件操作的基础知识 ······························· 188
　　一、AutoCAD 2015的主要功能介绍 ······································ 188
　　二、AutoCAD 2015的启动与退出 ··· 189
　　三、AutoCAD 2015的工作界面 ·· 189
　　四、AutoCAD 2015鼠标和键盘的基本操作 ······························· 193
　　五、AutoCAD 2015的命令使用 ·· 194
　　六、AutoCAD 2015的坐标系 ··· 195
　　七、AutoCAD的图形显示控制 ··· 196

第二节　绘制二维图形 ·· 198
　　一、点对象 ·· 198
　　二、绘制直线 ··· 199
　　三、绘制射线 ··· 200
　　四、绘制构造线 ·· 201
　　五、绘制多段线 ·· 201
　　六、绘制样条曲线 ··· 203
　　七、绘制平面形体 ··· 203
　　八、图案填充 ··· 206
　　九、创建面域 ··· 209
　　十、创建图块 ··· 209

第三节　编辑二维图形 ·· 210
　　一、选择对象 ··· 210
　　二、使用夹点编辑图形 ··· 212
　　三、改变图形位置 ··· 214
　　四、绘制多个图形 ··· 215
　　五、图形的缩放与拉伸 ··· 218
　　六、图形编辑的其他操作 ·· 219

七、编辑对象特性 ··· 222
第四节　辅助绘制图形工具 ··· 223
　　一、捕捉与栅格 ··· 223
　　二、正交模式与极轴追踪 ··· 225
　　三、对象捕捉 ··· 226
　　四、查询对象信息 ··· 228
第五节　尺寸标注 ··· 230
　　一、创建与设置标注样式 ··· 230
　　二、各种具体尺寸的标注方法 ··· 236
第六节　文字和表格 ··· 239
　　一、创建文字样式 ··· 239
　　二、文字输入 ··· 240
　　三、文字编辑 ··· 242
　　四、创建表格 ··· 244
第七节　图层管理 ··· 245
　　一、创建图层 ··· 245
　　二、管理图层 ··· 247

参考文献 ··· 251

第一章 制图的基本知识

★【学习目的】通过本章学习,应了解和掌握土地整治行业工程制图的基本规定,并学会使用常用制图工具进行几何作图。

★【学习要点】掌握土地整治工程行业标准中基本规定;掌握常用的几何作图方法。

第一节 行业标准的制图基本规定

土地整治是在一定的区域内,按照土地利用总体规划确定的目标和用途,以土地整理、复垦、开发和城乡建设用地增减挂钩为平台,推动田、水、路、林、村综合整治,改善农村生产生活条件和生态环境,促进农业规模经营、人口集中居住、产业聚集发展,推进城乡一体化进程的一项系统工程。《中华人民共和国土地管理法》中明确提出"国家鼓励土地整理";2006年,《中共中央关于制定国民经济和社会发展第十一个五年规划的建议》中指出"搞好土地整理";2008年,党的十七届三中全会要求"大规模实施土地整治",土地整治逐步纳入国家层面的战略布局;2015年,《中共中央关于国民经济和社会发展第十三个五年规划的建议》提出"大规模推进农田水利、土地整治、中低产田改造和高标准农田建设",充分肯定了土地整治对保障国家粮食安全、转变农业发展方式、促进城乡统筹发展的重要支撑与基础作用。从国家发展战略来看,土地整治已经成为保障国家粮食安全、城乡统筹发展、促进生态文明建设的重要手段。

在我国多年的土地整治实践中,为科学、规范、有序推进土地整治工作,除了一些行业通用标准和规范外,国家及国土资源部颁布了多项关于土地整治的规范和标准。制图标准是标准体系的基础,是实施土地整治项目的重要技术支撑和依据,是承载项目现状条件与工程布局、工程设计、工程量统计与计算的重要载体。工程图样作为"工程技术语言",需要公认的规范使图样及其表达的信息确切、清晰、规范。为了保证制图质量,提高制图效率,做到图面清晰、简明,符合设计、施工、存档的要求,适应工程建设的需要,我国制定了诸如《房屋建筑制图统一标准》(GB 50001—2010)、《建筑制图标准》(GB 50104—2010)、《建筑结构制图标准》(GB 50105—2010)、《道路工程制图标准》(GB 50162—1992)等国家标准。

这些标准的颁布与实施对土地整治工程制图有较强的指导作用，但由于上述标准为通用国家标准，难以顾及土地整治工程制图的自身特点，不能完全满足土地整治项目制图的实际需求。

土地整治项目图主要分为现状图、规划图、工程设计图、竣工图4类图件。现状图是反映项目区地形、土地利用现状及基础设施现状的图件；规划图（总平面布置图）是反映规划后项目区土地利用布局和工程布局等内容的图件；工程设计图（单体图）是表示工程结构、尺寸、材料等方面的图件；竣工图是反映实施后项目区土地利用布局和工程布局等内容的图件。为统一土地整治项目制图规则，正确表达现状图、规划图、竣工图和工程设计图的基本要素、图面配置、图式图样和其他基本要求，国土资源部于2013年颁布实施了《土地整治项目制图规范》（TD/T 1040—2013）（以下简称《规范》）。制图标准是绘制土地整治工程图的基本依据和出发点，是工程人员在设计、施工、管理中必须严格执行的条例。从学习制图的第一天起，就应该严格遵守制图标准中的每一项规定。本教材以《规范》为准则，参照其他有关国标规范和部标规范，介绍土地整治工程制图的主要规范性内容。

一、一般规定

（一）坐标系统与比例尺

现状图、规划图的平面坐标系采用"1980西安坐标系"，高程系统采用"1985国家高程基准"，投影方式采用高斯-克吕格投影，宜按照3°分带。对于比例尺大于1:2000的图件宜按照1.5°分带。

比例尺是图中图形与其实物相应要素的线性尺寸之比。比例尺有三种表示方法：数值比例尺、图示比例尺和文字比例尺。比例尺大于1，实际图形被放大，反之则被缩小。一般而言，大比例尺地图，内容详细，几何精度高，可用于图上测量。小比例尺地图，内容概括性强，不宜于进行图上测量。制图采用的实测地形图测绘精度不小于1:2000，根据项目地形和规模，一般项目现状图采用1:1000～1:5000比例尺（丘陵地形不低于1:2000，平原地形不低于1:5000），规划图、竣工图与比例尺与现状图保持一致，工程设计图比例根据工程实际尺寸和图幅大小确定。绘图所用的比例应根据图样的用途与被绘对象的复杂程度，从表1-1中选用，并应优先采用表中常用比例。

表1-1 绘图所用比例

常用比例	1:1、1:2、1:5、1:10、1:20、1:30、1:50、1:100、1:150、1:200、1:500、1:1000、1:2000
可用比例	1:3、1:4、1:6、1:15、1:25、1:40、1:60、1:80、1:250、1:300、1:400、1:600、1:5000、1:10000、1:20000、1:50000、1:100000、1:200000

（二）图纸幅面与图廓

图纸幅面简称图幅，是指图纸尺寸的大小。为了使图纸整齐，便于保管和装订，在国标中规定了图幅尺寸。常见的图幅有A0、A1、A2、A3、A4五种，详见表1-2。一般而言，图纸幅面原则上应符合表1-2中尺寸规定。其中，工程设计图宜采用A3图幅，现状图、规划图、竣工图的图幅选择可根据建设规模确定,以内容完整表达,便于阅读为准,必要时采取加长加宽幅面。图纸以短边作为垂直边为横式,以短边作为水平边为立式。A0~A3 图纸宜横式使用,必要时也可立式使用。

表 1-2　图纸基本幅面及图廓尺寸

幅面代号	A0	A1	A2	A3	A4
$B×L$/mm×mm	841×1189	594×841	420×594	297×420	210×297

表 1-2 中,B 代表图纸宽度,L 代表图纸长度。图纸的绘图区域,通常用内图廓包含的区域来表达,如图 1-1、图 1-2 所示。

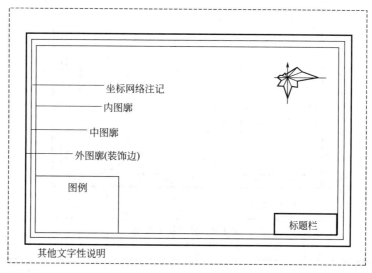

图 1-1　横式图面配置

(三) 图面配置

1. 图样及图廓整饰

图廓分为外图廓和内图廓。外图廓用粗实线绘制,内图廓用细实线绘制。图的左下角,图廓线外应标注该图所采用的高程基准、等高线、坐标系等。图上每隔 10cm 绘制一直角坐标网线交叉点。两图廓间靠近图廓角和整百公里数的坐标线,应注出完整的公里数,横坐标数字前应加注该图所在的投影号,其余坐标只注出个位、十位的公里数及半公里数。图廓角应注出经纬度。

2. 标题栏

《规范》规定,标题栏应放在图纸右下角。标题栏的外框线为粗实线,分格线为细实线。标题栏的现状图图名、规划图图名、竣工图图名、工程设计图的单位名称用黑体表示,其他的用仿宋体表示。标题栏单位尺寸为毫米(mm),格式、内容及尺寸参考图 1-3、图 1-4 和图 1-5。

3. 指北针及辅助图表

指北针宜绘制在图的右上角,受风力风向影响较大地区应采用 16 方向风向玫瑰图,见图 1-6。其他地区可采用指北针式样绘制,见图 1-7。

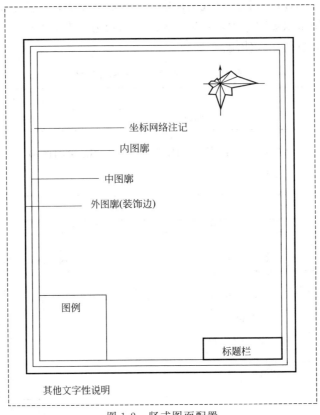

图 1-2 竖式图面配置

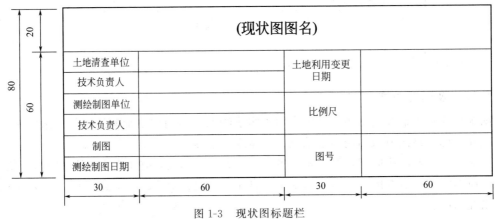

图 1-3 现状图标题栏

辅助图表应包括项目地理位置图、图例、现状图中的土地利用结构表、规划图中的规划前后土地利用结构对比表等。图例宜排列在图的左下角，其他辅助图表可根据图面情况安排在适当位置。

现状图和规划图的注记应按照《第二次全国土地调查技术规程》（TD/T 1014—2007）规定标注。

（四）图线

图线是指起点和终点间以任何方式连接的一种几何图形，形状可以是直线或曲线，连续

(规划图/竣工图图名)			
批准		编制单位	
核定			
审查		比例尺	
规划			
制图		图号	
日期			

图 1-4　规划图/竣工图标题栏

(编制单位名称)			
批准		项目名称	
核定		设计阶段	
审查		(工程设计图图名)	
规划			
制图		比例尺	
日期		图号	

图 1-5　工程设计图标题栏

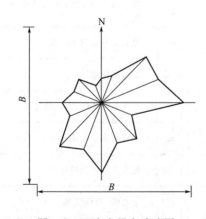

图 1-6　16方向风向玫瑰图

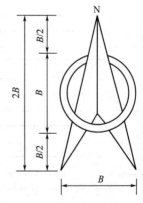

图 1-7　指北针图

和不连续线。为了使图上的内容主次分明、清晰易看，在绘制土地整治工程图时，采用不同的线型和不同粗细的图线来表示不同的意义和用途。

1. 线宽与线宽组

常见的线宽 b 值应在 1.4mm、1.0mm、0.7mm、0.5mm、0.35mm、0.25mm、0.18mm、0.13mm 系列中选取。当选定粗线线宽 b 值之后，中线线宽为 $0.5b$，细线线宽为 $0.25b$。这样一组粗线、中线、细线的线宽称线宽组。画图时，在同一张图纸内，采用比例一致的各个

第一章　制图的基本知识

图样，应采用相同的线宽组。图线宽度不应小于 0.1mm；每个图样应根据复杂程度与比例大小，先选定基本线宽 b，再选用表 1-3 中相应的线宽组。

表 1-3　土地整治工程制图线宽组

线宽比	线宽粗/mm			
b	1.4	1.0	0.7	0.5
$0.7b$	1.0	0.7	0.5	0.35
$0.5b$	0.7	0.5	0.35	0.25
$0.25b$	0.35	0.25	0.18	0.13

图纸的图框和标题栏线，可采用表 1-4 中线宽。

表 1-4　线宽组

幅面代号	图框线	标题栏外框线	标题栏分格线
A0、A1	b	$0.5b$	$0.25b$
A2、A3、A4	b	$0.7b$	$0.35b$

2. 线型

图线的基本线型有实线、虚线、点划线、双点划线、波浪线和折断线五种。各类图线的线型、线宽和一般用途见表 1-5。

表 1-5　图线的基本线型

名称		线型	线宽	一般用途
实线	粗	———————	b	主要可见轮廓线
	中	———————	$0.5b$	可见轮廓线、尺寸起止符号等
	细	———————	$0.25b$	可见轮廓线、图例线、尺寸线和尺寸界线
虚线	粗	- - - - - - -	b	见有关专业制图标准
	中	- - - - - - -	$0.5b$	不可见轮廓线
	细	- - - - - - -	$0.25b$	不可见轮廓线、图例线等
点划线	粗	—·—·—·—	b	见有关专业制图标准
	中	—·—·—·—	$0.5b$	见有关专业制图标准
	细	—·—·—·—	$0.25b$	中心线、对称线等
双点划线	粗	—··—··—	b	见有关专业制图标准
	中	—··—··—	$0.5b$	见有关专业制图标准
	细	—··—··—	$0.25b$	假象轮廓线、成形前原始轮廓线
折断线		——/\——	$0.25b$	断开界线
波浪线		～～～～	$0.25b$	断开界线

在线宽与图线确定之后,具体画图时还应注意如下事项。

相互平行的图例线,其净间隙或线中间隙不宜小于 0.2mm;虚线、单点划线或双点划线的线段长度和间隔,宜各自相等;单点划线或双点划线,当在较小图形中绘制有困难时,可用实线代替;单点划线或双点划线的两端,不应是点。

点划线与点划线交接点或点划线与其他图线交接时,应是线段交接;虚线与虚线交接或虚线与其他图线交接时,应是线段交接。虚线为实线的延长线时,不得与实线相接;图线不得与文字、数字或符号重叠、混淆,不可避免时,应首先保证文字的清晰。

各种图线的正确画法和错误画法示例见表 1-6。

表 1-6 各种图线的正确画法和错误画法示例

图线	正确画法	错误画法	说明
虚线与点划线			1. 点划线的线段长,通常画 15~20mm,空隙与点共 2~3mm。点常常画成很短的短画,而不是画成小圆黑点。 2. 虚线的线段长度通常画 4~6mm,间隙约 1mm,不要画得太短、太密。
圆的中心线			1. 两点划线相交,应在线段处相交,点划线与其他图线相交,也在线段处相交。 2. 点划线的起始和终止处必须是线段,不是点。 3. 点划线应出头 2~5mm。 4. 点划线很短时,可用细实线代替点划线。
图线的交接			1. 两粗实线相交,应到交点处,线段两端不出头。 2. 两虚线或虚线与实线相交,应线段相交,不要留间隙。 3. 虚线是实线的延长线时,应留有间隙。
折断线与波浪线			1. 折断线两端应分别超出图形轮廓线。 2. 波浪线画到轮廓线为止,不要超出图形轮廓线。

(五)文字

图纸上所需书写的文字、数字或符号等,均应笔画清晰、字体端正、排列整齐;标点符号应清楚正确。

图样上所书写的汉字、数字、字母等必须做到:笔画清晰,字体端正,排列整齐,间隔均匀。字号即为字体的高度,应从下列系列中选用:3.5mm、5mm、7mm、10mm、

第一章 制图的基本知识

14mm、20mm。字高大于 10mm 的文字宜采用 TRUETYPE 字体，TRUETYPE 字体及非中文矢量字体，其高度应选用 3mm、4mm、6mm、8mm、10mm、14mm、20mm。如需书写更大的字，其高度应按 $\sqrt{2}$ 的倍数递增。

图样及说明中的汉字，采用国家公布的简化汉字，宜采用长仿宋字体。在图纸上书写汉字时，应画好字格，然后，从左向右，从上向下横行水平书写。

长仿宋字的书写要领是：横平竖直，注意起落，填满字格，结构匀称。长仿宋字的基本笔画与字体结构见表 1-7 和表 1-8。

表 1-7　长仿宋字的基本笔画

笔画	点	横	竖	撇	捺	挑	折	钩
形状	丶	一	丨	丿	㇏	丶	𠃍	乚
运笔	丶	一	丨	丿	㇏	丶	𠃍	乚

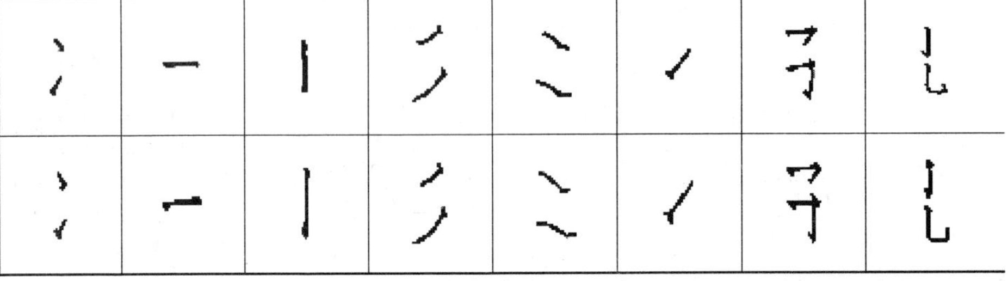

表 1-8　长仿宋字的结构特点

字体	梁	板	门	窗
结构	上下	左右	口	上下
说明	上下等分	左小右大	缩格书写	上小下大

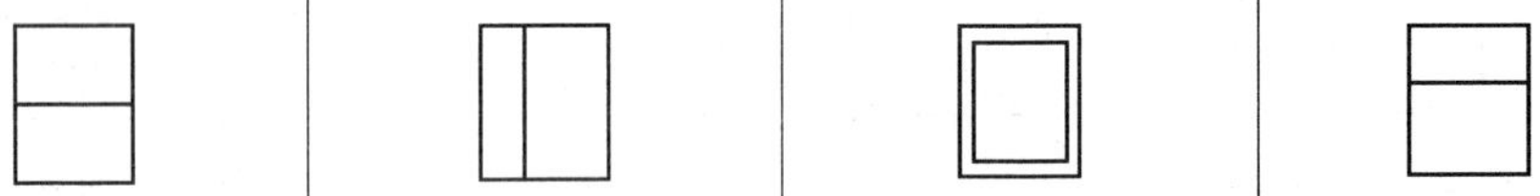

同一图纸字体种类不应超过两种。长仿宋字的宽度与高度的关系应符合表 1-9 的规定。大标题、图册封面、地形图等的汉字，也可书写成其他字体，但应易于辨认。

表 1-9　长仿宋字高宽关系　　　　　　　　　　单位：mm

字高	20	14	10	7	5	3.5
字宽	14	10	7	5	3.5	2.5

图样及说明中的拉丁字母、阿拉伯数字与罗马数字，宜采用单线简体或 Roman 字体。拉丁字母、阿拉伯数字与罗马数字，如需写成斜体字，其斜度应是从字的底线逆时针向上倾斜 75°。斜体字的高度和宽度应与相应的直体字相等。拉丁字母、阿拉伯数字与罗马数字的字高，不应小于 2.5mm。

数量的数值注写，应采用正体阿拉伯数字。各种计量单位凡前面有量值的，均应采用国家颁布的单位符号注写。单位符号应采用正体字母。分数、百分数和比例数的注写，应采用阿拉伯数字和数学符号。当注写的数字小于 1 时，应写出个位的"0"，小数点应采用圆点，齐基准线书写。具体写法如图 1-8 所示。

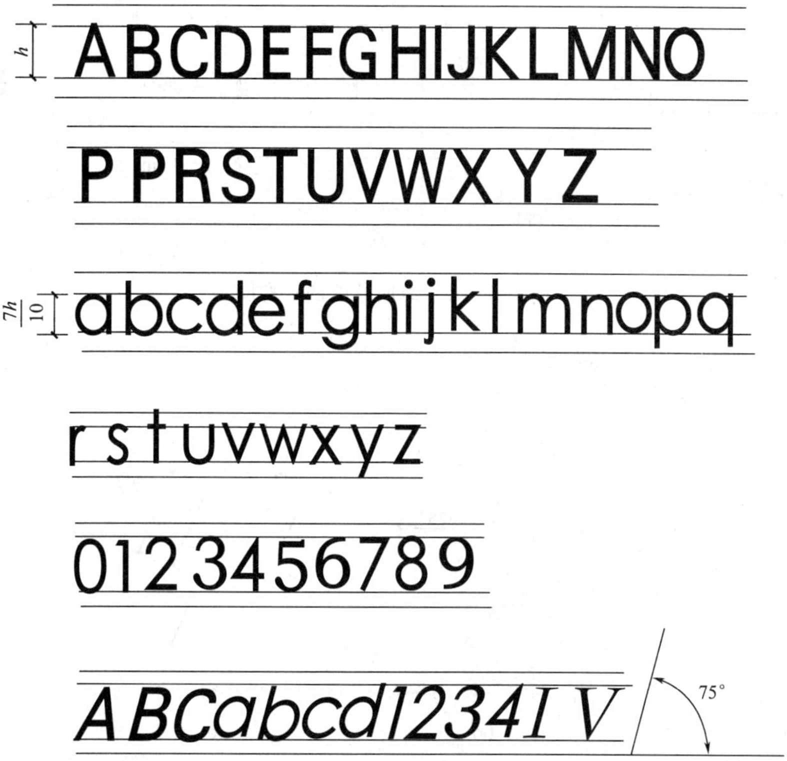

图 1-8 字母及数字书写示例

(六)尺寸注法

1. 尺寸的组成及其注法的基本规定

图形只能反映建筑的基本形状。要准确反映建筑形状，必须标注尺寸。图件上标注的尺寸，反映建筑的实际大小。图件上的尺寸，包括尺寸界线、尺寸线、尺寸起止符号和尺寸数字。

尺寸线、尺寸界线用细实线绘制。尺寸线应用细实线绘制，应与被注长度平行。图样本身的任何图线均不得用作尺寸线。尺寸界线一般应与被注长度垂直，一端离开图样轮廓线不小于 2mm，另一端超出尺寸界线 2~3mm。必要时，图样轮廓线可用作尺寸界线。尺寸起止符号一般用中实线的斜短画绘制，其倾斜的方向应与尺寸界线成顺时针 45°角，长度为 2~3mm。

半径、直径、角度、弧长的尺寸起止符号，宜用箭头表示。箭头的画法，如图 1-9 所示。图样上所注写的尺寸数字是物体的实际尺寸，不得从图上直接量取。除标高及总平面图以米（m）为单位外，其他均以毫米（mm）为单位。

尺寸数字的读图方向，应按图 1-10(a) 的规定注写；若尺寸数字在 30°斜线区内，宜按图 1-10(b) 的形式注写。

尺寸数字一般应依据其方向注写在靠近尺寸线的上方中部。如没有足够的注写位置，最外边的尺寸数字可注写在尺寸界线的外侧，中间相邻的尺寸数字可上下错开注写，引出线端部用圆点表示标注尺寸的位置。为保证图上的尺寸数字清晰，任何图线不得穿过尺寸数字，不可避免时，应将图线断开。具体如图 1-11 所示。

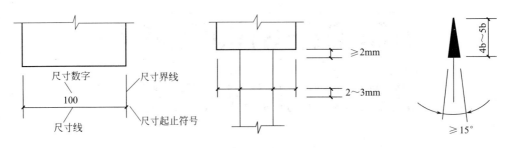

图 1-9　尺寸组成及注法示意图

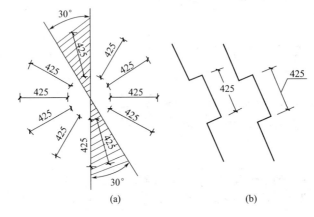

图 1-10　尺寸数字的注写方向

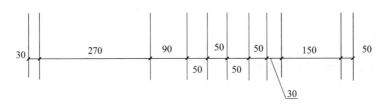

图 1-11　尺寸数字注写方式

2. 尺寸的排列

尺寸宜标注在图样轮廓以外，不宜与图线、文字及符号等相交。互相平行的尺寸线，应从被注写的图样轮廓线由近向远整齐排列，较小尺寸应离轮廓线较近，较大尺寸应离轮廓线较远；图样轮廓线以外的尺寸界线，距图样最外轮廓之间的距离，不宜小于10mm。平行排列的尺寸线的间距，宜为7～10mm，并应保持一致。总尺寸的尺寸界线应靠近所指部位，中间的分尺寸的尺寸界线可稍短，但其长度应相等。具体如图 1-12 所示。

3. 圆弧及圆、球体的标注

圆弧的标注见图 1-13，半径的尺寸线应一端从圆心开始，另一端画箭头指向圆弧。半径数字前应加注半径符号"R"。如图 1-14 所示，标注圆的直径尺寸时，直径数字前应加直径符号"ϕ"。在圆内标注的尺寸线应通过圆心，两端画箭头指至圆弧。标注球的半径尺寸时，应在尺寸前加注符号"SR"。标注球的直径尺寸时，应在尺寸数字前加注符号"$S\phi$"。注写方法与圆弧半径和圆直径的尺寸标注方法相同。

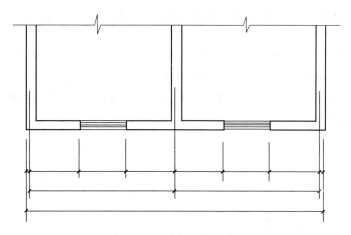

图 1-12　尺寸标注位置布置

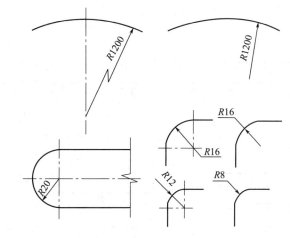

图 1-13　圆弧的标注

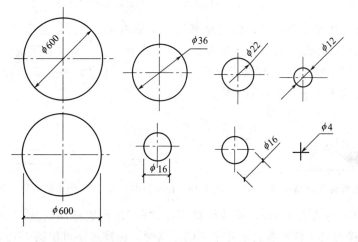

图 1-14　圆的标注

4. 角度、弧长、弦长的标注

角度的尺寸线应以圆弧表示。该圆弧的圆心应是该角的顶点，角的两条边为尺寸界线。

起止符号应以箭头表示,如没有足够位置画箭头,可用圆点代替,角度数字应沿尺寸线方向注写。

标注圆弧的弧长时,尺寸线应以与该圆弧同心的圆弧线表示,尺寸界线应指向圆心,起止符号用箭头表示,弧长数字上方应加注圆弧符号"⌒"。标注圆弧的弦长时,尺寸线应以平行于该弦的直线表示,尺寸界线应垂直于该弦,起止符号用中粗斜短线表示。角度、弧度、弧长的标注见图 1-15。

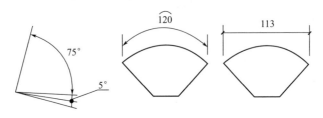

图 1-15　角度、弧长、弦长的标注

5. 标高标注

标高符号应以直角等腰三角形表示,按图 1-16(a) 所示形式用细实线绘制,如标注位置不够,也可按图 1-16(b) 所示形式绘制。标高符号的具体画法如图 1-16(c)、图 1-16(d)所示。

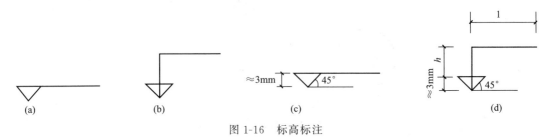

图 1-16　标高标注
1—取适当长度注写标高数字;h—根据需要取适当高度

总平面图室外地坪标高符号,宜用涂黑的三角形表示,具体画法如图 1-17 所示。标高符号的尖端应指至被注高度的位置。尖端宜向下,也可向上。标高数字应注写在标高符号的上侧或下侧,如图 1-18 所示。标高数字应以米为单位,注写到小数点以后第三位。在总平面图中,可注写到小数字点以后第二位。

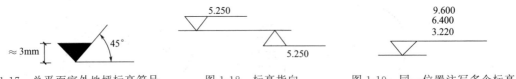

图 1-17　总平面室外地坪标高符号　　图 1-18　标高指向　　图 1-19　同一位置注写多个标高

零点标高应注写成 ±0.000,正数标高不注"+",负数标高应注"−",例如 3.000、−0.600。在图样的同一位置需表示几个不同标高时,标高数字可按图 1-19 的形式注写。

6. 其他标注

在薄板板面标注板厚尺寸时,应在厚度数字前加厚度符号"t"。标注正方形的尺寸,可用"边长×边长"的形式,也可在边长数字前加正方形符号"□"。标注坡度时,应加注坡度符号"∠",该符号为单面箭头,箭头应指向下坡方向。坡度也可用直角三角形形式标注,如图 1-20 所示。

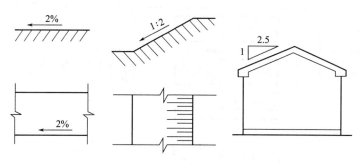

图 1-20 坡度标注示意图

连续排列的等长尺寸,可用"等长尺寸×个数=总长"的形式标注。构配件内的构造因素(孔、槽等)如相同,可仅标注其中一个要素的尺寸。对称构配件采用对称省略画法时,该对称构配件的尺寸线应略超过对称符号,仅在尺寸线的一端画尺寸起止符号,尺寸数字应按整体全尺寸注写,其注写位置宜与对称符号对齐。如图 1-21 所示。

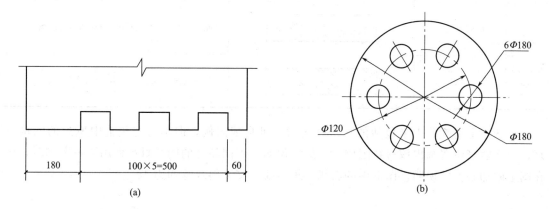

图 1-21 相同要素的简化标注

(七)建筑图例

当建筑物被剖切时,通常在图样中的断面轮廓线内,应画出建筑材料图例,参照《规范》,在表 1-10 中列出所规定的常用建筑材料图例。在该标准中只规定了常用建筑材料图例的画法,对其尺度比例不作具体规定,绘图时可根据图样大小而定。

表 1-10 常用建筑材料图例

序号	名称	图例	说明
1	自然土壤	///丫///丫///	包括各种自然土壤
2	夯实土壤	/\/\/\/\	
3	砂、灰土	(密点填充)	靠近轮廓线绘较密的点

第一章 制图的基本知识 13

续表

序号	名称	图例	说明
4	毛石	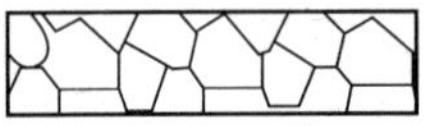	
5	普通砖	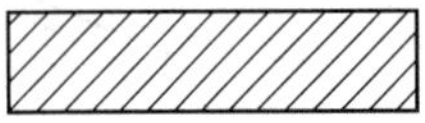	包括砌体、砌块,断面较窄不易画图例线时,可涂红
6	空心砖		指非承重砖砌体
7	木材		上图为横断面,下图为纵断面
8	混凝土		
9	钢筋混凝土	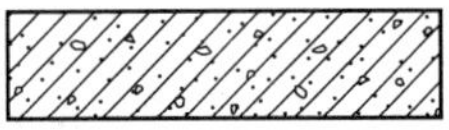	断面图形小,不易画出图例线时,可涂黑
10	金属	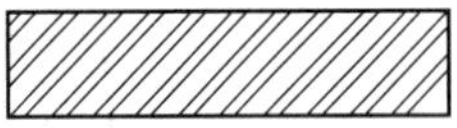	包括各种金属。图形小时,可涂黑

当选用上述规范中未包括的建筑材料时,可自编图例,但不得与规范中所列的图例重复,应在适当位置画出该材料图例,并加以说明。不同品种的同类材料使用同一图例时,应在图上附加必要的说明。图例中的斜线、短斜线、交叉斜线等均为 45°。

二、土地整治项目制图规定

(一)土地整治项目现状图

土地整治项目现状图应以土地利用现状图、地形图为基础进行制图,并以实测比例尺或土地利用现状图的比例尺为依据绘制。

土地整治项目现状图制图要素主要包括地貌要素、土地利用现状、基础设施现状、注记要素及图幅整饰。各要素绘图要求如下。

1. 地貌要素及土地利用现状

测量控制点、高程点、等高线、地形编号、名称、颜色等要素应按照《第二次全国土地调查技术规程》(TD/T 1014—2007)规定进行绘制。应标注土地利用变更日期、绘制土地利用现状结构表。土地利用现状结构表应采用《土地利用现状分类》(GB/T 21010—2007)规定的土地利用现状分类体系。

2. 基础设施现状及注记要素

基础设施现状中,灌溉与排水设施应绘制项目区现有水源、输水、排水、渠系建筑物、泵站及输配电等设施,注明水流方向;田间道路设施应绘制项目区现有的各种道路,标注相应的等级;农田防护与生态环境保持设施应绘制项目区现有农田林网、护堤护栏、拦沙坝、沟头防护等设施;其他设施应标注拆除的建筑物,不拆除的建筑物只绘制其范围界限。

注记要素中,所指示的地物和项目区现有工程应能明确判读。一般情况下,要求垂直于南北图廓线绘制,字头应朝北,沟渠、道路、管道、河流沿走向标注。注记间隔尺寸最小不小于0.5mm,最大不宜超过字宽的5倍;注记不应压盖主要地物或高等线的特征部分;各类现有工程应标注名称和编号,编号以工程名称加阿拉伯数字表示,名称与序号之间用"-"连接,如塘-1、塘-2、泵站-1、泵站-2。其他原有工程编号以此类推。

关于符号尺寸,依比例尺绘制的轮廓,应保持轮廓位置的精度。轮廓内说明符号,应按规定配置半比例尺绘制的线状符号,应保持主线位置的几何精度。应标注项目范围的拐点坐标,拐点坐标采用(X,Y)格式。

3. 图幅整饬

项目名称放在图框线顶部并居中,字体为黑体,高度不小于20mm;图例位于图件左下角,图例所列要素必须涵盖本幅图内所有要素。

(二)土地整治项目规划图

1. 基本要求

土地整治项目规划图以土地整治现状图为基础进行绘制。地貌要素应表示清晰。应反映项目区规划后的地形、地物、地类,新增耕地地块及现状地类,原有交通、水利、电力等基础设施。新建工程设施、改建工程设施、扩建工程设施应加注(新)、(改)、(扩)予以区分。应标注项目范围的拐点坐标,拐点坐标采用(X,Y)格式。

2. 制图要素

规划图应表示规划后的土地利用类型和布局,图中应绘制规划前后土地利用结构对比表。

在规划图所表达的建设内容中,土地平整工程应绘制土地平整区域、标注田块编号、平整田块设计高程,标示耕作田块与规划道路、沟渠、防护林的相互关系。

灌溉与排水工程应绘制规划新建和整修塘堰(坝)、小型拦河坝(闸)、农用井、小型集雨设施等水源工程、输水渠道(管道)及其水流方向,排水沟和暗管及其水流方向;水闸、渡槽、倒虹吸、农桥、涵洞、跌水、陡坡、量水设施等渠系建筑物工程的位置和数量,规划新建和整修泵站、输电线路和配电装置位置及工程量,并按照相应规范规定的图式绘制。

田间道路工程应绘制规划的田间道和生产路的位置、类别及会车点位置;农田防护与生态环境保持工程应绘制规划的农田林网、岸坡防护、沟道治理、坡面防护等工程的位置,并按照相应规范规定的图式绘制。其他工程应标注农村居民点及其他建筑物拆迁等工程。

3. 编号原则

田块编号以T加数字表示,如T1,标注形式为$\frac{T1}{面积/高程\,(x^2/m)}$;

灌溉工程编号按自上游至下游顺序编号,如斗渠-1,斗渠-2,…,如农渠I-1,…,排水工程编号规则与渠道相同。渠系建筑物编号按自上游至下游顺序编号,以该建筑物加数字表示,如农桥-1,农桥-2,…;道路工程编号按自上而下、自左至右顺序编号,如田间道-1,

田间-2，…，生产路-1，生产路-2，…。

（三）工程设计图

1. 基本要求

工程设计图宜采用 A3 图幅，常用比例按表 1-1 选取。当整张图纸只用一种比例时，应统一写在标题栏内，否则应在对应图的下方注写比例，比例的字高应比图名的字高小一号或小两号，如平面图 1:200 或 $\frac{×××平面图}{1:200}$。

工程设计图应精确标示建筑物结构、尺寸和建筑材料，标注齐全、填充图示规范，应编制单位工程量表和工程量汇总表。每类建筑物应有工程量和用材量表，精度要求如下：土方、混凝土、浆砌石、砖砌体以 m^3 计，精确到小数点后两位；钢筋以 kg 计，精确到小数点后两位；面积以 m^2 计，精确到小数点后两位。钢筋混凝土结构应有配筋图、配筋表。工程设计图应有设计标准说明，标明施工注意事项。

工程设计图尺寸单位一般采用 m、cm 或 mm，一般高程、田面长度（宽度）采用 m 为单位，钢筋、结构尺寸采用 mm 为单位。工程设计图包括平面图、立体图、剖面图、详图、钢筋图、设备安装图、施工工艺图、电器主接线图等。建筑物设计图按正投影法绘制，沟渠、道路、管线等应绘制横断面图。

灌溉与排水工程设计图应符合 SL 73.1—1995 的规定；田间道路工程设计图制图应符合 GB 50162—1992 的规定；农田防护林工程设计图应符合 LYJ002—1987 的规定；除农田防护林工程之外的其他农田防护工程设计图应符合 SL 73—1995 的规定。

2. 土地平整工程设计图

土地平整工程设计图包括梯田设计图、埂坎设计图、典型田块图等。对不同土质、坡度的梯田区域，应绘制梯田设计图。对水田种植区域，应绘制埂坎断面图。

对不同灌排模式和田块修筑方式，绘制典型田块图。典型田块图应反映平整单元的界限、田块编号、沟渠、道路、渠系建筑物等要素；标示平整区编号和田块设计高程；土方在各田块之间进行调配应标示调出土方区域、调入土方区域、调配方向、调配土方量等要素。

3. 灌溉与排水工程设计图

应绘制塘堰（坝）、小型拦河坝（闸）的平面布置图、剖面图、塘堰泄水建筑物（闸、涵）、防水建筑物（卧管或竖井、放水涵洞、出口及消力池）的平面图和剖面图，并说明各种材质及其工程量；农用井应绘制机井结构图，说明不同地层性状、井径、实管、过滤管、滤料、井深、井口等；小型集雨设施及附属设施沉砂池、消力池的平面图、剖面图、配筋图，拦污栅的结构图，并应说明各种材质及其工程量。

明渠（干渠、支渠、斗渠、农渠）横断面图应体现渠道的各类设计参数、护砌材料和尺寸标注，并说明各种材质及其工程量。纵断面应体现设计水位线、渠底线、渠顶线、田间线、桩号、高程、渠底纵比降、渠系建筑物和该类型渠道的横断面示意图。每条干支渠均需绘制纵断面图。

管道立面图应体现管道的各类设计参数、管道材料和尺寸标注，并应说明各种材质及其工程量。剖面应体现管道中心线、桩号、高程、纵比降、节点和该类管道的横断面示意图。管道的街头和控制设备应绘制大样图，说明接头及其管道的安装方法，并说明规格、型号。

明沟（干沟、支沟、斗沟、农沟）横断面图应体现沟道的各类设计参数、护砌材料和尺寸标注，并说明各种材质及其工程量。纵断面应体现设计水位线、沟底线、沟顶线、田间线、桩号、高程、沟底纵比降、渠系建筑物和该类型沟道的横断面示意图。每条干支沟均需绘制纵断面图。

暗渠（管）的横断面图、纵断面图应标注各类设计参数、护砌材料和尺寸标注，并说明各种材质及其工程量。纵断面应体现设计水位线、渠底线、渠顶线、田间线、桩号、高程、渠底纵比降、渠系建筑物和该类型渠（管）的横断面示意图。

各类渠系建筑物设计图应根据表达需要绘制平面图、剖面图、断面图、配筋图等，并说明各种材质及其工程量。

4. 田间道路工程设计图

田间道路横断面图应体现田间道路的各类设计参数、材质和尺寸标注，并应说明路面、路基、路肩材质及其工程量和路基的压实度。纵断面应体现设计路面线、田间线、桩号、高程、道路纵比降。对复杂地形的主要田间道路，应加绘平面图，包括道路走向、曲线半径、挖填方范围、交叉路涵等。需要设计会车点处，应绘制会车点设计图，注明各设计参数及工程量。

5. 农田防护与生态环境保持工程设计图

农田林网工程设计图应绘制农田防护林、梯田埂坎防护林、护路护沟林、护岸林的平面图、断面图，并应说明各种材质及其工程量。

岸坡防护工程、沟道治理工程设计图应绘制护堤、新沟道（谷坊、沟头防护、拦沙坝）和清淤疏浚工程的断面图、立面图，护岸的平面图、断面图、立面图，并应说明各种材质及其工程量。

坡面防护工程（截水沟、排洪沟）横断面图应体现沟道的各类设计参数、护砌材料和尺寸标注，并应说明各种材质及其工程量。纵断面应体现设计水位线、沟底线、沟顶线、田面线、桩号、高程、沟底纵比降、渠系建筑物和该类型沟道的横断面示意图。

（四）土地整治项目竣工图

1. 基本要求

土地整治项目竣工图以土地整治项目规划图为基础进行绘制，原规划设计的灌溉与排水工程、田间道路工程、农田防护与生态环境保持工程、输配电工程、其他工程等淡化处理。地貌要素应表示清晰，反映实施后项目区地形、地物、地类，新增耕地地块及地类。已实施工程设施、改建工程设施、扩建工程设施应加注（新）、（改）、（扩）予以区分。

2. 制图要素

竣工图应表示实施后的土地利用类型和布局，绘制实施前后土地利用结构对比表。竣工图表达的工程建设内容中，土地平整工程应绘制实施后土地平整的区域、标注田块编号、高程、标示耕作田块与已实施的灌溉与排水工程、田间道路工程、农田防护与生态环境保持工程、输配电工程其他工程的相互关系；灌溉与排水工程、田间道路工程、农田防护与生态环境保持工程和其他工程都应绘制已实施的各项灌排工程布局及工程量。

编号规则及图幅整饰参照项目规划图绘制相关要求。

第二节　常用制图工具及使用

正确使用绘图工具及仪器，既能保证绘图质量，又能提高绘图效率，而且为计算机绘图奠定基础。本节简要介绍常用绘图工具的使用方法。

一、图板、丁字尺和三角板

图板　图板为矩形木板，供固定图纸使用。图板表面必须平坦，光滑，左右两边必须平直，作为丁字尺的导边。图纸用胶带纸固定其上，用于绘制图样，如图1-22所示。

丁字尺　丁字尺由尺头和尺身相互垂直固定在一起，主要用于画水平线，或作为三角板移动的导边。使用时，用左手扶住尺头，使尺头工作边靠紧图板的左侧沿导边上下滑动，移至所需位置。用左手压紧尺身，从左至右画水平线，如图1-23所示。

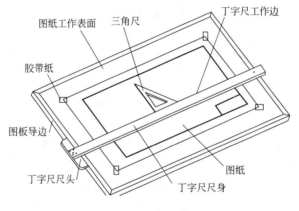

图 1-22　图板的使用

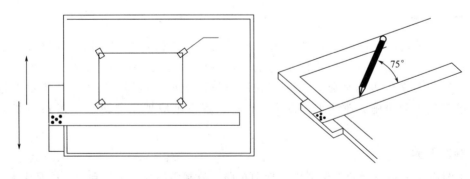

图 1-23　丁字尺的使用

三角板　三角板一般是用塑料制成的直角三角形透明板，一副两块，与丁字尺配合用于画铅垂线，以及与水平方向成30°，45°，60°，15°，75°的倾斜线，或者任意直线的平行线或垂直线，如图1-24所示。

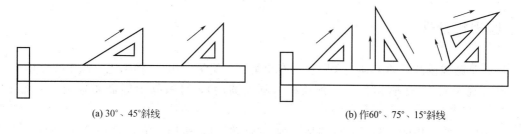

(a) 30°、45°斜线　　　　　　　　　(b) 作60°、75°、15°斜线

图 1-24　三角板的使用

二、绘图铅笔

绘图所用铅笔以铅芯的黑度及软硬程度来分,"B"表示黑,"H"表示软硬,其前面的数字越大,表示铅笔的铅芯越黑或越硬。削铅笔时,应削成圆锥形或楔形(顶端为矩形,宽度等于线条宽度),注意保存有标号的一端,以便识别其硬度。

使用铅笔时,用力要均匀,用力过大会刮破图纸或在纸上留有凹痕,甚至折断铅芯。画线时,从侧面看笔身要铅直,从正面看笔身与纸面呈60°角。画长线时,要一边画一边旋转铅笔,使线条保持粗细一致,如图 1-25 所示。

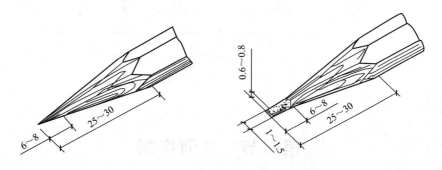

图 1-25　绘图铅笔的使用

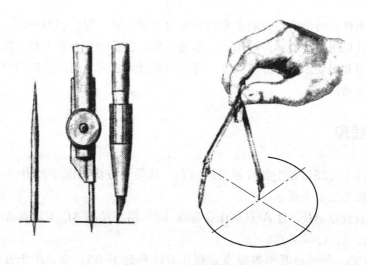

图 1-26　圆规的使用

三、圆规和分规

圆规是画圆或圆弧的工具。大圆规配有铅笔（画铅笔图用）、鸭嘴笔（画墨线图用）、刚针（作分规用）、三种插脚和一个延长杆（画大圆用），可根据不同需要选用，如图 1-26 所示。

画小圆时宜采用弹簧圆规或点圆规。画圆或圆弧时，所用铅笔芯的型号要比同类直线的铅笔软一号。为了圆规好用，应使针尖略长于铅芯。

分规是用来等分和量取线段。分规两腿并拢后，两针尖应能对齐。等分线段，量取尺寸如图 1-27 所示。

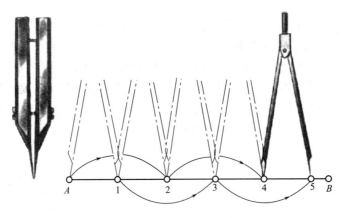

图 1-27　分规的使用

第三节　几何作图

根据已知条件，画出所需要的平面图形称为几何作图。在绘制图样时，图形都是由几何图形组成的，几何图形是绘制各种平面图形的基础，也是绘制各种工程图样的基础。本节主要介绍使用直尺和圆规绘制等分直线段、等分两平行线之间的距离、圆的内接正多边形、椭圆、圆弧连接等画法。

一、等分直线段

等分直线段是绘图过程中经常遇到的问题，其等分方法用图 1-28 中 5 等分线段 AB 来说明。具体作图方法如下所示。

(1) 已知直线段 AB，过 A 点作任意直线 AC，用直尺在 AC 上从点 A 截任意长度为五等份，得 1、2、3、4、5 各点。

(2) 连接 B5，然后过其他等分点分别作直线平行于 B5，交 AB 于五个等分点，即为所求。

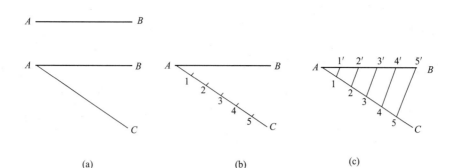

图 1-28 五等分直线段作图过程

二、等分两平行线之间的距离

如图 1-29 所示,等分已知两平行线之间的距离作图方法如下所示。

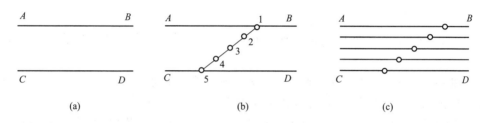

图 1-29 5 等分两平行线之间的距离作图过程

（1）已知平行线 AB 和 CD,置直尺 0 点于 AB 上,摆动尺身,使刻度 5 落在直线 CD 上,截得 1、2、3、4、5 各等分点。

（2）过各等分点做 AB（或 CD）的平行线,即为所求。

三、绘制圆的内接正多边形

（一）绘制圆的内接正五边形

如图 1-30 所示,圆的内接正五边形作图方法如下所示。

（1）已知圆 O,作出半径 OF 的中点 H,以 H 为圆心,AH 为半径画弧,交直径于 G;

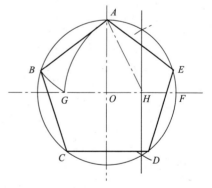

图 1-30 绘制圆的内接正五边形

（2）以 AG 为半径,分圆周为五等份。依次连接各五等分点,即得所求五边形。

（二）绘制圆的内接正六边形

如图 1-31 所示,圆的内接正六边形作图步骤如下所示。

（1）已知圆 O,用半径 R 划分圆周为六等份;

（2）依次连接各等分点,即得所求六边形。

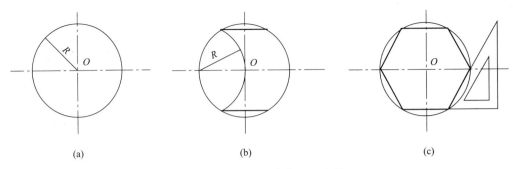

(a)　　　　　　　　(b)　　　　　　　　(c)

图 1-31　绘制圆的内接正六边形

四、椭圆的画法

椭圆的画法通常使用四心圆法和同心圆法。

（一）四心圆法

如图 1-32 所示，欲绘制椭圆长半轴为 OA，短半轴为 OC，四心圆法作椭圆步骤如下所示。

（1）以 O 为圆心，OA 为半径画弧，交短轴延长线上 E 点。

（2）连接 AC，以 C 为圆心，CE 为半径画弧交 AC 于 F 点。

（3）作线段 AF 的中垂线，交长轴于 O_1，交短轴于 O_2，并找出对称点 O_3、O_4。

（4）连接 O_1O_2、O_1O_4、O_2O_3、O_3O_4，分别以 O_1、O_2、O_3、O_4 为圆心，O_1A、O_2C 为半径画弧至连心线，即得椭圆。

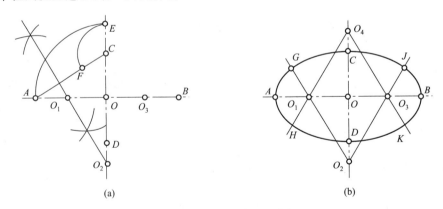

(a)　　　　　　　　　　　　　(b)

图 1-32　四心圆法绘制椭圆

（二）同心圆法

如图 1-33 所示，同心圆法作椭圆步骤如下所示。

（1）已知椭圆长轴 AB 和短轴 CD。

（2）分别以 AB 和 CD 为直径作大小两圆，并等分两圆周为若干份，如 12 等份。

（3）从大圆各等分点作垂直线，与过小圆各对应等分点所做的水平线相交，得椭圆上各点。用曲线板连起来，即得所求。

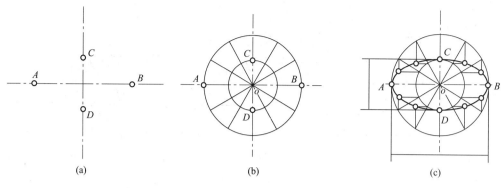

图 1-33 同心圆法绘制椭圆

五、圆弧连接

绘制图形时，经常遇到用一已知半径的圆弧光滑连接相邻的已知直线或圆弧的作图问题。常见的连接形式有直线与圆弧连接、圆弧与圆弧连接。为了保证连接光滑，作图时必须准确找到连接圆弧的圆心和连接点（即切点）。圆弧连接的应用举例如下所示。

（一）圆弧连接两相交直线

如图 1-34 所示，用圆弧连接两相交直线作图步骤如下所示。

(1) 已知半径 R 和两相交直线 AB、BC。

(2) 分别作出与 AB、BC 平行且相距为 R 的两直线，交点 O 即为所求圆弧的圆心。

(3) 过点 O 分别作 AB、BC 的垂线，垂足 T_1、T_2 点即为所求切点。以 O 为圆心，以 R 为半径作圆弧 T_1T_2，即为所求。

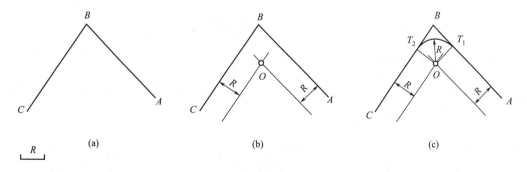

图 1-34 圆弧连接两相交直线

（二）圆弧连接直线与圆弧

如图 1-35 所示，已知直线 L、半径为 R_1 的圆弧和连接圆弧的半径 R，用该圆弧连接直线与圆弧作图步骤如下所示。

(1) 作与 L 平行且相距为 R 的直线 M，又以 O_1 为圆心，以 $R+R_1$ 为半径做圆弧，交直线 M 于点 O。

(2) 连 OO_1 交已知圆弧于切点 T_1，过点 O 作直线 L 的垂线，得另一切点 T_2。以 O 为圆心，以 R 为半径作圆弧 T_1T_2，即为所求。

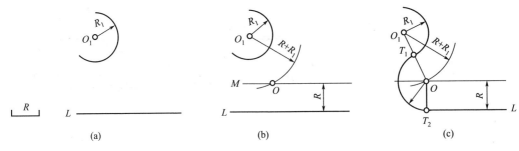

图 1-35　圆弧连接直线与圆弧

（三）圆弧外切连接两圆弧

如图 1-36 所示，已知连接圆弧的半径 R 和半径为 R_1、R_2 的已知圆弧，用该圆弧外切连接两圆弧作图步骤如下所示。

（1）以 O_1 为圆心，$R+R_1$ 为半径作弧，以 O_2 为圆心，$R+R_2$ 为半径作弧，两弧交于点 O。

（2）作 OO_1 交圆弧 O_1 于切点 T_1，连 OO_2 交圆弧 O_2 于切点 T_2。以 O 为圆心，以 R 为半径作圆弧 T_1T_2，即为所求。

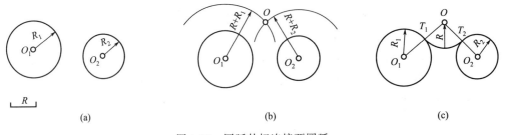

图 1-36　圆弧外切连接两圆弧

（四）圆弧内切连接两圆弧

如图 1-37 所示，已知连接圆弧的半径 R 和半径为 R_1、R_2 的已知圆弧，用该圆弧内切连接两圆弧作图步骤如下所示。

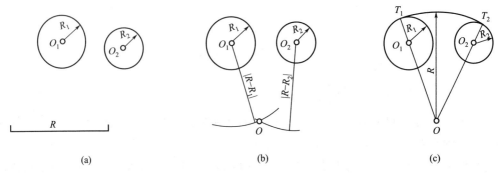

图 1-37　圆弧内切连接两圆弧

（1）以 O_1 为圆心，$|R-R_1|$ 为半径做圆弧，以 O_2 为圆心，$|R-R_2|$ 为半径作圆

弧，两弧交于点 O。

（2）延长 OO_1 交圆弧 O_1 于切点 T_1，延长 OO_2 交圆弧 O_2 于切点 T_2。以 O 为圆心，O 为半径作圆弧 T_1T_2，即为所求。

（五）用圆弧内切连接一圆弧外切连接一圆弧

如图 1-38 所示，已知连接圆弧的半径 R 和半径为 R_1、R_2 的已知圆弧，用该圆弧内切连接一圆弧、外切连接另一圆弧作图步骤如下所示。

（1）以 O_1 为圆心，$|R+R_1|$ 为半径作圆弧，以 O_2 为圆心，$|R-R_2|$ 为半径作圆弧，两弧交于点 O。

（2）延长 OO_1 交圆弧 O_1 于切点 T_1，连 OO_2 交圆弧 O_2 于切点 T_2。以 O 为圆心，以 R 为半径作圆弧 T_1T_2，即为所求。

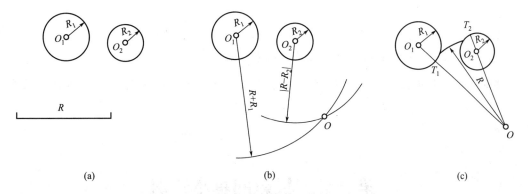

图 1-38　圆弧内切连接一圆弧，外切连接一圆弧

综上，可以总结圆弧连接的方法及步骤：首先，确定连接弧的圆心；其次，确定连接弧的切点；最后画连接弧。

第二章 点、直线、平面的投影

★【学习目的】通过本章学习，了解投影法的一般知识，建立正投影的基本概念；掌握点、直线、平面及相互间三面投影的投影特性和作图方法。

★【学习要点】正投影法基本原理；点的投影规律及点的投影的画法；各种位置直线和平面的投影特性及画法；直线与平面以及两平面之间的平行、相交的投影特性和作图方法。

第一节 投影的基本知识

一、投影法概述

空间物体在灯光或日光照射下，在地面或墙面上会出现物体的影子，人们根据这一自然现象经过科学地总结、概括，定义了工程上的投影方法。我们知道，产生影子必须存在三个条件，即光线、物体和承影面。在工程制图上，用相关的制图术语来形容三个条件：投影线、形体和投影面。

设空间有一平面 P 和不在 P 面上的一点 S，在 S 和 P 之间置一点 A，连接 SA 并延长交 P 平面于点 a。我们称 S 为投射中心，SA 为投射线，平面 P 为投影面，a 为空间点 A 在投影面 P 上的投影，如图 2-1 所示。

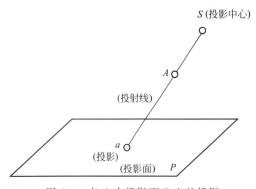

图 2-1 点 A 在投影面 P 上的投影

二、投影法的分类

投影法通常可以分为两大类：中心投影法和平行投影法。

（一）中心投影法

如图 2-2 所示，投影中心距离投影面有限远，所有的投影线汇交于投影中心 S，这样的投影法称为中心投影法。

投影面在光源与物体之间，这时所得投影又叫透视投影。这种投影法具有较强的直观性，立体感好。但用这种投影法绘制的图像不能反映物体的真实形状和大小。因此，中心投影法主要用于绘制建筑物或产品的透视图。

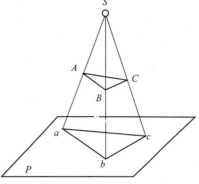

图 2-2 中心投影法示意图

（二）平行投影法

当把投影中心移至无穷远处，投影线都相互平行，这种投影法称为平行投影法。根据投影线与投影面所夹角度不同，平行投影法又分两种：

（1）正投影——投影线与投影面垂直，如图 2-3(a) 所示。
（2）斜投影——投影线与投影面倾斜，如图 2-3(b) 所示。

在工程图样中用得最广泛的是正投影。为了方便叙述，常用"投影"代替"正投影"。

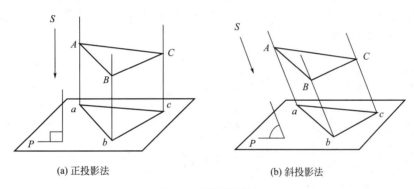

(a) 正投影法　　　　　　　　　　(b) 斜投影法

图 2-3 平行投影法

第二节　点的投影

点是最基本的几何元素，是确定直线和平面的基本要素。要掌握线、面和形体的投影的画法，应首先掌握点的三面投影规律。

一、三投影面体系的建立

如图 2-4 所示，相互垂直的三个平面组成三投影面体系，他们分别是：

（1）正面投影面——简称正面或 V 面；
（2）水平投影面——简称水平面或 H 面；

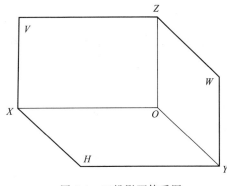

图 2-4 三投影面体系图

(3) 侧面投影面——简称侧面或 W 面。

三投影面之间的交线称为投影轴，分别是：

(1) OX 轴——V 面与 H 面的交线；
(2) OY 轴——H 面与 W 面的交线；
(3) OZ 轴——V 面与 W 面的交线。

三投影轴的交点称为原点，一般用字母 O 表示。

二、点的三面投影

空间点 A 位于 V 面、H 面和 W 面构成的三投影面体系中。由点 A 分别向 V、H、W 面作正投影，依次得点 A 的正面投影 a'，水平投影 a，侧面投影 a''，如图 2-5 所示。

为使三个投影面展到同一平面上，现保持 V 面不动，使 H 面绕 OX 轴向下旋转到与 V 面"共面"，使 W 面绕 OZ 轴向右旋转到与 V 面"共面"，这样得到点的三面投影图 [见图 2-5(b)]。在实际画图时，不画出投影面的边框 [见图 2-5(c)]。在这里值得注意的是：在三面体系展开的过程中，Y 轴被一分为二。Y 轴一方面随着 H 面旋转到 Y_H 的位置，另一方面又随 W 面旋转到 Y_W 的位置。

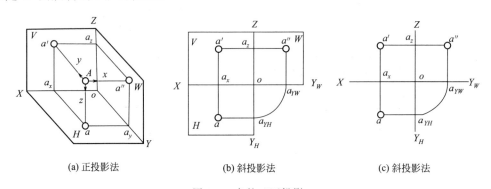

(a) 正投影法　　　　　(b) 斜投影法　　　　　(c) 斜投影法

图 2-5 点的三面投影

三、点的投影规律

分析图 2-5(a)，以 A 为顶点的平行六面体的几何关系可以得出，点 A 的三个投影之间有如下投影规律。

点的投影连线必定垂直于相应的投影轴，即

$a'a \perp OX$；　　$a'a'' \perp OZ$；　　$a''a \perp OY$。

点的投影到投影轴的距离，等于该空间点到相应投影面的距离，即

$a'a_x = a''a_y = A$ 点到 H 面的距离 Aa；

$aa_x = a''a_z = A$ 点到 V 面的距离 Aa'；

$aa_y = a'a_z = A$ 点到 W 面的距离 Aa''。

四、点的三面投影与直线坐标的关系

如图 2-6 所示，点的投影可以用直角坐标表示，如果将三投影面体系看作是直角坐标系，那么三个投影面就相当于三个坐标面，三个投影轴就相当于三个坐标轴，投影原点就相当于坐标原点，则空间点 A 到三个坐标面的距离，等于空间点 A 到三个投影面的距离，也就是点 A 的三个坐标。

X 坐标 = 点 A 到 W 面的距离，即有 $a_za' = a_ya = a''A = x$；
Y 坐标 = 点 A 到 V 面的距离，即有 $a_xa = a_za'' = a'A = y$；
Z 坐标 = 点 A 到 H 面的距离，即有 $a_xa' = a_ya'' = aA = z$。

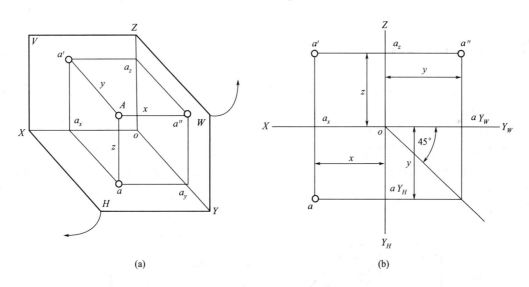

图 2-6 点的投影与该点直角坐标关系

由于每个投影可反映点的两个坐标，那么，点的两个投影就可以反映该点的三个坐标。因此，若已知点的两个投影，就可以利用投影规律求出第三个投影。

五、投影面上及投影轴上点的投影

因为每个投影面都可看作坐标面，而每个坐标面都是由两个坐标轴决定的，所以空间点在任一个投影面上的投影，只能反映其两个坐标，即：

V 面投影反映的 X、Z 坐标；
H 面投影反映点的 X、Y 坐标；
W 面投影反映点的 Y、Z 坐标。

投影面上的点的投影如图 2-7 和图 2-8 所示，点 A 在 V 面上，点 B 在 H 面上。他们反映的共同特点就是有一个坐标值为零，其投影特点为在该投影面上的投影与该点重合，在另外两个面上的投影分别在相应的投影轴上。

投影轴上的点的投影如图 2-8 所示，点 C 在 X 轴上，其特点是两个坐标值为零。其投影特点为在该轴所属的投影面上的投影与该点重合，另外一个面上的投影在原点。

第二章 点、直线、平面的投影 》29 《

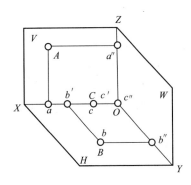

图 2-7 投影面上点的投影

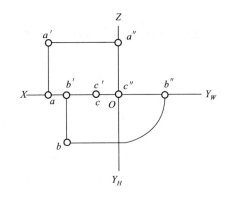

图 2-8 投影轴上点的投影

六、两点的相对位置

空间两点的左右、前后和上下位置关系可以用它们的坐标大小来判断。具体关系如下：

X 坐标大者为左，反之为右；

Y 坐标大者为前，反之为后；

Z 坐标大者为上，反之为下。

由此可知图 2-9 中的点 A 与点 B 相比，A 在左、前、下的位置，而 B 则在点 A 的右、后、上方。

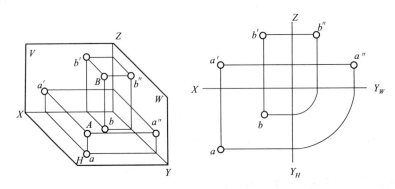

图 2-9 两点的相对位置

七、重影点的投影

如图 2-10 所示，A、B 两点位于垂直于 V 面的同一投射线上，这时 a'、b' 重合，A、B 称之为对 V 面的重影点。同理可知对 H 面及对 W 面的重影点。

对 V 面的一对重影点是正前、正后方的关系；

对 H 面的一对重影点是正上、正下方的关系；

对 W 面的一对重影点是正左、正右方的关系。

其可见性的判断依据其坐标值。X 坐标值大者遮住 X 坐标值小者；Y 坐标值大者遮住 Y 坐标值小者；Z 坐标值大者遮住 Z 坐标值小者。被遮的点一般要在同面投影符号上加圆括号，以区别其可见性，如（b'）。

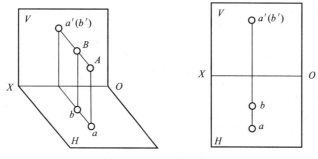

图 2-10　重影点的投影

第三节　直线的投影

一、直线的投影

一般情况下，直线的投影仍然为直线，特殊情况下，它的投影可积聚为一点，如图 2-11 所示。对于直线的投影，一般都是作出它的两个端点的投影，然后连接两点的同面投影，即得直线的投影。

（一）一般位置直线

所谓一般位置直线，是指直线既不是投影面的平行线，也不是其垂线；反之，则称为特殊位置直线，即包括投影面平行线和垂线。图 2-12 表示一般位置直线 AB 的三面投影。由于一般位置直线对三个投影面都倾斜，所以具有下列投影特性：三个投影都倾斜于

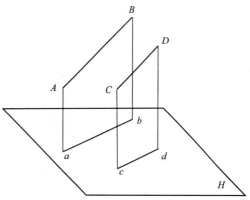

图 2-11　直线的投影

投影轴且都小于实长，三个投影与投影轴的夹角不反映直线对投影面的倾角。α、β、γ 分别表示直线 AB 与 H 面、V 面和 W 面的倾角，则直线 AB 的三面投影长度与倾角的关系为：
$ab = AB\cos\alpha$，$a'b' = AB\cos\beta$，$a''b'' = AB\cos\gamma$。

（二）投影面平行线

平行于某个投影面，同时倾斜于另外两个投影面的直线，统称为投影面的平行线。按所平行的投影面不同，它又可以分为三种。

正平线——平行于 V 面，并与 H、W 面倾斜的直线。
水平线——平行于 H 面，并与 V、W 面倾斜的直线。
侧平面——平行于 W 面，并与 H、V 面倾斜的直线。
投影面平行线见表 2-1 所示。

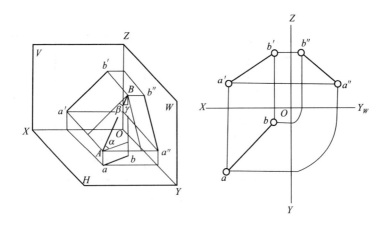

图 2-12 一般位置直线的投影

表 2-1 投影面平行线

名称	轴测图	投影图	投影特性
正平线∥V面			一个投影反映实长和两倾角，另两投影垂直于同一投影轴
水平线∥H面			
侧平线∥W面			

投影面的平行线投影特性如下所示。

(1) 直线在所平行的投影面上的投影反映实长，并且它与两投影轴的夹角就是直线与相应投影面的倾角。

(2) 直线在另外两个投影面的投影都小于空间线段的实长，并且平行或垂直于相应的投影轴。

(三) 投影面垂直线

垂直于某个投影面的直线,并且与其他两个投影面平行,称为投影面垂直线。按所垂直的投影面不同,它又可以分为以下三种。

正垂线——垂直于 V 面,并与 H、W 面平行的直线。

铅垂线——垂直于 H 面,并与 V、W 面平行的直线。

侧垂线——垂直于 W 面,并与 H、V 面平行的直线。

投影面的垂直线投影图见表 2-2。

表 2-2 投影面的垂直线

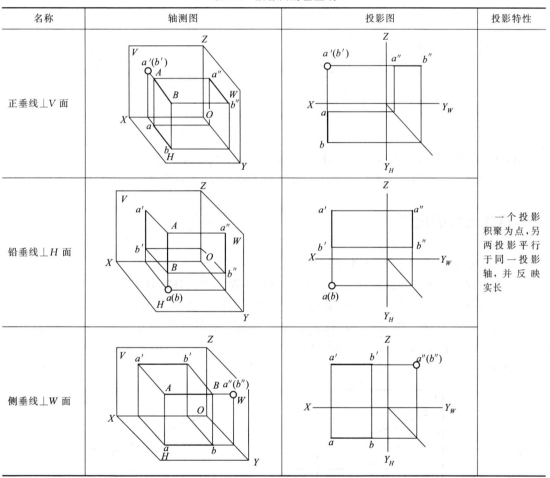

投影面垂直线投影特性如下所示。

(1) 直线在所垂直的投影面上的投影,积聚为一个点。

(2) 直线平行于另外两个投影面上的投影,垂直于相应的投影轴,且反映实长。

实际上,投影面垂直线是特殊的投影面平行线。

(四) 求一般位置线段的实长和倾角

一般位置线段的投影既不反映线段的实长,也不反映线段对投影面的倾角。若要求一般位置线段的实长及倾角，可采用直角三角形法。

分析与作图：图 2-13 空间直线 AB 和其水平投影 ab 构成一个垂直于 H 面的平面 $ABba$，过 B 作 $Bb \perp ba$，$AC \perp BC$，则得直角三角形 ABC，其中斜边 AB 为实长，直角三角形 $BC \perp ab$，则另一直角边 $BC = Z_B - Z_A$，即 AB 两点的 Z 坐标差，斜边与直角边 AC 的夹角即为直线对 H 面的倾角。这种利用直线的某一投影及坐标差构成的直角三角形求线段实长的方法统称为直角三角形法。作图过程如下所示。

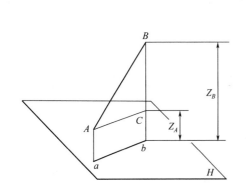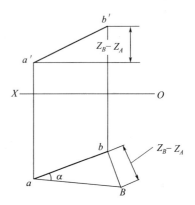

图 2-13 直角三角形法求线段实长及倾角

以水平投影 ab 为一直角边，以 AB 直线的 Z 坐标差为另一直角边，则斜边即为直线的实长，斜边（实长）与投影长（ab）的夹角又为直线对 H 面的倾角。

二、直线上点的投影

直线与点的相对关系有两种情况：点在直线上和点不在直线上。

如果点在直线上，则其投影必在该直线的同面投影上，且符合点的投影规律。如图 2-14 点 C 在直线 AB 上，则点 C 的三面投影 c、c'、c'' 符合点的投影规律。

直线上的点分割直线之比，在投影后保持不变。如图 2-14 所示，投射线 $Aa' // Cc' // Bb'$，$Aa // Cc // Bb$，$Aa'' // Cc'' // Bb''$，即：

$AC : CB = ac : cb = a'c' : c'b' = a''c'' : c''b''$。

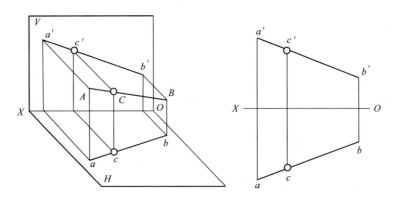

图 2-14 直线上点的投影

由此可见，如果点在直线上，则点的各个投影必在直线的同面投影上，且点分线段之比等于点的投影分线段投影之比。反之，如果点的各投影均在直线的同面投影上，且分直线各投影长度成相同之比，则该点必在此直线上。该特性也称为线段上的点分割该线段的定比性。

例 2-1　如图 2-15 所示，求作线段 AB 上点 C，使 $ac:cb=1:2$。

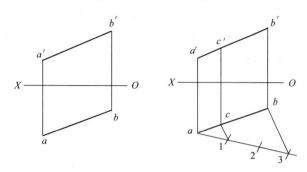

图 2-15　点分割线段的投影

分析与作图：根据定比性，$ac:cb=a'b':c'b'=1:2$，只要将 ab 或 $a'b'$ 分成 3（即 1+2）等份即可求出 c 和 c'。作图步骤如下所示。

(1) 自 a 引辅助线 aB_0；
(2) 在 aB_0 上截取三等份；
(3) 连 3、b，过 1 作 $3b$ 的平行线得 $c=1c\cap ab$；
(4) 由 c 求出 c'。

三、两直线的相对位置

空间两直线的相对位置有三种情况：平行，相交和交叉（异面直线）。下面分别阐述两直线平行、交叉和相交的投影特性。

（一）平行两直线

如图 2-16 所示，空间两直线 AB、CD 相互平行，由于将两直线向 H 面投影时所形成的两平面 $ABab$、$CDdc$ 是相互平行的，则 $ab // cd$。同理，$a'b' // c'd'$，$a''b'' // c''d''$。因此，可得出平行两直线的投影特性：若空间两直线相互平行，则其同面投影仍平行；反之，若两直线的同面投影均平行，则两直线在空间平行。若要在投影图上判断两条直线是否平行，需要看它们的其他两个同面投影是否平行。

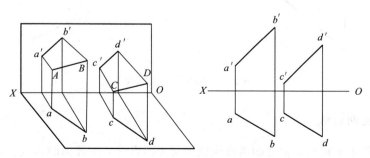

图 2-16　平行两直线投影

互相平行的两直线,如果垂直于同一投影面,则它们在与之垂直的投影面上的投影积聚为两点,两点之间的距离反映两直线在空间的真实距离。

(二) 相交两直线

相交两直线有如下投影特性:两相交直线的同面投影必相交,且交点符合点的投影规律。交点将两直线分别分成定比线段,在各自的投影上也分成相应的同定比线段。反之,如果两直线的各同面投影都相交,且各投影的交点符合点的投影规律,则此两直线在空间必相交,如图 2-17 所示。

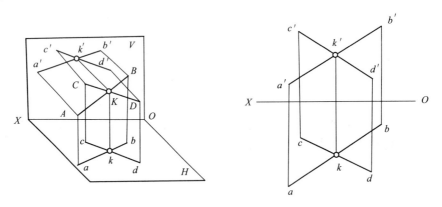

图 2-17　相交两直线投影

例 2-2　如图 2-18 所示,已知 K 为直线 AB 和 CD 的交点,求 AB 的正面投影 $a'b'$。

分析与作图:交点为两直线所共有,且符合点的投影规律,据此可求得 k';B、K、A 同属一条直线,据此可求出 b',从而求得 $a'b'$。具体作图步骤如下:

(1) 过 k 作 OX 轴的垂线,交 $c'd'$ 于 k';
(2) 连接 $a'k'$ 并延长;
(3) 过 b 作 OX 轴的垂线并延长,交 $a'k'$ 延长线于 b',$a'b'$ 即为所求。

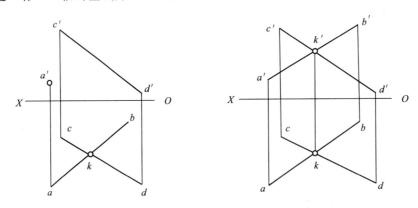

图 2-18　相交直线点的投影

(三) 交叉两直线

在空间中既不平行也不相交的两直线成为交叉两直线,即异面两直线。如图 2-19 所示。交叉直线有如下投影特性:交叉两直线的投影可能会有一组或两组互相平行,但是交叉两直线的三组同面投影绝不会同时平行。若一组直线的一面投影为平行线，则一定要检查所有投影面上的投影是否相互平行；如果其他两组都平行，则该组直线为平行直线，反之如果不平行，则一定为交叉直线。

交叉两直线的投影可以相交，但是投影的交点绝不会符合空间同一点的投影规律，两交叉直线投影的交点实际上是两直线对投影面的重影点。由图 2-19 可以看出，Ⅰ、Ⅱ 为对 H 面的重影点，H 面投影 2 比 1 靠上，所以属于 CD 直线的 Ⅱ 点是可见的，属于 AB 直线 Ⅰ 点是不可见的；Ⅲ、Ⅳ 为对 V 面的重影点，因其 V 面投影 $3'$ 比 $4'$ 靠前，所以 Ⅲ 点可见，Ⅳ 点不可见。

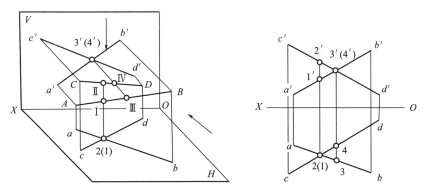

图 2-19 交叉两直线投影

如何判别两条直线是交叉直线呢？只要空间中两直线既不平行也不相交，则必定为交叉两直线。据此，可分别作出两条直线的三面投影，判别是其是否既不平行也不相交，即可判断是否为交叉直线。

（四）垂直两直线

若两直线垂直相交（交叉），其中有一条直线平行于某一投影面时，则此两直线在该投影面上的投影互相垂直。反之，若相交（交叉）两直线在某一投影面上的投影互相垂直，有一条直线平行于某一投影面时，则此两直线在空间也一定互相垂直。如图 2-20 所示，BC 为平行于 H 面的直线，AB 为一般位置直线，$AB \perp BC$，则 $ab \perp bc$。

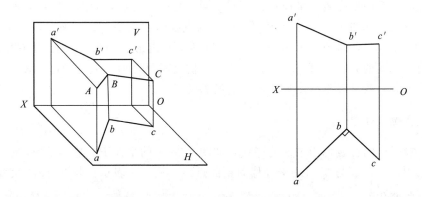

图 2-20 垂直两直线投影

例 2-3 如图 2-21 所示，求点 A 到正平线 BC 的距离 AD 及其投影。

分析与作图：点 A 到 AB 的距离 $AD \perp BC$，因为 BC 为正平线，所以在正面投影上能

第二章 点、直线、平面的投影

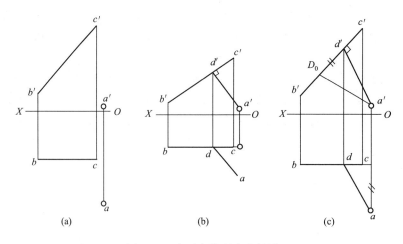

图 2-21 点到直线距离的投影

反映直角关系。作图步骤如下:
(1) 由 a' 作 $a'd' \perp b'c'$,d' 为垂足;过 d' 作 XO 的垂线交 bc 于 d 点,连接 ad;
(2) 使用直角三角形法求出 AD 的实长。

第四节　平面的投影

一、平面的表示法

投影在空间位置可用两种方法来表示:一是几何元素表示法,二是迹线表示法。各表示方法如下所述。

(一) 几何元素表示法

由几何知识可知,不在同一直线上的三点可以确定一个平面。因此,在投影上可以用下列任一组几何元素的投影表示平面:①不属于同一直线的三点,如图 2-22(a) 所示;②一直线和直线外一点,如图 2-22(b) 所示;③相交两直线,如图 2-22(c) 所示;④平行两直线,如图 2-22(d) 所示;⑤任意平面图形,如三角形、四边形、圆形等,如图 2-22(e) 所示。以上几种确定平面的方法是可以相互转化的,他们之间只是形式上的变化,表示的仍然是空间的同一个平面,并且以平面图形表示平面最为常见。

(二) 迹线表示法

平面与投影面的交线称为平面的迹线。如图 2-23 中的平面 P,它与 H 面的交线称为水平迹线,用 P_H 表示;与 V 面的交线称为正面迹线,用 P_V 表示;与 W 面的交线称为侧面迹线,用 P_W 表示。

迹线具有双重性。迹线既是投影面内的一条直线,也是某个平面上的一直线。如图 2-23(a) 中的 P_H 既是 H 面上又是 P 平面上的一条直线,由于迹线在投影面内,便有一个投影和它本身重合,另外两个重影与相应的投影轴重合。如图 2-23 中的 P_H,其水平投影与 P_H 重

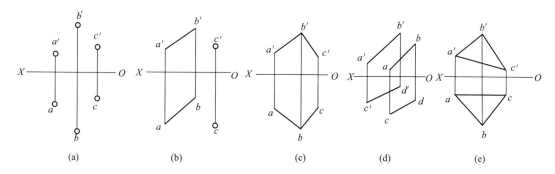

图 2-22 几何元素表示平面

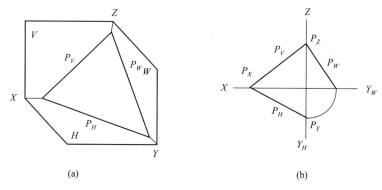

图 2-23 平面的迹线表示法

合,正面投影和侧面投影分别与 X 轴和 Y 轴重合,一般不再标记。在投影图上,通常只将迹线与自身重合的那个投影画出,并用符号标记。这种迹线表示的平面称为迹线平面。

一、各种位置平面及投影特性

在三投影面体系中,平面对投影面的相对位置分为三类:一般位置平面,对 H、V、W 投影面均倾斜;投影面垂直面,只垂直于一个投影面的平面;投影面平行面,只平行于一个投影面的平面。后两类平面又叫特殊位置平面。

(一)一般位置平面

对三个投影面既不垂直也不平行的平面称为一般位置平面,投影图如图 2-24 所示。一般位置平面在三个投影面上的投影既不反映实形,也不反映平面对投影面的倾角。

(二)投影面垂直面

垂直于某一个投影面倾斜于另外两个投影面的平面称为投影面垂直面。投影面垂直面根据他们所垂直的某一投影面的位置来命名。与正面垂直的平面叫正垂面,与水平面垂直的平面叫铅垂面,与侧面垂直的平面叫侧垂面,如表 2-3 所示。

投影面垂直平面的投影特性有如下两点。

(1)在所垂直的投影面上的投影积聚成一条直线,且与该投影面的两个投影轴都倾斜,在另外两个投影面上的投影反映类似形。

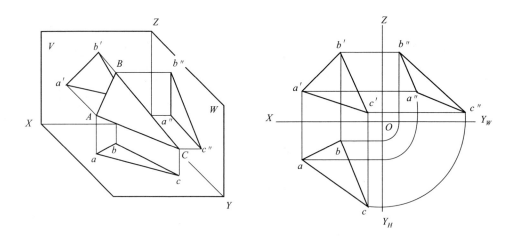

图 2-24 一般平面的投影

表 2-3 投影面垂直面

名称	轴测图	投影图	投影特性
铅垂面			1. 水平投影积聚成一线,且反映平面的倾角 β、γ； 2. 正面投影、侧面投影为类似形
正垂面			1. 正面投影积聚成一线,且反映平面的倾角 α、γ； 2. 水平投影、侧面投影为类似形
侧垂面			1. 侧面投影积聚成一线,且反映平面的倾角 α、β； 2. 正面投影、水平投影为类似形

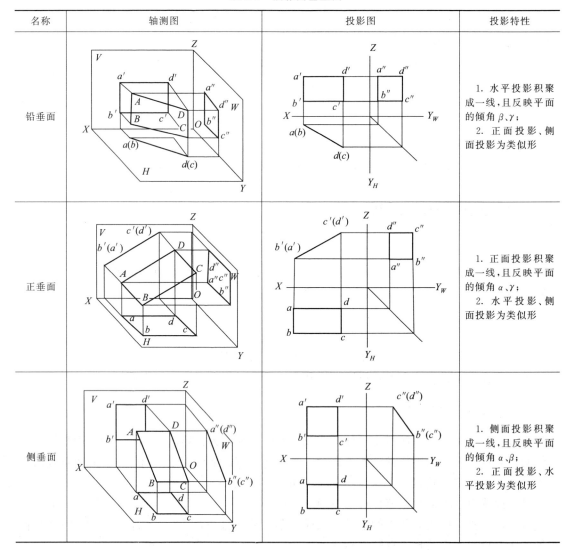

(2)在所垂直的投影面上的投影直线与该投影面上两个投影轴的夹角,分别反映该平面对相应投影面的夹角。

(三)投影面平行面

平行于某一个投影面而垂直于其他两个投影面称为投影面平行面。投影面平行面根据他们所平行的某一投影面的位置来命名。平行于正面投影的平面叫做正平面,平行于水平面投影的平面叫做水平面,平行于侧面投影的平面叫侧平面。如表2-4所示,投影面平行平面的投影特性有如下两点。

(1)在所平行的投影面上反应实形。
(2)在另外两个投影面上分别积聚成一条直线,并且平行于相应的投影轴。

表2-4 投影面平行面的投影特性

名称	轴测图	投影图	投影特性
正平面			1. 正面投影反映实形; 2. 水平投影、侧面投影积聚成一线,且分别平行于OX、OZ轴
水平面			1. 水平投影反映实形; 2. 正面投影、侧面投影积聚成一线,且分别平行于OX、OY_W轴
侧平面			1. 侧面投影反映实形; 2. 正面投影、水平投影积聚成一线,且分别平行于OZ、OY_H轴

三、平面上的直线和点

（一）平面上的直线

如果直线在平面上，则该直线必经过平面上的两个点，或者通过平面上一点，且平行平面上的一条直线。

如图 2-25 所示，相交直线 AB 与 BC 构成一平面，在 AB、BC 上各取一点 M 和 N，则过 M、N 两点的直线一定在该平面内。其投影图作法如图 2-25(b) 所示。

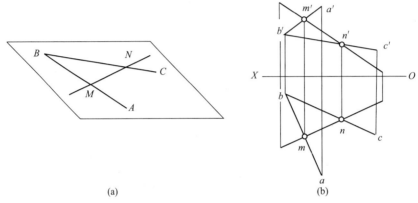

图 2-25 平面上的直线

（二）平面内取点

点在直线上，则该点必在平面内的某一直线上。因此，若在平面内取点，可先在平面上

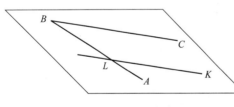

图 2-26 平面上的点

取一条直线，然后在直线上取点。如图 2-26 所示，点 L 既在直线 AB 上，又在直线 LK 上，因此点 L 必在该相交直线确定的平面内。

例 2-4 已知点 K 在平面 ABC 上，且知其正面投影 k'，求它的水平投影 k（见图 2-27）。

分析与作图：因为 K 点在平面 ABC 上，所以过 K 点连接平面上点 A，则点 M 必在平面 ABC 上。作图步骤如下：

（1）连接 $a'k'$，与 $b'c'$ 相交于 m'；过 m' 作 XO 的垂线，交 bc 于 m 点；

（2）连 am 并延长，依投影关系求出 k。

例 2-5 已知四边形 $ABCD$ 为平面图形，按图 2-28 所给条件，补全其正面投影。

分析与作图：四边形 $ABCD$ 与 $\triangle ABC$ 属同一平面，点 D 可看作是该面内一点，用上例所示方法，即可求得 d'，进而作出四边形 $ABCD$ 的正面投影。作图步骤如下。

（1）连 AC 的同面投影 $a'c'$、ac；

（2）连接 bd 得到与 ac 的交点 k，依据点的投影关系作出 k'；

（3）连 $b'k'$ 并延长，依投影关系求出 d'；

（4）连 $a'b'c'd'$，即得到平面 $ABCD$ 的投影。

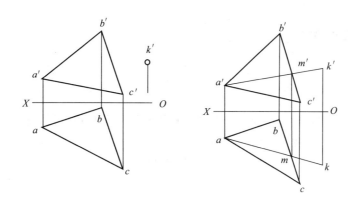

图 2-27 平面上点的投影

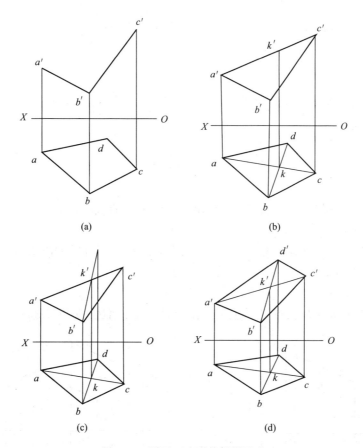

图 2-28 平面四边形的投影画法

第五节 直线与平面、平面与平面的相对位置

直线与平面、平面与平面的位置只有两种可能：平行与相交，在相交中还包含着一种特殊情况——垂直。本教材分平行、相交、垂直三种情况进行讨论。

第二章 点、直线、平面的投影 43

一、直线与平面的位置

（一）直线与平面平行

如果直线与平面上的某一直线平行，则此直线与该平面互相平行。根据几何条件及两直线平行的投影性质，我们就能解决其作图问题。

例 2-6 如图 2-29 所示，已知△CEF 和直线 AB，判断直线 AB 和△CEF 是否平行。

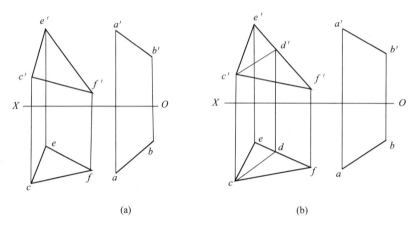

图 2-29 直线与平面平行的判断

分析与作图：根据能否在△CEF 上作出与 AB 平行的直线，即可进行判断。作图步骤如下所示。

（1）在△CEF 上作一辅助线 CD∥AB。先作出 cd∥ab，再作出 CD 的正面投影 c'd'；

（2）判断 c'd'与 a'b'是否平行。因为 c'd'与 a'b'不平行，则 CD 与 AB 不平行，所以直线 AB 与△CEF 不平行。

例 2-7 已知直线 AB 及点 C，过点 C 作平面平行于 AB（见图 2-30）。

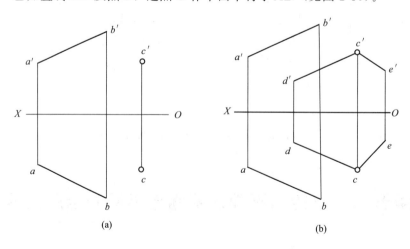

图 2-30 过点作平行于直线的平面

分析与作图：过 C 作直线 CD∥AB，则包含 CD 所作的平面均与 AB 平行，本题有多解。作图步骤如下所示。

(1) 过 C 作直线 $CD//AB$；

(2) 过 C 作直线 CE，则 DCE 为所求平面。

(二) 直线与平面相交

直线与平面如不平行，则一定相交，且直线与平面只能交于一点。该点是直线和平面的共有点，即该点既在直线上，又在平面内。因此，在求交点的作图过程中，将涉及平面内的直线与点。

(1) 直线与特殊位置平面相交

特殊位置平面总有一个投影有积聚性，因此当直线与它相交时，就可以利用积聚性从图上直接得出其交点或交线。

如图 2-31 所示，直线 EF 与水平面 $\triangle ABC$ 相交。$e'f'$ 与 $a'b'c'$ 的交点 k' 便是交点 K 的正面投影。根据 k'，可在 ef 上找出其水平投影 k。点 K 即为直线 EF 与水平面 $\triangle ABC$ 的交点。

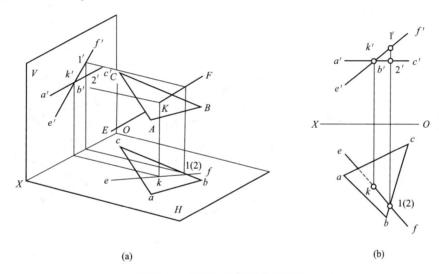

图 2-31 直线与平面交线的投影

如果直线与平面相交，则在投影图中需判断直线的可见性。投影图中用粗实线和虚线来区别可见和不可见部分的投影，并利用重影点来判别其可见性。

以图 2-31 中的水平投影为例。显然，ef 与 $\triangle abc$ 相重合的部分将产生可见性的问题，并且点 k 是可见与不可见部分的分界点。这里只有两种可能：FK 在 $\triangle ABC$ 上方而 KE 在下方，或者相反。图中 EF 和 BC 是交叉两直线，而 ef 与 bc 交叉重影于点 1(2)，在 $e'f'$ 及 $b'c'$ 上分别求出 $1'$ 和 $2'$，Ⅰ、Ⅱ 即是位于同一条投射线上的一对重影点。可以看出，位于 EF 上的点 Ⅰ 比 BC 上的点 Ⅱ 的 Z 坐标值要大些。因此，对水平投影而言，FK 可见，而 KE 上被 $\triangle ABC$ 遮住的部分不可见。

因为正面投影与水平投影的可见性不一定相同，所以在判别了直线的水平投影的可见性之后，还得另行判别正面投影的可见性。

(2) 直线与一般位置平面相交

当直线与平面均处于一般位置时，我们就不能利用积聚性来求交点，这就需要利用辅助平面。

例 2-8 如图 2-32 所示，直线 AB 与一般位置平面△DEF 相交，求两者交点投影。

分析与作图：为求出其交点，总可找到一个包含 AB 直线的垂直面（如垂面 R）。直线 MN 就是平面△DEF 与辅助平面 R 的交线。交线 MN 与已知直线 AB 的交点 K，即为直线 AB 与平面△DEF 的交点。

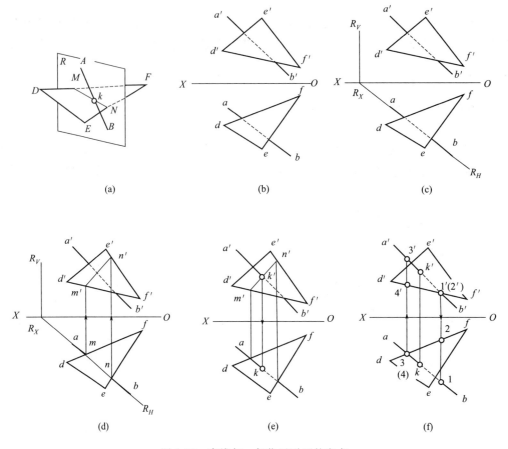

图 2-32 直线与一般位置平面的交点

根据以上分析，我们可以按照如下步骤求出线面交点。

首先，包含直线 AB 作一辅助平面（铅垂面 R），如图 2-32(c) 所示；

其次，求出辅助平面 R 和平面 DEF 的交线 MN，如图 2-32(d) 所示；

再次，求出直线 MN 与直线 AB 的交点 K，分别作出该点的两面投影，如图 2-32(e) 所示；

最后，利用重影点，判别直线 AB 正面及水平投影的可见性，如图 2-32(f) 所示。

（三）直线与平面垂直

若一直线垂直于平面内的任意两条相交直线，则该直线垂直于此平面，同时垂直于平面内的一切直线。由此可知，一直线垂直于一平面，则该直线的正面投影必定垂直于该平面上正平线的正面投影，直线的水平投影必定垂直于平面上水平线的水平投影。反之，直线的正面投影和水平投影分别垂直于平面上正平线的正面投影和水平线的水平投影，则直线一定垂直该平面。

如图 2-33 所示，直线 AK 是垂直于平面 P 的，那么它一定也垂直于该平面内过垂足的水平线 CD。因此，可得依据直角投影定理可知 AK⊥CD。由于同一平面内的一切水平线都互相平行，例如 CD//EF//PH，故得 AK⊥EF、AK⊥PH。因此可得下列结论：如果一直线垂直于一平面，即该直线的水平投影一定垂直于该平面内水平线的水平投影。同理，可得结论：如果一直线垂直于一平面，则该直线的正面投影一定垂直于该平面内正平线的正面投影。

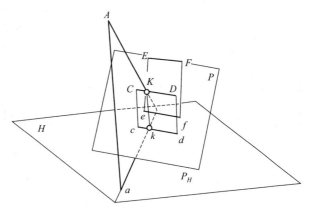

图 2-33　直线垂直于平面的投影

例 2-9　如图 2-34(a) 所示，求点 K 到 △ABC 的距离。

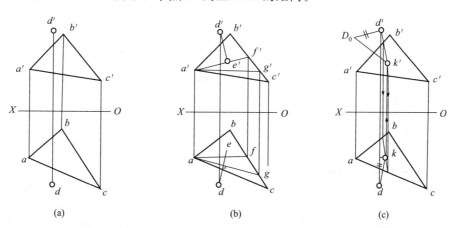

图 2-34　点到平面的距离的投影

分析：距离问题其实是垂直问题。先过 K 作 ABC 的垂线，再求出垂足，最后利用直角三角形法求出垂线的实长。具体作图步骤如下所示。

(1) 在 △ABC 内引一条正平线 AF，即过 a 作 af//XO，交 bc 于 f，根据点的投影规律，作出 F 的正面投影 f'，连接 a'f'；在 △ABC 内引一条水平线 AG，过 a' 作 a'g'//XO，交 b'c' 与 g'，同样根据点的投影规律，作出 G 的水平投影 g，连接 ag；

(2) 过 d' 作 d'e'⊥a'f'，过 d 作 de⊥ag；

(3) 使用辅助平面法，找出垂线与平面 ABC 的交点 K；

(4) 利用直角三角形法求得 DK 的实长，即为所求点 D 到平面距离。

二、平面与平面的位置

（一）平面与平面平行

如果一个平面内的相交两直线对应地平行于另一个平面内的相交两直线，则这两个平面

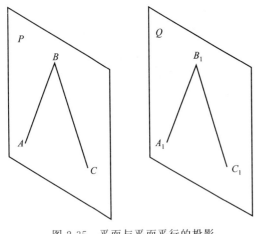

图 2-35 平面与平面平行的投影

互相平行（见图 2-35）。根据上述的几何条件和两直线平行的作图方法，就可解决平行两平面的作图问题。

（二）平面与平面相交

平面与平面若不平行，则一定相交。两平面的交线一定是一条直线，这条直线为两平面所共有。因此，如果能设法求出两平面的两个共有点，或一个共有点和交线的方向，就可求出两平面的交线。

（1）平面与特殊位置平面相交

特殊位置平面总有一个投影有积聚性，因此当平面与它相交时，就可以从图上直接得出其交点或交线。图 2-36 表示一个正垂面 $DEFG$ 与一个水平面 $\triangle ABC$ 相交。可以确定其交线为正垂线，且正面投影积聚为一点，水平投影为 mn。图中的虚线表示了不可见部分。

图 2-37 表示一般位置平面 $DEFG$ 与一个水平面 $\triangle ABC$ 相交。因为 $\triangle ABC$ 的正面投影有积聚性，所以可直接求出 $DEFG$ 的两个边 DG 和 EF 与 $\triangle ABC$ 的交点 M 和 N，直线 MN 即为两平面的交线。

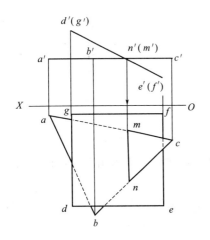

图 2-36 水平面与一般位置平面投影（1）

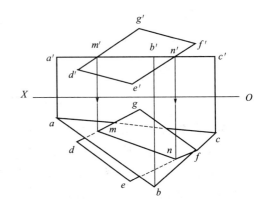

图 2-37 水平面与一般位置平面交线投影（2）

（2）一般位置平面相交

求两个一般位置平面相交，可利用求直线与一般位置平面交点的方法求两平面的交线。图 2-38 表示了求两个三角形平面 ABC 与 DEF 交线的方法。我们取 $\triangle DEF$ 的边 DE 和 DF，分别求出它们与 $\triangle ABC$ 的交点。这两个交点即两平面的两个共有点，然后连接两点的同面投影就得两平面的交线，并判断可见性。

（三）平面与平面垂直

两平面垂直相交是两平面相交的一种特殊情形。如果一直线垂直于一平面，则包含此直

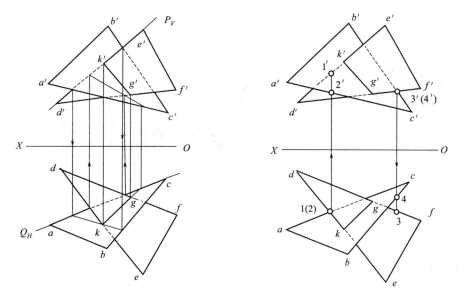

图 2-38 一般位置平面的交线投影

线的所有平面都垂直于该平面，如图 2-39 所示。反之，如果两平面互相垂直，则从第一平面的任意一点向第二平面所做的垂线，必定在第一平面上。应用此几何特性即可作图，具体不再赘述。

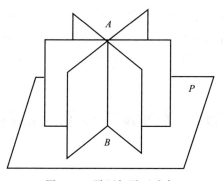

图 2-39 平面与平面垂直

第三章 立体及表面交线

★【学习目的】通过对本章知识的学习，熟练掌握绘制立体及其表面交线的方法，理解和掌握截交线和相贯线的基本性质，增强空间想象能力和逻辑思维能力，培养严谨细致的工作作风。

★【学习要点】平面体和曲面体及其表面上点的投影；平面与立体的表面相交的交线画法；平面体与曲面体的表面交线的画法，常见立体相贯线的画法。

立体可按围成的表面不同分为平面立体和曲面立体。完全由平面围成称为平面立体，由平面和曲面或者完全由曲面围成称为曲面立体。本章主要介绍平面体和曲面体的三视图画法，立体表面的点及截交线的投影、立体与立体交线的投影画法。

第一节 平面体及表面上点的投影

常见平面体主要是棱柱体和棱锥体。平面立体由多个平面多边形组成，因此，平面立体的投影是点、直线和平面投影的集合。投影时，将立体看作不透明形体。作投影图时，可见线段用粗实线表示，不可见线段用细虚线表示，当粗实线与细虚线发生重合时，用粗实线表示。

一、棱柱体

棱柱由上下两个底面和若干侧面围成，侧面与侧面的交线称为棱线，各棱线与地面交点称为棱柱的顶点。其中，正棱柱各条棱线互相平行，且垂直于底面。根据棱线或者侧面的多少可以分为三棱柱、四棱柱、五棱柱、六棱柱等。

（一）棱柱体的投影

按照投影规律，棱柱各顶点的正面投影和水平面投影的连线垂直于 OX 轴，其正面投影和侧面投影垂直于 OZ 轴，且应满足"长对正、宽相等、高平齐"的投影关系。如图 3-1 所示，按图示位置放置六棱柱时，其两底面为水平面，在水平面上反映实际形状，在侧面投影上集聚成直线；前后两侧面为正平面，在正面投影反映实际形状，在水平投影上集聚成直线；其余四个侧面为铅垂面，其水平投影都积聚成直线。因此，根据各面的积聚性，按照投影规律即可做出三面投影图。

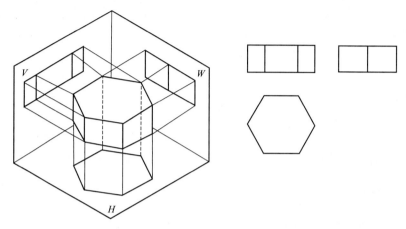

图 3-1　正六棱柱的立体图和三面投影图

（二）棱柱体的表面点的投影

求取平面立体表面点的投影，可根据平面立体表面投影，求出其面上指定点的投影。作图时，先根据已知条件分清所给的点属于立体表面的哪个平面，根据面的投影找出点的投影，最后判断可见性。

例 3-1　如图 3-2 所示，已知图中正五棱柱表面上的点 F 和 G 的正面投影 f' 和 g'，求作两点的水平投影和侧面投影。

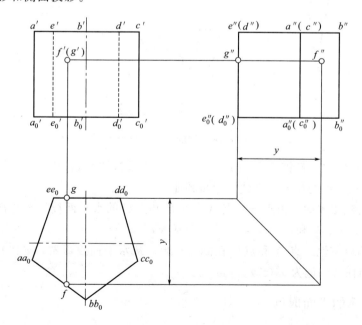

图 3-2　五棱柱表面上的点的投影画法

第三章　立体及表面交线

分析与作图：由正面投影对照水平投影可以看出，点 F 的正面投影可见，G 点正面投影不可见。由于 f'、g' 位于棱面 BB_0A_0A 的可见投影 $b'b_0'a_0'a'$ 和棱面 DD_0E_0E 的不可见投影 $d'd_0'e_0'e'$ 围成的矩形中，根据主视图可看出两点在主视图方向前后重影，F 在前 G 在后，由此可断定点 F 在棱面 BB_0A_0A 上，点 G 在棱面 DD_0E_0E 上。

作图过程如图 3-2 中所示。

（1）由 $f'(g')$ 的重影特性和在棱面的积聚性的水平投影上作出 f、g，分别过 f 点和 g 点作竖直线，交 aa_0bb_0 于 f，交 ee_0dd_0 于 g，f 和 g 即为点 F 和 G 的水平面投影。

（2）由点的投影规律，根据水平面投影和正面投影，作出侧面投影 g'' 和 f''。

二、棱锥体

棱锥体由一个底面和若干个侧面围成，各侧面的交线称为棱线，各棱线交于棱锥的顶点。根据棱线或者侧面的数量，棱锥可分为三棱锥、四棱锥、五棱锥、六棱锥等。

（一）棱锥体的投影

以例 3-2 说明棱锥体的投影画法。

例 3-2 如图 3-3 所示，已知三棱锥正面和水平面投影，求其侧面投影图。

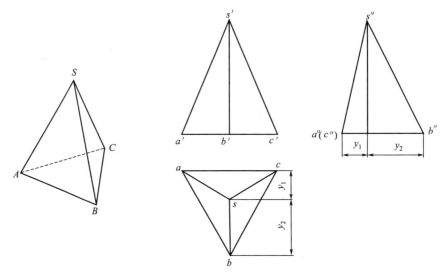

图 3-3 三棱锥的三面投影画法

分析与作图：绘出三棱锥底面△ABC、顶点 S 以及棱线 SA、SB、SC 的投影，区分可见性，即可得出三棱锥的投影。具体作图步骤如下。

① 根据点的投影规律，由点 S、点 A、点 B 和点 C 的水平面投影和正面投影，作出四点的侧面投影 s''、a''、b'' 和 c''，连接 $s''a''$、$s''b''$ 和 $s''c''$。

② 判断点的可见性。点 A 和点 C 在侧面重影，从水平面投影看，a 比 c 更靠前，因此侧面投影中 a'' 挡住 c''，记为 $a''(c'')$。

（二）棱锥体的表面取点

如图 3-4 所示，已知三棱锥表面上 K 点的正面投影和折线段Ⅰ-Ⅱ-Ⅲ的水平投影，求作它们的水平投影与正面投影。

分析与作图：

① 因为 k' 不可见，所以点 K 位于 SAC 棱面内。过点 K 在 SAC 棱面内作一辅助线 SD（$s'd'$、sd），点 K 的水平投影必在 SD 的水平投影上，如图 3-4 所示。也可过点 K 在 SAC 棱面内作一平行于底边 AC 的辅助线，求点 K 的水平投影。因棱面 SAC 水平投影可见，故 k 也可见。

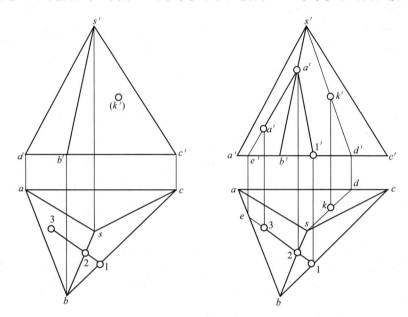

图 3-4　三棱锥表面上的点的投影画法

② 由折线段Ⅰ-Ⅱ-Ⅲ的水平投影 1-2-3 可知，线段Ⅰ-Ⅱ在 SBC 棱面内，点Ⅰ在 BC 边上，点Ⅱ在 SB 棱上，故 $1'$ 在 $b'c'$ 上，$2'$ 在 $s'b'$ 上。连接 $1'2'$ 即得Ⅰ-Ⅱ的正面投影。线段Ⅱ-Ⅲ在 SAB 棱面内，为求其正面投影，可将该线段延长至与 AB 边相交于 E，求得 $2'e'$，其上的 $2'3'$ 段即为Ⅱ-Ⅲ的正面投影。

因棱面 SAB、SBC 的正面投影均可见，故 $1'2'$、$2'3'$ 画成粗实线。

注意：Ⅰ、Ⅲ两点不在同一平面内，故 $1'3'$ 不能连线。

第二节　平面体的截交线

一、截交线与断面

当平面与平面立体相交时，平面与立体表面的交线，称为截交线；当平面切割立体时，由截交线围成的平面图形称为断面。如图 3-5 所示，平面 P 称为截平面，交线Ⅰ-Ⅱ-Ⅲ称为截交线，围成的三角形称为断面。

截交线有如下性质。

① 截交线是由直线段围成封闭的平面图形，它的位置取决于平面体的形状以及所截切的位置。

② 截交线是截平面与立体表面的共有线，是截平面与棱面的交线，故求作截交线，可归结为求截平面和立体表面的交线。

二、截交线的投影与截交体的投影

要正确画出截交线的投影，要分别求出截交线多边形各顶点的投影，并连接成多边形。以三棱锥的截交线画法为例，如图 3-6 所示。

分析与作图：

图中三棱锥截交体是由一个水平面和一个正垂面截交切割得到。

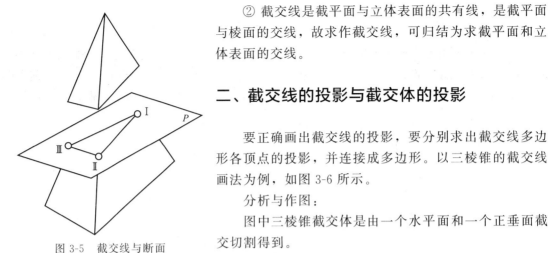

图 3-5 截交线与断面

在主视图中，两截平面具有积聚性。因此作图时，先求出水平面和侧棱 SA 的交点 D 的水平投影 d，过 d 作 de∥ab，交 sb 于 e，过 e 作 ef∥bc，过 d 作 dk∥ac，则折线 kdef 是水平面截三棱锥所得截交线的水平投影。其中，K、F 两点是水平面截交线与正垂面截交线的两端点。水平面截交线的侧面投影具有积聚性，为一条水平直线。正垂面切割得到的截交线为 GK、GF 两条，由于点 K、F 的三面投影已经求出，因此只需要求出 G 的三面投影；又由于 G 在棱线 SC 上，由正面投影 g' 可求出水平投影 g 和侧面投影 g''。分别连接 gk、gf、$g''f''$、$g''k''$ 即得到截交线的投影。

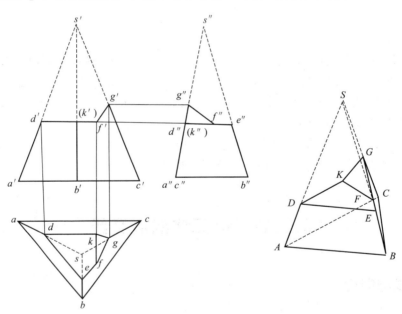

图 3-6 三棱锥截切投影的画法

在作图中应注意，水平截平面和正垂截平面的交线 KF 是一条正垂线，其正面投影 $k'f'$ 积聚为一点，其水平投影 kf 与侧面投影 $k''f''$ 的长度应相等。最后，应注意重影点的可见性判断。

例 3-3 已知四棱柱 ABCD（为了简明起见，这里每条棱线用一个字母标记）被正垂面 P_V 所截，求作截切四棱柱的三面投影图，如图 3-7 所示。

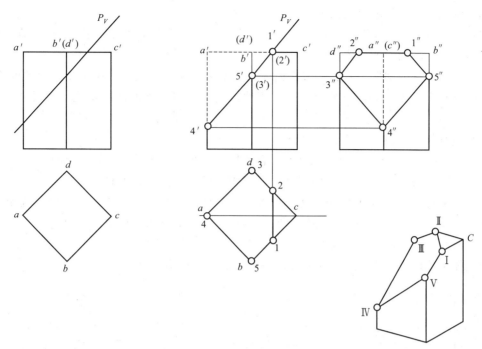

图 3-7　四棱柱截切投影的画法

分析与作图：由图 3-7 所示的 V 面投影可知，由于 P_V 平面是正垂面，所以截交线的 V 面投影与 P_V 重合，并与棱柱的上底面和四个侧棱面相交，所以截交线是一个五边形。五个顶点是截平面与四棱柱的 A、B、D 三条棱线以及上底面的 BC、CD 两条边的交点。

具体作图方法如图 3-7 所示。

① 根据已知四棱柱的正面投影和水平投影，作出其侧面投影。

② 求交点，线段 ⅠⅡ 是 P_V 平面与顶面 ABCD 的交线，是一条正垂线，它的正面投影 1′、2′ 由 P_V 与 b′c′ 和 d′c′ 相交得出，积聚为一个点，由此作出其水平投影 12 及侧面投影 1″ 2″；Ⅲ、Ⅳ、Ⅴ 三点是 P 平面与四棱柱的 D、A、B 三条棱线的交点，它们的正面投影为 P_V 与 d′、a′、b′ 之交点，水平投影与 a、b、d 重合。由此，即可确定它们的侧面投影。

③ 连点，根据水平投影，把位于立体同一表面上的两交点的同面投影依次连接，即得截交线的各投影。

④ 判断可见性，因侧面投影 AB、AD 棱面可见，1″2″、2″3″、1″5″ 为四棱柱侧面投影的轮廓线，故截交线的侧面投影均可见。

⑤ 整理完成投影图，将参与相交的各棱线的投影画至交点，画全不参与相交的棱线、底面的投影，并区分可见性。

第三节　平面体与平面体的表面交线

一、相贯线的基本概念

相交几何形体称为相贯体，它们的表面交线称为相贯线。相贯线是两立体表面的共有线,也是两立体表面的分界线。

根据立体表面的性质,两立体相交可分为三种情况:①两平面立体相交;②平面立体与曲面立体相交;③两曲面立体相交。

研究立体相交的问题,主要是求作相贯线。由于立体的形状、大小及相互位置的不同,相贯线的形状也各不相同,可能是由一些直线段组成,或由平面曲线组成,也可能是空间曲线。

相贯线有如下性质。

① 相贯线是相交立体表面的共有线,它的投影必在两立体投影重叠部分的范围以内。

② 由于立体是一个封闭的空间实体,所以相贯线一般都是封闭的。

立体相贯可分为全贯和互贯。全贯是指某一立体全部棱线或素线都穿过另一立体,如图3-8(a)、图3-8(c)所示;互贯是指两立体都只有一部分参与相贯,如图3-8(b)所示。全贯时一般有两条封闭的空间线段,互贯时只有一条封闭的空间线段;如果一段相贯线同时位于两立体可见的表面上,相贯线的投影是可见的,否则不可见。

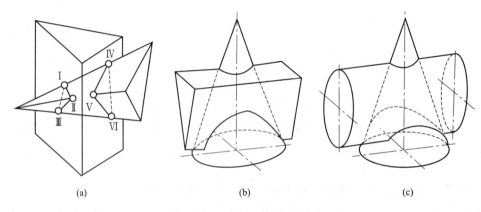

图 3-8 两立体相贯的形式

二、求两平面立体的表面交线

平面体与平面体的表面交线一般是封闭的空间折线。折线的各线段是两平面体相应棱面的交线,如图3-8(a)所示的Ⅰ-Ⅱ、Ⅱ-Ⅲ、Ⅲ-Ⅰ、Ⅳ-Ⅴ、Ⅴ-Ⅵ、Ⅵ-Ⅳ。折线的各顶点是一个平面立体的棱线(或底面边线)对另一平面立体的贯穿点。

求两平面立体相贯线的方法有以下两种。

① 交点法,求一平面立体的棱线(或底面边线)对另一平面立体表面的交点,并按空间关系依次连成相贯线。

② 交线法,求出两平面立体上的相交棱面的交线。

例 3-4 如图3-9(a)所示,已知两三棱柱相交,使用交点法完成该相贯体的投影。

分析与作图:由图3-9(a)可知,三棱柱 ABC 各棱面垂直 H 面,水平投影有积聚性。相贯线的水平投影均重影在三棱柱 ABC 的水平投影上,故只需求其正面投影。从水平投影可看出,棱线 A、C 在棱柱 DEF 的外形线以外,D 棱线在棱柱 ABC 的外形线以外,不参与相交。而棱线 E、F 与棱柱 ABC 的 AB、BC 棱面相交;棱线 B 与棱柱 DEF 的 DE、DF 棱面相交,形成两立体互相贯穿,它们的相贯线是一条封闭的空间折线。

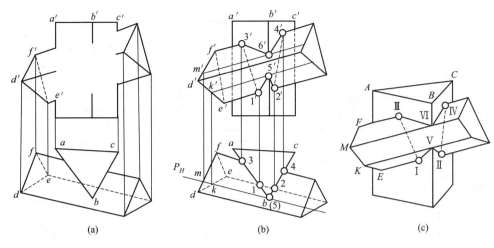

图 3-9 两棱柱相交交线投影

具体作图过程如图 3-9(b) 所示。

① 求 E 棱和 F 棱与棱面 AB、BC 的贯穿点，因为 E 棱的贯穿点 Ⅰ、贯穿点 Ⅱ 和贯穿点 F 棱的贯穿点 Ⅲ、点 Ⅳ 的水平投影 1、2、3、4 可直接得到，从而在 e' 上求出其正面投影 $1'$、$2'$ 和 f' 上求出 $3'$、$4'$，如图 3-9(b) 所示。

② 求 B 棱与棱面 DE、DF 的贯穿点，可过 B 棱作平行于棱柱 DEF 各棱线的铅垂面 P_H，即过 b 作直线平行 D 棱的水平投影 d，该直线即为平面 P_H 与棱面 DE、DF 相交得截交线 KⅤ、MⅥ，如图 3-9(c) 所示；该两交线的水平投影 $k5$、$m6$ 积聚在 P_H 上，由 k、m 分别对应在 $d'e'$、$d'f'$ 边上求得 k'、m'，过 k'、m' 分别引直线平行 D 棱的正面投影 d' 可得截交线的正面投影 $k'5'$、$m'6'$；b' 与 $k'5'$、$m'6'$ 相交于点 $5'$、$6'$，即得贯穿点 Ⅴ、Ⅵ 的正面投影，其水平投影与该棱线的水平投影 b 重合。

③ 连点，在投影图中，连贯穿点的原则是：只有位于立体的同一棱面内，同时也位于另一立体的同一棱面内的两个点才能相连；同一棱线上的两个点不能相连。如点 Ⅰ 和点 Ⅴ 同位于棱面 AB 内又同位于棱面 DE 内，故可用直线相连。而点 Ⅲ 和点 Ⅴ，虽然同位于棱面 AB 内，但却分别位于棱柱 DEF 的 DF 和 DE 两个棱面内，故此两点不可相连。其他各点用同法确定连成 Ⅰ-Ⅴ-Ⅱ-Ⅳ-Ⅵ-Ⅲ-Ⅰ 封闭折线。相贯线的正面投影为 $1'$-$5'$-$2'$-$4'$-$6'$-$3'$-$1'$。

④ 判别可见性，根据相贯线可见性的判别原则，$1'3'$、$2'4'$ 是可见棱面的投影 $a'b'$、$b'c'$ 与不可见棱面的投影 $e'f'$ 的交线，故为不可见，应画成虚线。其余均为两可见棱面的交线，故都画成粗实线。

⑤ 完成投影图，画相贯体的投影，主要是求相贯线。但求得相贯线后，还必须绘出其相贯体的投影轮廓。在正面投影中使 e' 两端向内延至 $1'$ 及 $2'$；f' 两端向内延至 $3'$ 及 $4'$ 点；b' 两端向内延至 $5'$ 及 $6'$ 点；补全不参与相贯的 a'、c' 及 d' 的投影，并区分可见性，如图 3-9(b) 所示。

例 3-5 如图 3-10(a) 所示，已知三棱锥和三棱柱相交，使用交线法完成该相贯体的投影。

分析与作图：由图 3-10(a) 可知，三棱柱正面投影有积聚性，即相贯线的正面投影已知，故只需求水平投影和侧面投影。且由正面投影知，三棱锥的 SA 与 SC 棱不参与相交，因此三棱柱将三棱锥穿通，是全贯体，形成前后两条相贯线。前一条相贯线是三棱柱的三个棱面与三棱锥的前两个棱面 SAB、SBC 相交所形成的交线，是一条封闭的空间折线；后一

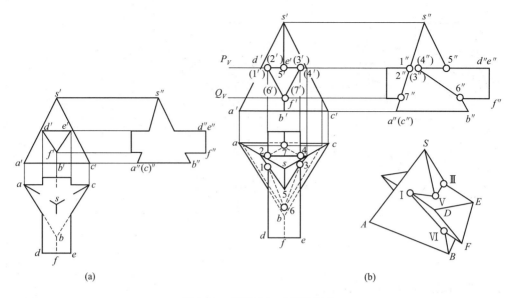

图 3-10 三棱柱与三棱锥相交

条相贯线是棱柱的三个棱面与棱锥后面的棱面 SAC 的交线，是一个平面三角形。由于该相贯体为左右对称形体，故其相贯线也为左右对称形。

具体作图过程如图 3-10 所示。

(1) 求相贯线

① 求棱面 DE 与三棱锥的交线 可扩大棱柱的 DE 棱面为 P_V，P_V 面与三棱锥相交的截交线是一个与底面相似的三角形（三角形各边与棱锥底面各对应边相互平行）。其水平投影的线段 1-5-3 和 2-4，便是相贯线水平投影的一部分。其中点 1 和点 2 就是棱柱的棱线 D 与棱锥的 SAB、SAC 棱面交点的水平投影；点 3 和点 4 就是棱柱的棱线 E 与棱锥的 SBC、SAC 棱面交点的水平投影；而点 5 则是棱锥的 SB 棱线与三棱柱 DE 棱面交点的水平投影。

② 求棱面 DF、EF 与三棱锥的交线 为求棱柱左边的 DF 棱面与棱锥的交线，除 D 棱与棱锥的交点外，还要求出棱线 F 与棱锥的交点。为此，过棱线 F 作辅助水平面 Q_V，Q_V 面与三棱锥相交所得的截交线也是一与底面相似的三角形。在水平投影中，三角形与棱 F 相交，得交点 6 和 7（也可利用 F 棱与 SB 棱相交以及棱锥的 SAC 棱面是一侧垂面这一特性，直接在侧面投影中确定 6″和 7″，再确定出其水平投影 6 和 7）。1-6 和 2-7 就是棱柱左边的 DF 棱面与棱锥交线的水平投影；连接 3-6 和 4-7 得到棱柱右边的 EF 棱面与棱锥交线的水平投影。由于三棱锥的 SAC 棱面和三棱柱的 DE 棱面都垂直于侧面投影面，故其棱面上交线的侧面投影也分别重影为直线 2″-4″-7″、1″-3″-5″。闭合的空间折线 Ⅰ-Ⅴ-Ⅲ-Ⅵ-Ⅰ 和 Ⅱ-Ⅳ-Ⅶ-Ⅱ 即为相交立体的两条相贯线，如图 3-10(b) 所示。

(2) 判别可见性

由于三棱柱的 DF 和 EF 棱面的水平投影为不可见面，故其面上的交线 1-6-3、2-7-4 均为不可见，画成虚线，又因该相贯体为左右对称形体，故其相贯线也为左右对称形。因而其左右两侧相贯线的侧面投影重合应画成粗实线。

(3) 整理完成投影图

将参与相贯的各棱线画至各自的贯穿点，并判别棱线的可见性完成各投影图，如

图 3-10（b）所示。

第四节 曲面体及表面上点的投影

曲面立体是由曲面或曲面与平面所围成的几何体，最常见的是回转体，有圆柱、圆锥、圆球、圆环等。因曲面立体是由若干个曲面与平面共同组成，因此，曲面立体的投影是点、直线和曲面投影的集合。投影时，将立体看作不透明的。同前，投影图中可见线段用粗实线表示，不可见线段用细虚线表示，当粗实线与细虚线发生重合时，用粗实线表示。

一、圆柱

圆柱体的表面是由圆柱面和上下底面组成，圆柱面可以看作是一条母线绕平行于它的轴线旋转一周而成，母线称为圆柱面的素线。

（一）圆柱体的投影

根据投影规律，在投影中，各面的正面投影和水平投影应位于竖直的投影连线上，正面投影和侧面投影要位于水平投影的连线上，并且满足要素几何长度对应相等的投影关系。以垂直于水平面的圆柱体为例，讨论其视图特点，如图 3-11 所示。

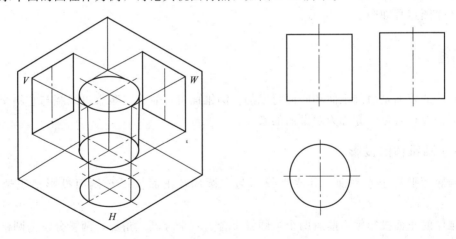

图 3-11 圆柱体的立体图和三面投影图

由于圆柱体轴线垂直于 H 面，圆柱上下底面的水平投影反映实形，正面和侧面投影积聚为直线，圆柱体上下底面都积聚为圆周且重合。在正面投影时，前后两面的投影集聚为矩形，圆柱面的最左、最右素线投影为矩形的两条竖线。在侧面投影中，左右两个半圆柱体与正面投影相同并集聚为矩形。

（二）圆柱体的表面取点

圆柱体的表面取点即是作圆柱面与上下底面的点和线的投影。因此在作图时要根据条件分清所给的点在哪个平面内,从而它们的投影必在所属平面内,且可见性与平面保持一致。

例 3-6 如图 3-12(a) 所示,已知圆柱体表面上的点 A 和点 B 的正面投影 a'、b',求其余两投影。

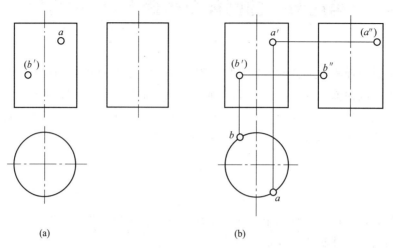

图 3-12 圆柱体表面上的点的投影画法

分析与作图:因圆柱的轴线垂直于 H 面,其水平投影有积聚性,根据点 A 的正面投影 a' 可见,则由 a' 直接在前半圆周上定出 a。根据点 B 的正面投影 b' 不可见,则由 b' 直接在后半圆周上定出 b。根据点的投影规律可求出点 A 和点 B 的侧面投影 a''、b''。因点 A 在右半圆柱面上,故 a'' 不可见;点 B 在左半圆柱面上,则 b'' 可见。

具体作图过程如图 3-12 所示。

二、圆锥

圆锥体的表面是由圆锥面和底面组成的。圆锥面可以看作一条直母线绕与它斜交的轴线旋转一周而成,直母线亦称为圆锥面的素线。

(一)圆锥体的投影

圆锥底面平行于水平面,其水平投影为一圆周,正面投影与侧面投影都积聚为一条直线。

圆锥体的正面投影中,前后两个半圆锥重合为一个等腰三角形,两腰分别为圆锥体的最左、最右素线。

侧面投影中,左右两个半圆锥同样重合为一个等腰三角形,三角形的两腰分别为圆锥体的最前、最后素线。

具体投影如图 3-13 所示。

(二)圆锥体表面点的投影

圆锥体上的点分为特殊位置点和一般位置点。特殊位置点一般处于圆锥体素线和底面上,可以利用投影关系或积聚性直接得出,一般位置点处于圆锥面的任意位置,这时则需要做辅助线得出。

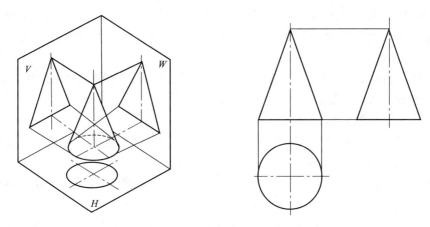

图 3-13 圆锥体的立体图和三面投影图

例 3-7 已知圆锥表面上的点 A、B、C 和 M 的一个投影,求作它们的另外两个投影,如图 3-14(a) 所示。

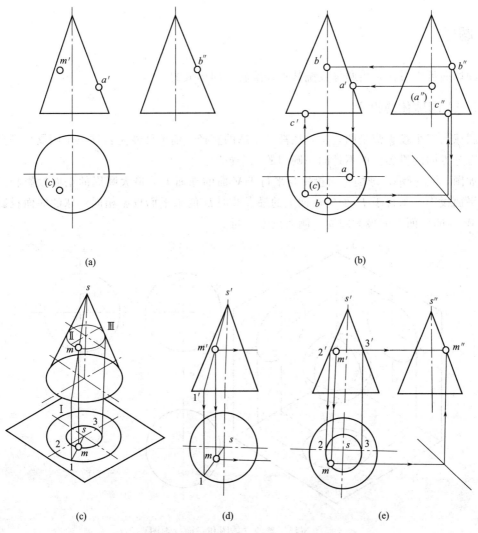

图 3-14 圆锥表面上的点的投影画法

分析与作图：点 A、B、C 是圆锥表面的特殊位置点。由于 A、B 分别位于圆锥体的最右和最前素线上，则利用点在直线上的投影关系直接得出，点 C 的水平投影为不可见，则点 C 在圆锥底面上。

点 M 位于圆锥面的任意位置，为一般位置点。因此，需要做辅助线求出其投影。另外，做辅助线由两种方法，一是素线法，二是纬圆法。

具体作图步骤如图 3-14 所示。

① 由 A、B、C 三点的已知投影向另外两个投影面作投影连线，与最右、最前及三角形的底边的交点即为所求，具体步骤如图 3-14(b) 所示。

② 素线法。如图 3-14(c) 所示，过锥顶连接点 M 作一辅助素线 SI，根据从属性求出另个投影 1、1′。具体步骤如图 3-14(d) 所示。

③ 纬圆法。如图 3-14(c) 所示，过点 M 作一垂直于圆锥轴线的水平纬圆，该圆与圆锥底面与平行，其 V 面投影积聚为直线，H 面投影为圆；由于该纬圆过点 M，因此 M 点的三面投影均在该纬圆的三面投影上。因此，根据该从属性求出点 M 的另外两个投影。具体步骤如图 3-14(e) 所示。

三、圆球

圆球面可以看作是由圆母线绕其直径旋转一周形成的。

（一）圆球体的投影

圆球的三个投影都是圆，其直径都等于球的直径。需要注意是：这三个圆周分别是球体面在三分方向的投影，而不是同一圆周的三个投影。

如图 3-15 所示，球的正面投影与平行于 V 面的球面上的最大圆周的正面投影相同；球的水平面投影与平行于 H 面的球面上的最大圆周 B 的水平面投影相同；球的侧面投影与平行于 W 面的球面上的最大圆周的侧面投影相同。

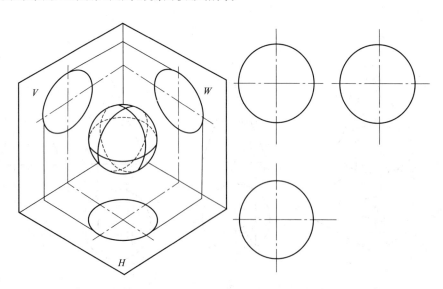

图 3-15 球的立体图和三面投影图

（二）圆球体表面点的投影

作出圆球体表面点的投影，需根据已知投影，分析该点在圆球体表面上的所处位置，再过该点在球面上作辅助纬圆，以求得点的其余投影。

例 3-8 如图 3-16 所示，已知球面上点 M 的正面投影 m'，求作 m 和 m''。

分析与作图：由于球面的三面投影都没有积聚性，所以需要使用纬圆法求出投影。具体作图过程如图 3-16 所示。

过 m' 作水平纬圆的正面投影 $a'b'$，在作出纬圆的其水平投影后，由 m' 求得 m；由于 m' 不可见，所以 m 在后半球面上。又因为 m' 在下半球面上，所以 m 不可见。再由 m' 与 m 求得 m''；由于 M 在左半球，所以 m'' 可见。

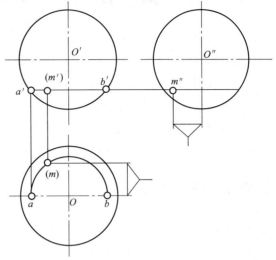

图 3-16 球表面上的点的投影画法

四、圆环体及圆环表面点的投影

圆环体由圆绕圆平面上不与圆心共线且在圆外的直线为轴旋转而成。圆母线离轴较远的半圆形旋转而成的曲面是外环面，离轴线较近的半圆旋转形成的曲面是内环面。

如图 3-17 所示，正面投影中，前半外环面是可见的，后半外环面不可见但与前半外环面相重合。内环面的正面投影都不可见，因而画成细虚线。

水平投影中，上半环面投影可见，下半环面投影不可见但与上半环面投影重合。

在侧面投影中，左半外环面是可见的，右半外环面不可见但与左半外环面重合。内环面的侧面投影都不可见，所以为细虚线。

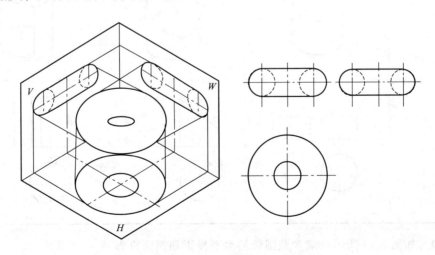

图 3-17 圆环体的立体图和三面投影图

圆环表面上的投影，除位于投影轮廓线上的点一般可直接求出外，对于其他位置的点，只能采用纬圆法作出。

第五节 平面与回转体表面相交

当平面与回转体表面相交时一定会产生截交线。曲面立体的截交线通常是一条封闭的平面曲线，也可能是由截平面上的曲线和直线所围成的平面图形或多边形。

求作曲面立体截交线时，通常先作出一些特殊点，这些点能确定截交线的形状和范围，它们包括回转轮廓线上的点，截交线在对称轴上的点，以及最高、最低、最左、最右、最前、最后点等。然后再按需要作一些一般位置点，最后连成截交线的投影，并标明可见性。

一、平面与圆柱相交

当截平面与圆柱相交时，若截平面垂直于轴线，截交线为垂直于轴线的圆。

当截平面倾斜于轴线时，若平面只截到圆柱面，截交线为椭圆；若截平面既截到圆柱面，又截到顶面和底面，截交线由两段直线和两段椭圆弧围成；若截平面既截到圆柱面又截到顶面或底面时，截交线为一段直线和一段椭圆弧围成。

当截平面平行于轴线时，则顶面和底面截交线为两条直线，与圆柱面上的两条直线交线围成矩形截交线。平面与圆柱相交的情况，见表 3-1。

表 3-1 平面与圆柱相交的几种情况

截平面位置	垂直于轴线	倾斜于轴线	平行于轴线
截交线形状	圆	椭圆	两组平行直线
轴测图	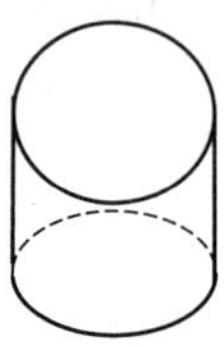	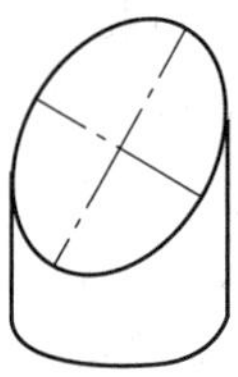	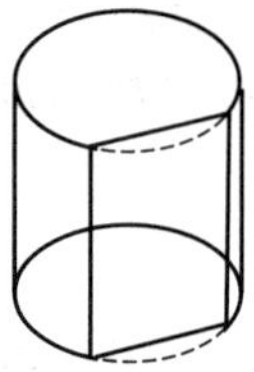
投影图	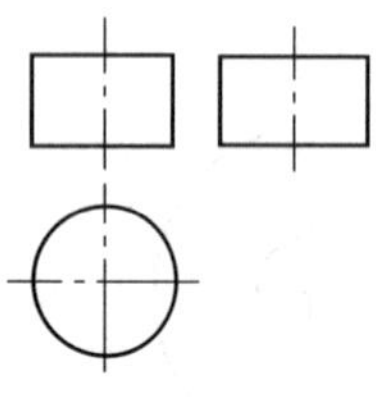	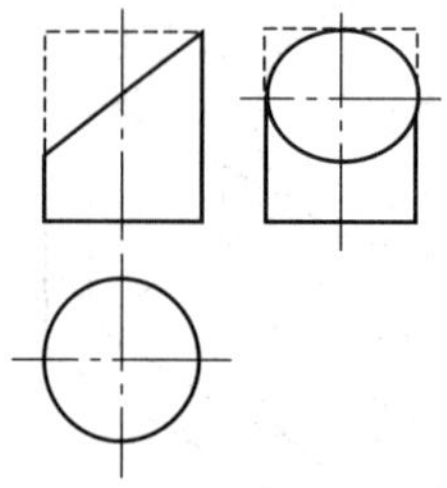	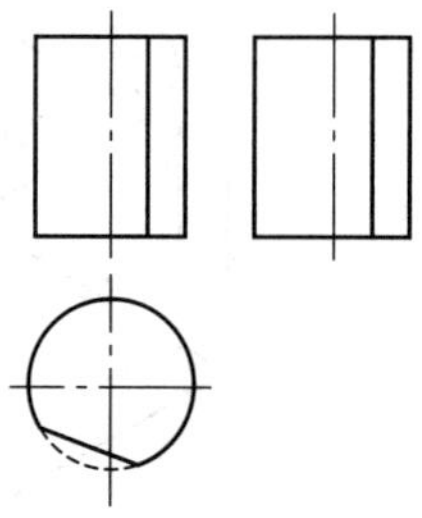

例 3-9 如图 3-18 所示，求被截圆筒的水平投影和侧面投影。

分析与作图：圆筒的上部开有一方槽，截平面 P 为水平面，P 截圆筒的交线为圆弧截平面；Q 为侧平面，Q 截圆筒的交线为直线；平面 P、Q 彼此相交于直线段。具体作图步骤如图 3-18 所示。

① 先画出完整圆筒的水平投影和侧面投影，再求切口的投影。由方槽的正面投影，先作方槽的水平投影，然后再由正面投影和水平投影，作出侧面投影。

② 判别可见性，并整理轮廓线，擦去多余的线，完成制图。

二、平面与圆锥相交

当截平面与圆锥相交时，若截平面垂直于锥轴，截交线为垂直于锥轴的圆；若截平面倾斜于锥轴，未截到底圆，截交线为椭圆；截到底圆，截交线为椭圆弧和直线段；若截平面

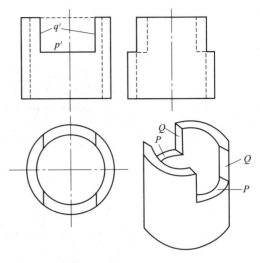

图 3-18　被截圆筒的投影画法

与圆锥任意一条素线平行，截交线为抛物线段和直线段；若截平面通过锥顶，截交线为三角形；若截平面平行于轴线，截交线为双曲线。平面与圆锥截交的几种情况见表 3-2。

表 3-2　平面与圆锥截交的几种情况

截平面位置	与轴线垂直	与轴线倾斜且与所有素线相交	平行于任一素线	平行于轴线	通过锥顶
截交线名称	圆	椭圆	抛物线	双曲线	两相交直线（两直素线）
立体图					
投影图					

图 3-19 为正垂面截圆锥的投影。由图可知，截平面 P 与圆锥轴线倾斜，且与圆锥面的所有素线都相交，截交线为椭圆。截交线的正面投影积聚在 P 上为已知，故只要求作截交线的水平投影和侧面投影。

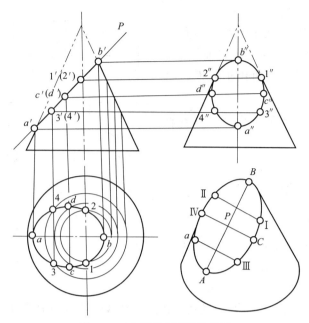

图 3-19 正垂面截圆锥的投影

具体作图步骤如下所示。

① 求截交线上的特殊点。这些特殊点分别为椭圆的长、短轴端点 A、B、C、D，以及转向轮廓线与截平面的交点 Ⅰ、Ⅱ。其中 A、B 为椭圆长轴的两端点，其正面投影 $a'b'$ 反映长轴的实长；C、D 为椭圆短轴的两端点，C、D 的正面投影 $c'd'$ 积聚在长轴正面投影 $a'b'$ 的中点处。A、B、Ⅰ、Ⅱ 四点的水平投影 a、b、1、2 和侧面投影 a''、b''、$1''$、$2''$，可由它们的正面投影按投影关系直接求出。C、D 两点的投影 c、d 和 c''、d'' 可用纬圆法求得。

② 求截交线上的一般点。在截交线有积聚性的正面投影上选取一般点 Ⅲ、Ⅳ，用辅助纬圆法求出 3、4、$3''$、$4''$。

③ 依次光滑连接各点的投影，并判别可见性。图中所求截交线的水平投影和侧面投影均为可见。

④ 整理轮廓线，侧面投影的轮廓线应画到 c''、d'' 为止。

例 3-10 如图 3-20 所示，补绘圆锥切口的水平投影和侧面投影。

分析与作图：如图所示，圆锥被正垂面 Q_V 与水平面 R_V 所切，平面 Q_V 通过锥顶，截交线是两条过锥顶的直线段，平面 R 的截交线是圆弧，平面 Q 与 R 的交线是正垂线 CB。

具体作图步骤如图 3-20 所示。

① 作平面 Q 的截交线，延长 Q_V 与底面正面投影相交，得过锥顶的素线 SⅠ、SⅡ 的正面投影 $s'1'$、$s'2'$，由于 B 点和 C 点为 SⅠ、SⅡ 和截平面 R_V 的交点，据此作出 b、c 和 b''、c''。

② 作平面 R 的截交线，以 s 为圆心，sb 为半径画出交线圆弧的水平投影 cab，截交线的侧面投影积聚为一直线段 $c''a''b''$。

三、平面与球相交

平面与圆球相交，即用平面截切圆球面，不论截平面处于任何位置，截交线都是圆。但

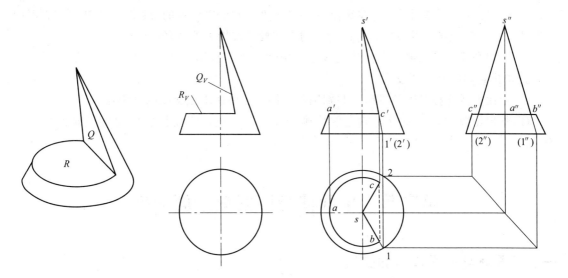

图 3-20 圆锥切口的水平投影和侧面投影

根据截平面对投影面的相对位置不同，截交线的投影可以是直线段、圆或椭圆。

当截平面平行于投影面时，截交线在该投影面上的投影反映实形，为圆；当截平面垂直于投影面时，截交线在该投影面上的投影积聚成一条直线段，线段长为截交圆的直径；当截平面倾斜于投影面时，截交线在该投影面上的投影为椭圆。

例 3-11 如图 3-21 所示，求被切球面的正面投影和侧面投影。

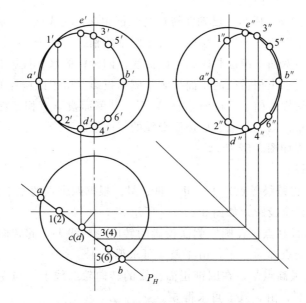

图 3-21 被切球面的正面投影和侧面投影

分析与作图：如图所示，球面被铅垂面 P_H 所截切，截平面 P_H 与球面的交线在 H 面上的投影积聚在 P_H 上。因为截平面倾斜于正立投影面和侧立投影面，所以截交线的正面投影和侧面投影均为椭圆，可分别求出它们的长轴、短轴后作出。具体作图步骤如图 3-21 所示。

① 求截交线上的特殊点。这些特殊点分别为椭圆的长、短轴端点 A、B、C、D，以及转向轮廓线与截平面的交点 Ⅰ、Ⅱ、Ⅲ、Ⅳ。在水平投影上直接标出以上各点的投影 a、b、

第三章 立体及表面交线

c、d、1、2、3、4，其中 c、d 在线段 ab 的中点处，C、D 两点的投影 c'、d' 和 c''、d'' 可用纬圆法求得。其他各点的投影，可由它们的水平投影按投影关系直接求出。

② 求截交线上的一般点。在截交线有积聚性的水平投影上选取一般点 Ⅴ、Ⅵ，用纬圆法分别求出它们的其余两投影。

③ 依次光滑连接各点的投影，并判别可见性。图中所求截交线的投影均为可见。

④ 整理轮廓线，正面投影的轮廓应画到 $1'$、$2'$ 为止，侧面投影的轮廓应画到 $3''$、$4''$ 为止。

第六节 平面体与曲面体表面交线

一、平面体与曲面体表面交线

平面体与曲面体的表面交线，也就是相贯线，通常是由平面体的各个棱面或底面与曲面体表面的交线顺次连接而成，因此求作平面体与曲面体的相贯线可以归结为求作平面与回转体表面的交线。一般情况下，相贯线是平面曲线，也有特殊情况时，相贯线是直线段。

各段平面曲线，就是平面体的各棱面截曲面体所得的截交线，平面曲线的连接点乃是平面体的棱线与曲面体的表面的贯穿点，该点也称为相贯线上的结合点。通过以下例题说明如何求作平面体与曲面体的表面交线。

例 3-12 如图 3-22(a) 所示，已知四棱柱与圆锥相交，完成该相贯体的各投影。

分析与作图：由于四棱柱的四个棱面平行于圆锥的轴线，并全贯于圆锥的上部，所以相贯线只有一条，由四段双曲线组成封闭的空间曲线。四棱柱的水平投影有积聚性，故相贯线的水平投影已知，只需求出相贯线的正面投影和侧面投影。由于四棱柱的左、右棱面垂直 V 面，其正面投影有积聚性；前、后棱面垂直 W 面，其侧面投影有积聚性。另外四个棱面对圆锥轴线处于对称位置。因此，前、后棱面交线的正面投影重合，左、右棱面交线的侧面投影重合。具体作图过程如图 3-22 所示。

(1) 求特殊点的投影

① 先求结合点（也是最低点）Ⅰ、Ⅱ、Ⅲ、Ⅵ。根据四个点的水平投影 1、2、3、6 已知，可用素线法求出其余投影，如图 3-22(a) 所示。

② 前棱面交线的最高点Ⅳ在圆锥侧面投影的转向轮廓线上，此转向轮廓线与前棱面在侧面的积聚性投影的交点即为点 $4''$，由 $4''$ 及 4 可求得点 $4'$。

③ 左棱面交线的最高点Ⅴ，在圆锥正面投影的转向轮廓线上，与左棱面在正面的积聚性投影的交点即为点 $5'$，由 $5'$ 及 5 可求得 $5''$。

(2) 求一般点

同样用素线法（也可用纬圆法）可求出两对称的一般点Ⅶ、Ⅷ的正面投影 $7'$、$8'$，如图 3-22(b) 所示。

(3) 连点

用光滑的曲线将正面投影 $1'$-$7'$-$4'$-$8'$-$2'$ 相连；将侧面投影 $1''$-$5''$-$3''$ 相连。

(4) 判别可见性

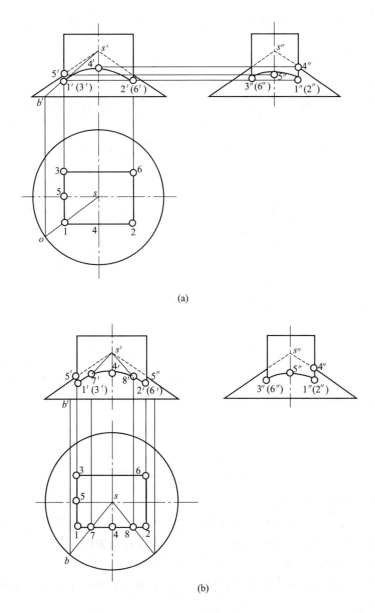

图 3-22 四棱柱与圆锥相交

因为是对称重合图形,故相贯线的正面和侧面投影都可见。

(5) 整理完成投影图

在正面投影中,将左、右棱线延至贯穿点 1′、2′;在侧面投影中,将前、后棱线延至 1″、3″。

二、两曲面体的相贯线

两曲面体相交时具有以下的性质:两曲面立体表面的相贯线,在一般情况下是封闭的空间曲线,特殊情况为平面曲线或直线。相贯线是两曲面立体表面的共有线,相贯线上的点是两立体表面的共有点。因此,求相贯线的问题其实就是求线面交点或面面交线的问题。求回转体的相贯线的方法有利用积聚性的表面取点法、辅助平面法和辅助球面法等。

（一）表面取点法

因为相贯线是相交两立体表面的共有线，因此当相交两立体中一个表面的投影有积聚性时，相贯线的该面投影根据集聚性可较为容易作出，其余两面投影可利用曲面立体表面取点的方法求出。

例 3-13 如图 3-23(a) 所示，已知两圆柱正交，完成该相贯体的投影。

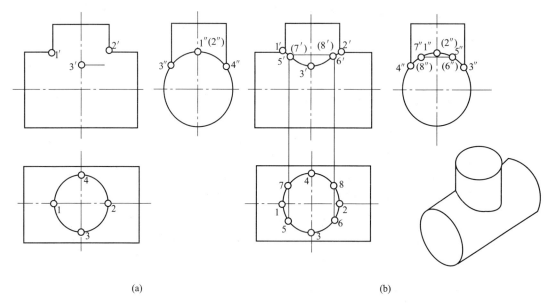

图 3-23 两圆柱正交的投影

分析与作图：因相贯体前后左右对称，所以其表面交线——相贯线，也是前后、左右均对称的空间曲线。其水平投影重影于直立圆柱的水平投影上，侧面投影重影于水平圆柱的侧面投影上，因此，只需作相贯线的正面投影。具体作图过程如图 3-23 所示。

① 求特殊点 两圆柱正面转向轮廓线的交点Ⅰ和Ⅱ为相贯线的最左点、最右点，同时它们也是最高点。从侧面投影中可以直接求得交点Ⅲ和Ⅳ，同时它们也是最前点和最后点，如图 3-23(a) 所示。

② 求一般位置点 在水平投影上的适当位置确定两点 5、6，其侧面投影为 5″、6″，由此可求出 5′、6′。

③ 光滑连接各点 依次光滑连接各点的正面投影 1′-5′-3′-6′-2′。

④ 判别可见性 整理并加粗，完成投影图。因相贯体前后对称，故相贯线的正面投影的可见与不可见部分重合，画成粗实线，如图 3-23(b) 所示。

（二）辅助平面法

当相交的两个回转体的投影没有积聚性，它们的相贯线不能用表面取点法作图时，可采用辅助平面法。

辅助平面法就是利用辅助平面求出两回转体表面上的若干共有点，从而求出相贯线的投影方法。尽管辅助平面法可以用于求各种立体的相贯线，但是为了作图方便，辅助平面的选择应使其与曲面立体表面的截交线的投影易于作图，例如圆、直线。

利用辅助平面求两立体表面共有点的作图步骤同表面取点法，也是先求特殊点投影，再求一般位置点的投影，随后判断点的可见性并光滑连接各点，最后整理加粗，完成图形。

例 3-14 如图 3-24 所示，已知圆柱与半圆球相交，求作两者相贯线。

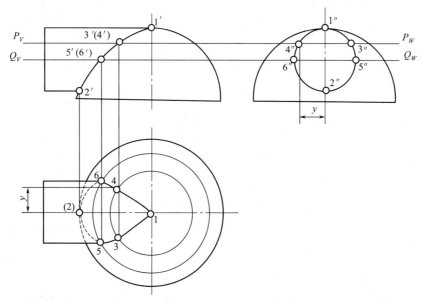

图 3-24 圆柱与半圆球相交的投影

分析与作图：由于圆柱的轴线垂直于侧平面，相贯线的侧面投影积聚在圆周上，因此只需求作相贯线的正面投影和水平投影，选择水平面为辅助平面。具体作图过程如图 3-24 所示。

① 求特殊点 由侧面投影可知，Ⅰ、Ⅱ、Ⅴ、Ⅵ分别是相贯线上的最高、最低和最前、最后点。由 1″、2″可直接求出 1′、2′和 1、2；点Ⅴ、Ⅵ的投影，可利用辅助平面法求出，过 5″、6″作水平辅助平面 Q，平面 Q 与圆柱面相交于最前、最后两条素线，与圆锥面相交于一水平纬圆，它们的水平投影的交点，就是 5、6，再根据 5、6 在 P_V 上求出 5′(6′)。

② 求一般位置点 在侧面投影的适当位置作辅助水平面 P，平面 P 与圆柱面相交于两条素线，与圆锥相交于一水平纬圆，它们的水平投影的交点就是Ⅲ、Ⅳ点的水平投影 3、4，再根据 3、4 在平面 P 上求出 3′(4′)。

③ 判别可见性，并光滑连接各点，完成作图。在俯视图中，位于圆柱上半部的相贯线可见，位于圆柱下半部的相贯线不可见，故 6、4、1、3、5 可见，连成实线，5、2、6 连成虚线，可见与不可见的分界点为 5、6 点。相贯线前后对称，因此相贯线的正面投影前后重合，用实线画出。

三、相贯线的特殊情形

在特殊情况下，空间形体之间的相贯线有如下特殊情形。
（1）相贯线是平面线

两个同轴回转体相交时，它们的相贯线一定是垂直于轴线的圆，当回转体轴线平行于某投影面时，这个圆在该投影面的投影为垂直于轴线的直线，如图 3-25 所示。

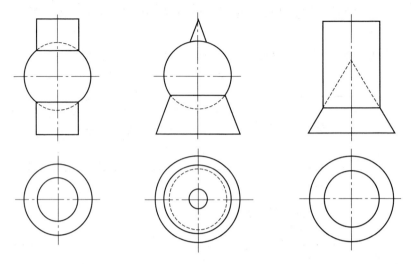

图 3-25　相贯线的特殊情形（1）

当轴线相交的两个圆柱或者圆柱与圆锥公切于一个球面时，相贯线是两个相交的椭圆，椭圆所在的平面垂直于两条轴线所决定的平面，如图 3-26 所示。

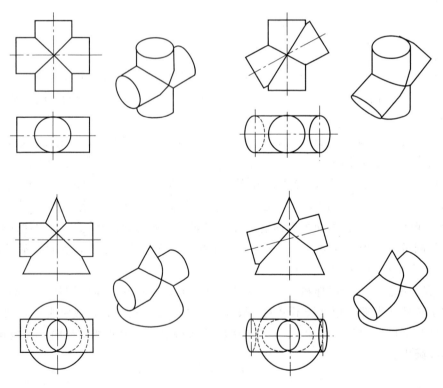

图 3-26　相贯线的特殊情形（2）

(2) 相贯线是直线

当两圆柱面的轴线平行时，相贯线为直线，如图 3-27(a) 所示。当两个圆锥面共顶时，相贯线为直线，如图 3-27(b) 所示。

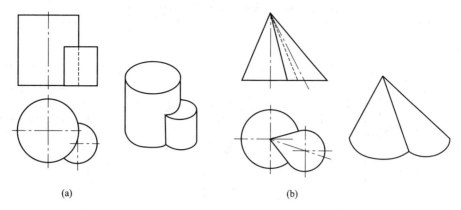

图 3-27 相贯线的特殊情形（3）

四、影响相贯线形状的因素

影响相贯线形状的因素有：两相贯体表面的几何性质，两相贯体的相对尺寸大小和相对位置的变化情况。具体变化用表 3-3 和表 3-4 来说明。

（1）表 3-3 表示圆柱与圆柱或者圆柱与圆锥轴线正交时，当其中一个相贯体的尺寸发生改变时，相贯线形状的变化趋势。

（2）表 3-4 表示圆柱与圆柱或者圆柱与圆锥相交时，若它们的直径保持不变，只使它们的相对位置发生改变，比如在正交、斜交和交叉三种情况下，相贯线形状的变化情况。

表 3-3 轴线正交时尺寸相对变化对相贯线的影响

尺寸变化 表面性质	直立圆柱的直径变化时		
柱柱 相贯			
锥柱 相贯			

表 3-4　相对位置变化对相贯线形状的影响

尺寸变化 表面性质	轴线正交	轴线斜交	轴线交叉
柱柱相贯			
锥柱相贯			

第四章 组合体的投影

★【学习目的】通过对本章知识的学习，培养学生识读和绘制组合体三视图的能力，掌握组合体三视图的尺寸标注规范与方法和步骤，并能选用合适的视图和标注来表达组合体。

★【学习要点】识读组合体三视图的方法和步骤；三视图的形成与投影特性及画法；组合体三视图的尺寸标注规范与方法步骤。

第一节 组合体三视图的读图方法

组合体是由基本体经过叠加、切割或者穿孔等方式形成的。大部分空间形体都是组合体，组合体可以看作是由空间形体抽象而成的几何模型。读图是根据已经画出的立体投影图，通过对线面的分析，想象出该立体的空间形状。组合体的读图是绘图的逆过程，有两种基本方法，一是形体分析法，二是线面分析法。要正确、迅速地读懂组合体视图，必须掌握读图的基本方法，通过不断练习，培养空间想象能力。

一、三视图的形成及投影特性

工程中，通常用三视图来表达空间形体。三视图是将空间形体向三个相互垂直的投影面作正投影所得到的一组图形，能够完整反映物体的结构形状。三面投影体系由三个相互垂直的投影面和三条投影轴（立体坐标）构成。正立投影面简称正面，用 V 表示；水平投影面简称水平面，用 H 表示；侧立投影面简称侧面，用 W 表示。

V 面与 H 面的交线称为 OX 轴，简称 X 轴，它代表物体的长度方向；

W 面与 H 面的交线称为 OY 轴，简称 Y 轴，它代表物体的宽度方向；

W 面与 V 面的交线称为 OZ 轴，简称 Z 轴，它代表物体的高度方向。

X 轴、Y 轴和 Z 轴的交点 O 称为原点。

空间形体的投影按照如下方式形成。

将物体置于三面投影体系中，再用正投影法将物体分别向 V、H、W 投影面进行投射，

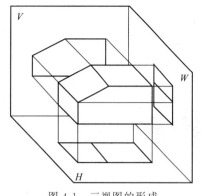

图 4-1 三视图的形成

得到物体的三个投影。正面投影为物体在 V 面的投影，水平投影为物体在 H 面的投影，侧面投影为物体在 W 面的投影，如图 4-1 所示。

投影中，物体的可见轮廓用粗实线表示，不可见轮廓用细虚线表示。

三视图形成后，将物体从三面投影体系中移开，令正面投影面 V 保持不动，水平投影面 H 绕 OX 轴向下旋转 90°，侧立投影面 W 绕 OZ 轴向右旋转 90°，使 V、H、W 三个投影面展开在同一平面内，如图 4-2 所示。

由这个立体的三面投影可以看出，三面的投影的形状及大小与立体在空间的位置没有关系，即形体与投影面的距离不影响形体的投影。因此，画立体的三面投影图时，经常不画投影轴，这样得到的一组图形就叫作立体的三视图，其中的每一面投影都叫作视图，在建筑制图中，三个视图分别叫作正立面图、平面图和左侧立面图，也可分别称为主视图、俯视图和左视图。注意，虽然省略了投影轴，但作图时，以正立面图为基准，平面图配置在正立面图正下方，左侧立面图配置在正立面图正右方。从而，主视图在图纸的左上角，左视图在主视图的正右方，俯视图在主视图的正下方。

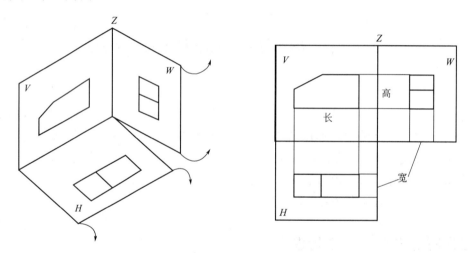

图 4-2 投影面的展开

各相关概念具体定义如下所示。

视图：国家标准规定，用正投影法绘制的物体的图形叫做视图。

正立面图：由前向后投影所得的图形，也就是正面投影得到的图形，也可称为主视图。

平面图：由上向下投影所得到的图形，也就是水平面投影得到的图形，也可称为俯视图。

左侧立面图：由左向右投影所得到的图形，也就是左侧面投影得到的图形，也可称为左视图。

从图 4-2 中可看出，主视图和俯视图同时反映了物体的长度，故两个视图长要对正；主视图与左视图同时反映了物体的高度，所以两个视图横向要对齐；俯视图与左视图同时反映了物体的宽度，故两个视图宽要相等。也就是，主视图与俯视图——长对正。
主视图与左视图——高平齐。
左视图与俯视图——宽相等。
从图4-2中还可得出三视图和物体之间的以下关系。
主视图反映了物体长和高两个方向的形状特征，上、下、左、右四个方位。
俯视图反映了物体长和宽两个方向的形状特征，左、右、前、后四个方位。
左视图反映了物体宽和高两个方向的形状特征，上、下、前、后四个方位。
直线和平面相对投影面的位置有三种：即平行，垂直和倾斜。
直线和平面平行于投影面时，其平面投影分别为反映实形的线段和封闭线框，其投影特性称为真实性。
直线和平面垂直于投影面时，其平面投影分别积聚为点和一直线段，其投影特性称为积聚性。
直线和平面倾斜于投影面时，其平面投影为小于实长的线段和类似于实形的封闭线框，其投影特性称为类似性。

二、读图要点

（1）要正确理解视图中粗实线及虚线的含义

视图中的每个粗实线绘成的封闭线框，通常都是物体的一个面的投影。

视图中每条图线，可能是物体表面有积聚性的投影，或者是两个表面交线的投影，也可能是曲线转向轮廓线的投影。图中的虚线，通常表示不可见轮廓，在读图时要格外注意。通过综合分析粗实线和虚线，总体把握形体的空间结构。

（2）要联系各个视图一起读图

因为每个视图只能反映物体一个方向上的形状，因此仅由一个或两个视图不一定能准确唯一确定组合体的形状。在读图时，要将所给的视图都联系起来识读，才能正确得出组合体的完整形状。

（3）要注意形状特征和位置特征视图

在组合体的几个视图中，有的视图能够较多地反映其形状特征，这样的称为形状特征视图；有的视图能够比较清晰地反映各基本体的相互位置关系，这样的称为位置特征视图。在读图时，抓住形状特征和位置特征视图，再配合着其他视图来读，就能更迅速正确的想象出立体的空间形状。

三、读图的基本方法

（一）形体分析法

形体分析法是将组合体的视图分解成若干个部分，一般是从反映组合体形状特征的主视图开始，对照其他视图，先分析该形体是由哪些基本体和什么组合方式形成，再将特征视图划分成若干封闭线框，因为视图上的封闭线框表示了某一基本形体的轮廓投影。然后根据投影的"三等"对应关系逐个找出这些封闭线框对应的其他投影，想

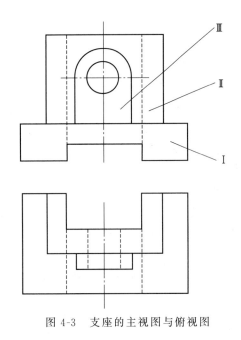

图 4-3 支座的主视图与俯视图

像出各基本体形状，然后综合起来，按各基本体之间的相对位置加以组合，最终得出组合体的整体形状。

在练习时，常采用给出空间形体的两个视图的基础上，补画出第三视图。

例 4-1　如图 4-3 与图 4-4 所示，根据支座的主、俯视图，补画左视图。

分析与作图。

(1) 分析视图划分线框。从反映支座形状特征的主视图着手，联系支座的俯视图，大致了解视图上的封闭线框多为矩形、圆和半圆，从立体的投影规律可知，该组合体基本上是由棱柱和圆柱之类的形体组成，形体左右对称，上下叠加。将主视图的图线划分为图 4-3 所示的三个封闭的实线框，看做组成支座的三个部分，Ⅰ 是倒凹字型线框，Ⅱ 是矩形线框，Ⅲ 是有半圆的线框。

(2) 对照投影想象形体。在主视图上分离出封闭线框 Ⅰ，根据"长对正"对应关系对投影，在俯视图上找到相应的投影，可以看出它是一个下部带通槽的长方形底板，即可画出底板的左视图，如图 4-4(a) 所示。

如图 4-4(b) 所示，在主视图上分离出上部的矩形线框 Ⅱ，对照俯视图，它是一个长方形竖板，后部有一个穿通底板的开槽，由此可画出这个竖板的左视图。因为该开槽的左右侧面与底板下部开槽的左右侧面平齐，因此在左视图上底板靠后靠下处应去掉两小段虚线。

如图 4-4(c) 所示，在主视图上分离出上部的半圆形线框 Ⅲ，对照俯视图可知，它是一个在竖板前方，轴线垂直于正面的半圆柱凸块，中间有穿通竖板的圆柱孔，由此画出它的左视图。

(3) 综合起来绘制整体。支座各形体的相对位置，已在图 4-3 中表示的很清楚，竖板 Ⅱ 和凸块 Ⅲ 在底板 Ⅰ 的上面，竖板与底板的后端面平齐，凸块在竖板的前方，整个形体左、右对称。在想象出支座各组成部分的形状后，再根据它们之间的相对位置，可逐步形成支座的整体形状，如图 4-4(d) 所示右下角的立体图。按支座的整体形状检查底稿，加深图线，补出左视图后的三视图如图 4-4(d) 所示。

(二) 线面分析法

在一般情况下，对形体清晰的组合体，会用形体分析法来解决读图问题。对有些局部较为复杂的组合体，就需应用线面分析法来帮助想象和读懂这些局部的形状。

根据线面的投影规律，一个平面图形，它的投影除了符合"长对正，宽平齐，高相等"的投影规律以外，还有一个重要的规律，即视图中的一条线（直线、曲线），既可能是投影面垂直面有积聚性的投影，也可能是两平面交线的投影，或者是曲面转向轮廓线的投影；视图中的一个封闭线框可能表示一平面的投影，也可能表示一曲面的投影。利用这些规律去分析组合体的表面性质、形状和相对位置的方法，称为线面分析法。

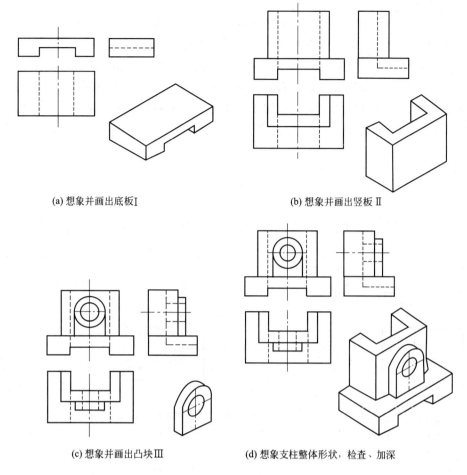

(a) 想象并画出底板Ⅰ 　　　　(b) 想象并画出竖板Ⅱ

(c) 想象并画出凸块Ⅲ 　　　　(d) 想象支柱整体形状，检查、加深

图 4-4　支座左视图的绘制

线面分析法需要注意以下两点。

① 分析面的形状时，当平面平行于投影面时，它在该投影面上反映实形；倾斜面时，它在投影面上的投影时为类似形；垂直时，它在投影面上的投影积聚成直线。

② 分析面的相对位置时，视图上任何相邻的封闭线框，必是物体上相交的或是不相交的两个面的投影。

例 4-2　如图 4-5(a) 所示，已知压块的主、左视图，补画出其俯视图。

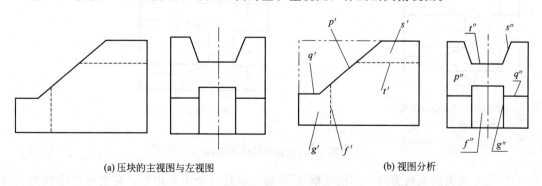

(a) 压块的主视图与左视图　　　　　　(b) 视图分析

图 4-5　补画俯视图的过程

第四章　组合体的投影　79

分析与作图。

形体分析。由于压块的两个视图的轮廓基本上都是矩形，如图 4-5(b) 所示，所以它的基本形体是一个长方体，由左视图可知，压块前后对称。

分析细节。主视图的矩形左上方缺一部分，说明长方体左上角切割掉这一块，左视图的矩形正上方缺一梯形，说明长方体的右上方切割掉了一梯形块；左视图正下方有一小矩形，其高度与主视图左下方的虚线对应，说明长方体左下方又被切割掉一块。

线面分析。这里仅分析与截切有关的 P、Q、S、T、G、F 这六个平面，如图 4-5(b) 所示。

具体作图步骤如图 4-6 所示。

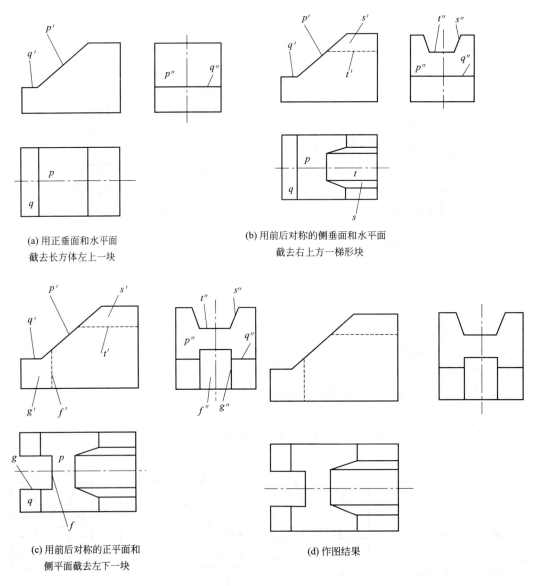

(a) 用正垂面和水平面
截去长方体左上一块

(b) 用前后对称的侧垂面和水平面
截去右上方一梯形块

(c) 用前后对称的正平面和
侧平面截去左下一块

(d) 作图结果

图 4-6 三视图的绘制过程

① 从左视图的大致为凹字形的线框 p'' 看起，它是一个十二边形，在主视图中找到它的对应投影。由于在主视图中没有与它等高的凹字形线框，所以 P 平面的正面投影只能是积

聚成斜线的 p'。因此，P 是正垂面。平面 P 对 W 面和 H 面都是处于倾斜位置，所以它的水平投影 p 与侧面投影 p'' 相仿，如图 4-6(c) 所示。主视图 q' 是一段水平线，在左视图中与它对应的投影也是一段水平线 q''。因此，Q 是水平面，形状为矩形。它的水平投影 q 反映 Q 平面的实形。长方体左上方缺一块，就是由 P、Q 这样两个平面切割而成，如图 4-6(a) 所示。

② 从主视图右上方的梯形线框（包括虚线）s' 看起，在左视图中找到它的对应投影。由于在左视图没有与它等高的梯形线框，所以 S 的侧面投影只能是积聚成斜线的 s''。因此，S 是侧垂面。它的水平投影 s 与 s' 相仿，如图 4-6(b) 所示。

③ 主视图右上方的 t' 是一段水平虚线，在左视图中与它对应的投影是一段水平实线 t''。因此，T 是水平面，形状为矩形。因而它的水平投影 t 反映 T 平面的实形。

④ 长方体左上方在上面被切割之后，右上方又被前后对称的两个侧垂面 S 和水平面 T 切掉一梯形块。在这里，因为 S、T 都与 P 相交，因此 P 平面也被切去一梯形，变成了凹字形，如图 4-6(b) 所示。

⑤ 从主视图左下方的五边形线框（包括虚线）g' 看起，在左视图中找到它的对应投影。由于在左视图中没有与它等高的五边形线框，所以 G 平面的侧面投影只能是积聚成竖直线的 g''。因此，G 是正平面。它的水平投影 g 也积聚成一直线段，如图 4-6(c) 所示，g 平行于 OX 轴。

⑥ 从左视图的矩形线 f'' 看起，在主视图中找到它的对应投影。由于在主视图中没有与它等高的矩形线框，所以 F 平面的正面投影只能是积聚成竖直线（虚线）的 f'，f' 平行于 OZ 轴。因此，F 是侧平面，它的水平投影 f 是平行于 OY 的直线段。

⑦ 长方体在上面的两次切割之后，其左下方又被前后对称的两个正平面 G 和侧平面 F 切掉一部分。在这里，G、F 都与 P 相交，因此，P 平面又被切去一部分，变成了 12 边形，见图 4-6(c)。

第二节　组合体三视图的画法

一、组合体的形成方式

组合体的形成方式主要有叠加型、切割型和综合型三类。叠加是指两基本体的表面叠合（互相重合）或相交；切割是指一个基本体被平面或曲面截切，切割后表面会产生不同形状的截交线或相贯线；综合型则是指既有叠加又有切割的综合组合体。

（一）叠加型

叠加型组合体是由基本几何体叠加而成。可分为相错叠加、平齐叠加、相切叠加三种，分别如图 4-7、图 4-8、图 4-9 所示。图 4-7 中，上部的垫块与下部的垫块叠加在一起时，各自前后左右四个相邻端面未对齐呈交错状态，交错处需要画出分界线，为交错叠加。图 4-8 中，上部的垫块与下部的垫块叠加在一起时，各自的前后端面平齐，为平齐叠加。图 4-9 中，空心圆柱与底部耳板侧面相切叠加，在相切处不画切线。

(1) 相错叠加

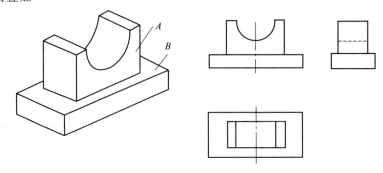

图 4-7　相错叠加

(2) 平齐叠加

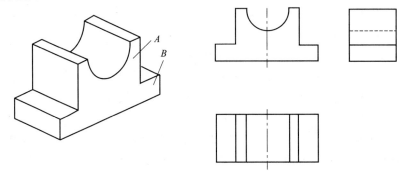

图 4-8　平齐叠加

(3) 相切叠加

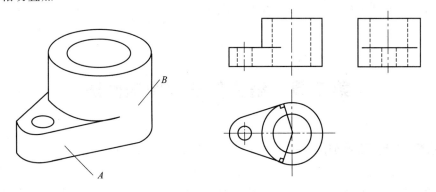

图 4-9　相切叠加

（二）切割型

切割型可以看成是在基本几何体上进行切割、钻孔、挖槽等所构成的形体。绘图时，被切割后的轮廓线必须画出。如图 4-10 所示形体，可看成是原长方体切割掉了一大一小两个长方体，从而在原长方体上开挖了 T 形槽。

（三）综合型

综合型则是指既有叠加又有切割的综合组合体。如图 4-11 所示的形体，可看成由小圆

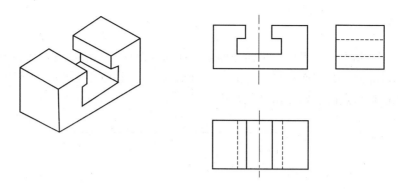

图 4-10 切割型组合体构型

筒、大圆筒、连接板和肋板组合而成。其中,连接板的前后面与小圆筒、大圆筒外边面相切,是相切叠加;肋板与小圆筒、大圆筒相交,可看作肋板两端分别切割了小圆筒和大圆筒的一半,然后叠加而成;肋板与连接板为相错叠加;连接板与小圆筒底面平齐,与大圆筒底面不平齐,分别为相错叠加和平齐叠加。

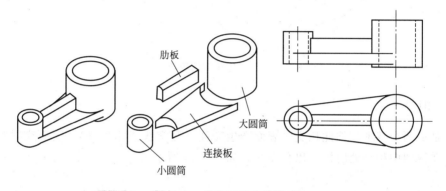

图 4-11 综合型组合体构型

二、组合体中相邻表面间的连接关系

要正确绘制组合体的三视图,就必须要正确分析组合体上各基本体之间的相对位置和相邻表面之间的连接关系。在组合体中,两个互相结合的基本体表面之间有平齐、相切、相交三种连接关系。

如图 4-12 中左、中、右示意图,分别表示组合体相切、相交和平齐三种组合方式。

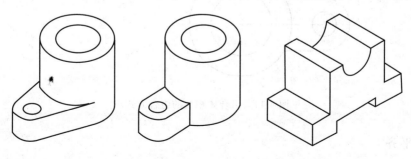

图 4-12 相切、相交和平齐的组合方式

第四章 组合体的投影

（一）相切

相切是指两个基本体的表面（平面与曲面或曲面与曲面）光滑过渡，在视图中相切处不画线。画图时可先画出相切面有积聚性的视图（如图 4-13 中的俯视图），从而定出直线和圆弧的切点，再根据切点的投影作出其他投影。

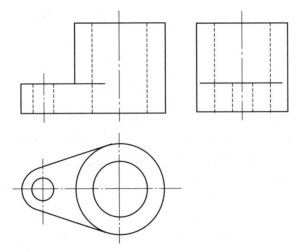

图 4-13　组合体相切的组合方式

（二）相交

相交是指两个基本体彼此相交时表面产生交线（截交线或相贯线），表面交线是它们的分界线。在视图中相交处应该画出分界线，如图 4-14 所示。

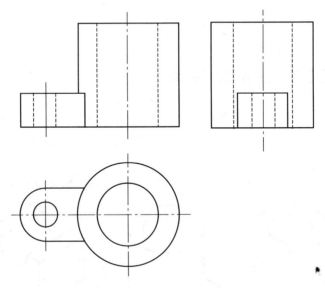

图 4-14　组合体相交的组合方式

（三）平齐

平齐是指两基本形体某两个表面共面，在视图中平齐处不画线，两叠加形体的前表面和后表面都分别处于同一平面内，如图 4-15 所示。

值得注意的是，分析组合体的组合方式及基本形体之间的表面连接关系，是为了便于画图和读图的一种思考方法，但是整个组合体仍是一个不可分割的整体。因此，如图 4-15 所示形体前后表面分别平齐，不应该有分界线。若主视图多画出这条分界线，就表示为两个平面，从而表达错误。

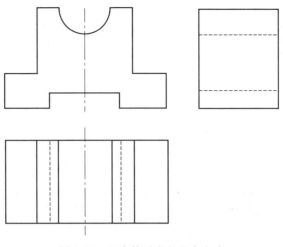

图 4-15　组合体平齐的组合方式

三、画组合体视图的方法和步骤

画组合体视图之前，应了解组合体的各基本形体形状、组合形式、相对位置及是否对称，在对称方向上有哪些基本形体处于居中位置，以便对组合体的整体形状有总的把握，为画好视图做准备。这种思考方式称为形体分析法，是指导画图和读图的基本方法。

如图 4-16 所示的轴承座是由凸台、圆筒轴承、支承板、加强肋板和底板等组成。轴承和凸台的内、外表面都有相贯线，轴承的外圆柱以曲面与加强肋板、支承板的顶面相接，它们的左、右端面都不平齐；支承板的前、后两侧面与圆筒轴承的外圆柱面相切，与底板的前、后两侧面都相交；加强肋板的前、后两侧面与圆筒轴承的外圆柱面截交；支承板的右面和底板的右面平齐。轴承座在宽度方向上具有前、后对称面，组成轴承座的五个部分在宽度方向上都处于居中位置。底板上的前、后两个圆柱孔及两个与圆柱通孔同轴线的四分之一圆柱面在轴承座宽度方向上处于对称位置。

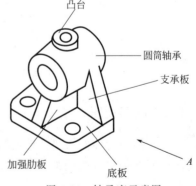

图 4-16　轴承座示意图

（一）确定主视图

三视图中的主视图是最主要的视图，画图或看图大都从主视图开始考虑，而且主视图通常是反映物体主要结构形状及其相对位置的视图，选择主视图就是确定主视图的投射方向和相对于投影面的位置问题。

一般是选择反映其形状特征最明显、反映形体间相互位置最多的投射方向作为主视图的投射方向；安放位置反映工作位置，并使其表面、对称平面、回转轴线相对于投影面尽可能地多处于平行或垂直位置，还要考虑使其他视图上的虚线减少为好，也可选择其自然位置。主视图确定后，其他视图也就随之而定，但选几个视图要根据组合体的复杂程度决定。

从图 4-17(a) 和图 4-17(b) 中可以看出，该组合体以投射方向 A 所画出的视图作为主视图，并按其工作位置安放较好。如取图 4-17(c) 为主视图的投射方向，就会使左视图上的虚线增多。

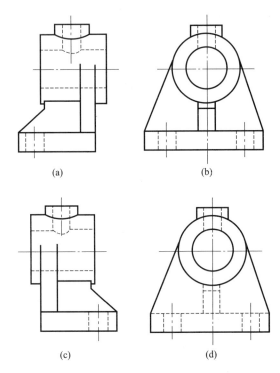

图 4-17 两种投影方向的主视图的确定

（二）画三视图

首先根据组合体的大小，选适当的比例和图纸幅面，考虑标注尺寸所需的位置，然后确立视图位置，画出各视图的轴线、对称中心线和定位线的位置。轴承座的具体画图步骤如图 4-18 所示。

画三视图时要注意以下几个要点。

① 运用形体分析法，逐个画出各基本体。画图时应先画主要形体，后画次要形体；先画大形体，后画小形体；先画整体形状，后画细节形状。

② 在画每一个基本形体时，应从具有形状特征的视图画起，而且要同时画出三个视图，以提高绘图速度和保证投影关系，而不是先画完组合体的一个完整视图后，再画另一个视图。

③ 要正确保持各形体之间的相对位置。例如轴承座各形体在长度方向有公共的对称面；

轴承、支承板、底板后端面共平面；在高度方向上，轴承在上，支承板和肋板居中，底板在下，为上、中、下叠加。

④ 各形体之间的表面连接关系要表示正确，符合前面的形体分析，发现错误及时修改。

完成底稿图时，特别要注意检查各基本形体表面间的连接、相交、相切等处的合理性，是否符合投影原则，经全面检查、修改，确定无误后，还要擦去多余底稿图线，方可对轮廓图线进行加粗加深。

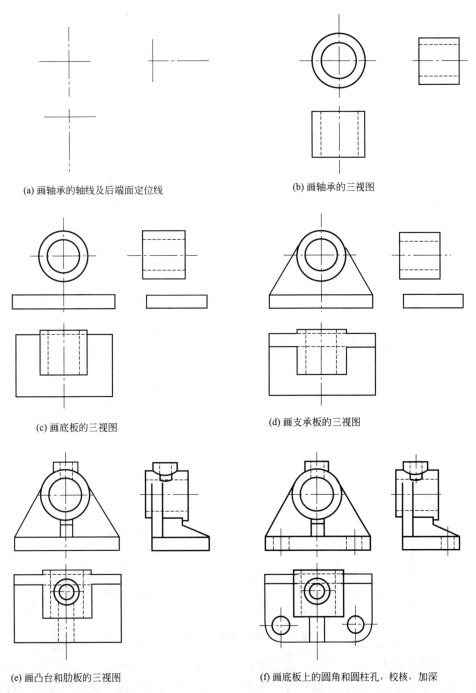

图 4-18　轴承座的作图过程

第三节 组合体的尺寸标注

视图只能表达组合体的形状,而组合体各部分形体的真实大小及其相对位置,则要通过标注尺寸来确定。因此,标注组合体的尺寸时应该做到正确、完整、清晰。正确是指要符合国家标准的规定,完整是指尺寸必须注写齐全,不遗漏,不重复,清晰是指尺寸的布局要整齐清晰,便于读图。

本节在第一章标注平面图形尺寸的基础上,主要学习基本形体的尺寸标注和如何使组合体的尺寸标注达到完整和清晰。

一、基本形体的尺寸标注

为了使组合体的尺寸标注完整,要用形体分析法将组合体分解为若干基本体,标注出各基本体的定形尺寸以及确定它们之间相对位置的定位尺寸,最后根据组合体的结构特点标注出总体尺寸。

长方体、棱柱、棱锥、圆柱、圆锥、球等都是常见的基本体。图 4-19 表示这些基本体的尺寸注法。

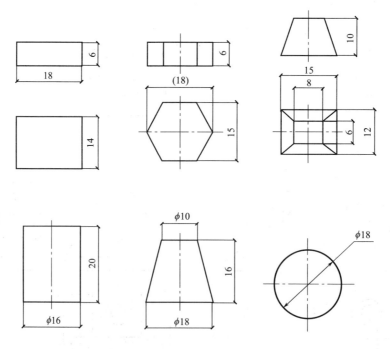

图 4-19 基本体的尺寸标注

注意,在标注基本体的尺寸时,要定出长、宽、高三个方向的尺寸。如长方体必须标注长、宽、高三个尺寸;正六棱柱应该标注高度及正六边形对边距离(或对角距离);四棱台应标注上、下底面的长、宽及高度尺寸;圆柱体应标注直径及轴向长度;圆锥台应该标注两底圆直径及轴向长度；球只需标注一个直径。圆柱、圆锥、球等回转体标注尺寸后，还可以减少视图的数量。

当基本形体被切割、开槽、穿孔后，除标注出基本形体的尺寸外，还应在反映切割最明显的视图上标注截平面的位置尺寸，如图 4-20 所示。

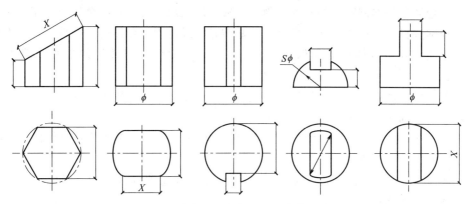

图 4-20　具有斜截面或缺口的基本体尺寸标注

二、组合体的尺寸标注

组合体尺寸标注首先要求标注完整，避免遗漏。为了使尺寸标注完整，首先需对组合体进行形体分析，在熟悉基本体尺寸标注的基础上，注全各组成部分的定形尺寸、定位尺寸和组合体的总体尺寸。

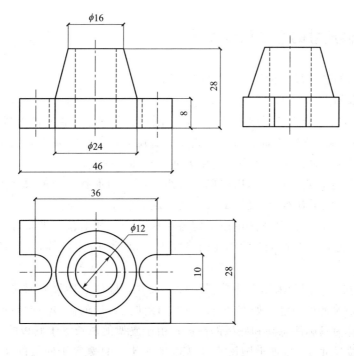

图 4-21　组合体尺寸标注

如图 4-21 所示组合体，底板长 46、宽 28、高 8，底板的左、右半圆形槽宽 10，圆台上、下底面圆的外径尺寸为 φ16、φ24，内孔直径 φ12 等均为定形尺寸；底板的半圆形槽轴线之间的距离 36 为定位尺寸，尺寸 46、28 和 21 分别为组合体长、宽、高三个方向的总体尺寸。

组合体尺寸标注应注意尺寸基准的选取。尺寸基准，就是确定尺寸位置的点、直线和平面，也是组合体各基本体定位的基准。因此，标注定位尺寸时，在组合体长、宽、高三个方向至少要分别选择一个尺寸基准。选择尺寸基准必须既体现组合体的组合特点，又方便加工和测量。因此，在组合体中通常以对称面、底面、端面以及回转体的轴心线等作为尺寸基准。

尺寸标注应保证清晰。为了使尺寸标注清晰，除了必须遵守国家标准的有关规定外，还要考虑尺寸的布局，标注尺寸应注意以下几点。

① 同一形体的定形尺寸和定位尺寸，应尽量集中标注在反映该部分形状特征最明显的投影图上，便于读图时查找。

② 圆柱、圆锥等回转体的直径尺寸，应尽量标注在反映其轴线的投影图上。圆弧半径尺寸必须注在反映圆弧实形的投影图上。

③ 应尽量避免在虚线上标注尺寸。

④ 应尽量把尺寸标注在投影图的外边，与两投影有关的尺寸宜注在两投影图之间，这样不仅可以保持图形清晰，也便于读图。

⑤ 尺寸线与轮廓线或尺寸线之间的距离，一般取 5~7mm，间距最好一致，且排列整齐，同一方向首尾相接的尺寸，应尽量配置在同一直线上。而同一方向有数个并列的平行尺寸时，较小尺寸应靠近图形，较大的依次向外排列。尽量避免尺寸线和尺寸线或尺寸界线相交。

三、标注组合体尺寸的方法和步骤

下面以支架为例进行尺寸标注，如图 4-22 所示。

其方法和步骤如下。

① 进行形体分析，分析各组成部分（底板、圆筒、两块支承板）的形状和相对位置。

② 选择尺寸基准，选用圆筒的回转轴线作为长度方向的尺寸基准，底板的后端面作为宽度方向的尺寸基准，底板的下底面为高度方向的尺寸基准。

③ 标注定形尺寸，定形尺寸是用以确定各组成部分的形状大小的尺寸，如底板的尺寸 100、55、12 等，图中所有不带"△"的尺寸便是定形尺寸。

④ 标注定位尺寸，定位尺寸是用以确定各组成部分的相对位置的尺寸，如圆筒由尺寸 55、8 和 6 定位，底板上两个 φ15 的小孔由尺寸 15、36 和 40 定位等，图中带"△"者均为定位尺寸。

⑤ 调整总体尺寸，由于采用形体分析法标注尺寸，标注总体尺寸时可能产生尺寸多余或矛盾，因此，必须进行调整。如在图 4-22 中，标注完底板的高度、圆台的高度，再标注总高时，必须调整为只标注总高和底板的高度；由于支架的总长等于底板的长度 100 减去圆筒长度方向的定位尺寸 6，再加上圆筒直径 φ55 的一半，总宽等于底板的宽度 55 加上圆筒宽度方向的定位尺寸 8；总高等于支架的中心高 55 加上圆筒直径 φ55 的一半，因此该支架不必再另行标注总体尺寸。

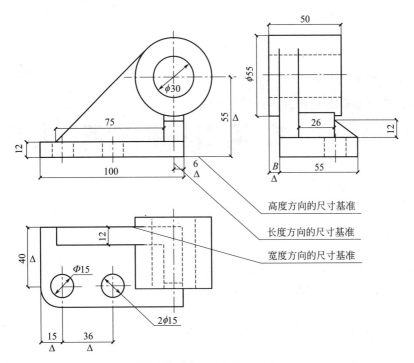

图 4-22 标注组合体的尺寸

第五章 空间形体的表达方法

★【学习目的】通过本章学习,掌握基本视图的名称、投射方向、画法和基本配置;理解剖面图和断面图的概念;掌握剖面图和断面图的画法、标注。

★【学习要点】剖面图和断面图的种类、标注以及画法;断面图的种类、标注以及画法。

第一节 视 图

视图分为基本视图和辅助视图。空间物体向基本投影面投影所得到的视图称为基本视图。辅助视图是有别于基本视图的视图表达方法,主要用于表达基本视图无法表达或不便于表达的形体结构。下面分别予以介绍。

一、基本视图

三面投影体系是由水平投影面、正立投影面和侧立投影面组成,所作形体的投影图分别是水平图、正立投影图和侧立投影图,在工程图中分别叫做平面图、正立面图和侧面图。

大多数形体,如一幢建筑,由于其正面和背面不同,左侧面和右侧面也不相同,用三视图表示,难以表达清楚。因此,在原有三投影面(H、V、W)的正面又增加了三个投影面:即在水平投影面对面增加的投影面 H_1 表示,其上投影图为底面图(也称为仰视图);在正立投影面对面增加的投影面用 V_1 表示,其上投影图为背立面图(也称为后视图);在左侧立面对面增加的投影面用 W_1 表示,其上投影图称为右立面图(也称为右视图)。以上六个视图称为基本视图,其形成及投影面的展开方法如图 5-1 所示。

二、辅助视图

当使用基本视图还不能够完全表达清楚空间形体时,可采用辅助视图来补充表达。常用的辅助视图主要有向视图、局部视图、镜像视图、展开视图和斜视图等。

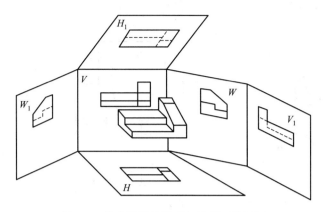

图 5-1　基本视图的形成与投影面的展开

（一）向视图

向视图是未按投影关系而自由配置的视图。当某视图不能按投影关系配置时，可按向视图绘制。

向视图需在图形上方中间位置处标注视图名称"×"（"×"为大写拉丁字母，并按 A，B，C，…顺次使用，下同），并在相应的视图附近用箭头指明投射方向，并注上同样的字母，如图 5-2 所示。

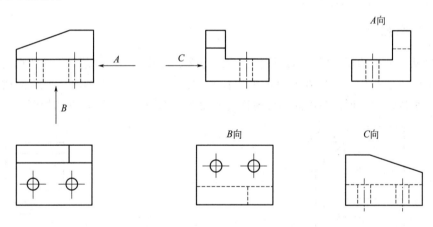

图 5-2　向视图的画法

向视图应用的应注意以下几点。

① 向视图是基本视图的一种表达形式，其主要区别在于视图的配置方面，表达方向的箭头应尽可能配置在主视图上，而表示后视图投射方向的箭头应配置在左视图或右视图上。

② 向视图的名称"×"为大写字母，方向应与正常的读图方向一致。

（二）局部视图

采用基本视图后，一些空间物体仍有部分结构形状未表达清楚，且又没有必要再画出其他完整的基本视图时，可单独将这一部分的结构形状向基本投影面投射，得到的视图称为局部视图，如图 5-3 所示。

画局部视图时，一般要用带有英文大写字母的箭头指名投射部位和投射方向，并在相应

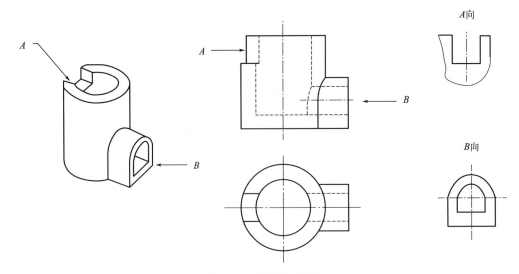

图 5-3　局部视图的画法

的局部视图下方注上同样的大写字母,如"A"、"B"作为图名。局部视图的边界线以波浪线或折断线表示,如图 5-3 中的 A 向视图;当所表示的局部结构形状完整,且轮廓线为封闭时,波浪线可省略,如图 5-3 中的 B 向视图。如果局部的细节构造尺度比较小,也可画成与主视图比例不相同的局部放大图。

(三) 镜像视图

当使用从上向下的正投影法所绘图样的虚线过多、尺寸标注不清楚,无法读图时,可以采用镜像投影的方法投影,但应在原有图名后注写"镜像"二字。绘图时,把镜面放在形体下方,代替水平投影面,形体在镜面中反射得到的图像,称为镜像视图,具体如图 5-4 所示。

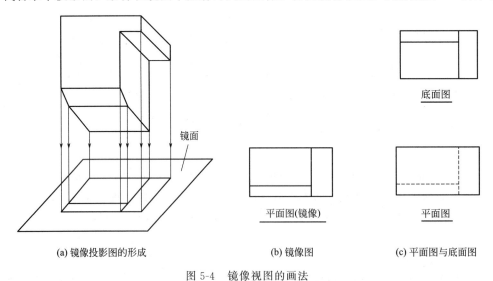

(a) 镜像投影图的形成　　(b) 镜像图　　(c) 平面图与底面图

图 5-4　镜像视图的画法

(四) 展开视图

有些形体由相互不垂直的两部分组成,作投影图时,可以将平行于其中一部分平面作为一个投影面，而另一部分必然与这个投影面不平行，在该投影面上的投影将不反映实形，不能具体反映形体的形状和大小。为此，可将该部分进行旋转，使其旋转到与基本投影面平行的位置，再作投影图，这种投影图称为展开视图，如图5-5所示。

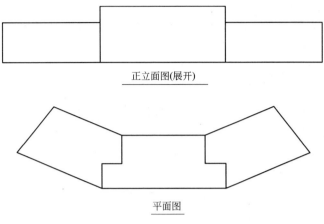

图 5-5　展开视图的画法

（五）斜视图

当物体的某个表面与基本投影面倾斜时，若采用基本视图的投影方法，得到的投影图必然不能表达实形。将形体向不平行于基本投影面的平面投射所得的视图，称为斜视图。

如图5-6所示，当形体上某局部结构不平行于任何基本投影面，在基本投影面上不能反映部分的实形时，可增加一个新的辅助投影面，使其倾斜结构的主要平面垂直于一个新的基本投影面，然后将倾斜结构向辅助投影面投射，就得到反应倾斜结构实形的视图，即作出形体的斜视图。

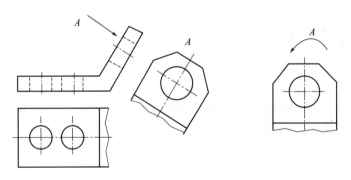

图 5-6　斜视图的画法

在画斜视图时应该注意以下几点。

① 斜视图只使用于表达物体倾斜部分的局部形状，其余部分不必画出，其断裂边界处用波浪线表示。

② 斜视图通常按向视图形式配置。必须在视图上方标出名称"×"，用箭头指明投影方向，并在箭头旁水平注写相同字母。在不引起误解时允许将斜视图旋转，但需在斜视图上方注明。

③ 斜视图一般按投影关系配置，便于看图。必要时也可配置在其他适当位置。在不致

引起误解时，允许将倾斜图形旋转便于画图，旋转后的斜视图上应加注旋转符号。

三、视图的简化画法

图样的简化给人们带来了高效率，在不致引起误解的情况下，一些视图可采用简化画法。

（一）对称图形简化画法

当图形对称时，可视情况仅画出对称图形的一半或四分之一，如图 5-7(a) 所示。对称符号是用细单点长画线表示，两端各画两条平行的细实线，长度为 6~10mm，间距为 2~3mm。对称符号画在对称中心线上。当形体不仅左右对称，而且前后也对称时，可以只画该视图的 1/4，如图 5-7(b) 所示。

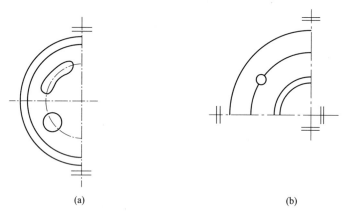

图 5-7 对称图形的简化画法

（二）相同构造的省略画法

当物体上具有多个完全相同而连续排列的构造要素，可仅在两端或适当位置画出少数几个要素的完整形状，其余部分以中心线或中心线交点表示，然后标注相同要素的数量。如图 5-8(a) 所示，在一块钢板上有 7 个形状相同的孔洞。在图 5-8(b) 中，预应力空心楼板上有 6 个直径为 80mm 的孔洞。

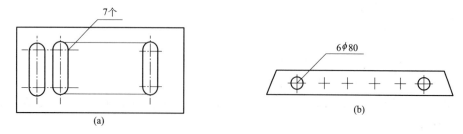

图 5-8 相同构造的省略画法

（三）折断图形简化画法

对于较长的构件，如沿长度方向的形状相同或按单一规律变化，可以假想将形体断开，省略其中间的部分，将两端靠拢画出，而将中间折断部分省去不画，在断开处，应以折断线表示。如图 5-9 所示。

一个构件如与另一个构件仅部分不相同，该构件可只画出不相同的部分，但应在两个构件的相同部分与不同部分的分界线处分别绘制连接符号，如图 5-10 所示。

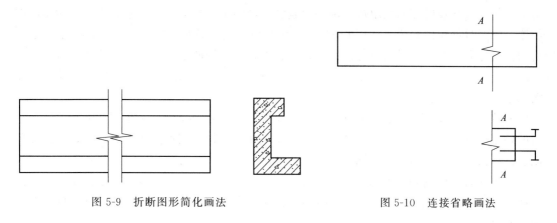

图 5-9　折断图形简化画法　　　　　图 5-10　连接省略画法

第二节　剖　面　图

剖面图又称剖切图，是通过对有关图形按照一定剖切方向所展示的内部构造图。假想用一个剖切平面去剖切物体，移去观察者与剖切平面之间的部分，将剩余部分投射到与剖切平面平行的投影面上，所得到的投影图则为剖面图。使用剖面图可以让形体的内部构造暴露出来，使形体中不可见的部分变成可见部分，从而使虚线变成实线，这样既利于尺寸标注，又方便识图。剖面图一般用于工程的施工图，用于指导工程施工作业。

一、剖面图的画法

（1）确定剖切平面的位置和数量

画剖面图时，应选择适当的剖切平面位置，使剖切后画出的图形能确切、全面地反映所要表达部分的真实形状；选择的剖切平面应平行于投影面，并且通过形体的对称面或孔的轴线；一个形体，有时需要画几个剖面图，但应根据形体的复杂程度而定。

（2）画剖面图

剖面图除应画出剖切面剖切到部分的图形外，还应画出沿投射方向看到的部分，被剖切面切到部分的轮廓线用粗实线绘制，剖切面没有切到，但沿投射方向可以看到的部分，用中实线绘制；在制图基础阶段常用粗实线画剖切到的沿投射方向可见的轮廓线。

（3）材料图例

为区分形体的空腔和实体，剖切平面与物体接触部分应画出材料图例，表明建筑物的材料类型。土地整治工程制图中，常用的建筑材料图例可参照第一章中表 1-10 规定的建筑材料图例。如未注明该形体的材料，应在相应位置画出同向、同间距并与水平线成 45° 的细实线，称为剖面线。

(4) 省略不必要的虚线

为了使图形更加清晰,剖视图中应省略不必要的虚线,如图 5-11(b) 所示。

(5) 剖面图的标注

除了按照一般视图标注要求进行标注外,剖面图还增加了剖切符号和剖面编号。剖切符号由剖切位置线和投射方向线组成。剖切位置线是剖切平面位置的线,它表明了剖切面的剖切位置,绘图时剖切位置线通常用 6~10mm 长的粗实线来表示。投射方向线是为了表示剖切后的投射方向,在绘图时投射方向线应该画在剖切位置线两端且与剖切位置线垂直。投射方向线应使用长度为 4~6mm 的粗实线表示。特别注意的是,剖切符号在绘制过程中不能与图面上的任何图线相交。

剖面编号应在投射方向线的端部,用大写拉丁字母或者阿拉伯数字按照从上到下、从左到右的顺序进行编写。如遇有转折的剖面,为避免在转折处与其他图线发生混淆,应在转角外侧加注与该符号相同的编号,如图 5-11(a) 所示。

剖面图图名采用剖切符号编号来编注,如 1—1 剖面图、2—2 剖面图或是 $A—A$ 剖面图、$B—B$ 剖面图等,图名应写在剖面图的下方,并在图名下方画上与图名等长的粗实线,如图 5-11(b) 所示。

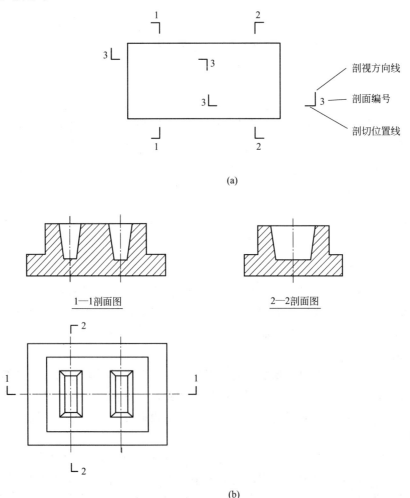

图 5-11 剖面图的形成与标注

二、剖面图的种类

由于形体的形状及结构不同，对形体作剖切时位置和作图方法也不同。根据不同的剖切方式，我们可以对剖面图进行分类，通常所采用的剖面图有全剖面图、半剖面图、阶梯剖面图、局部剖面图、旋转剖面图。

（一）全剖面图

全剖面图是用一个剖切面将形体全部切开后所得到的平面图。全剖面图一般用于不对称或者是外形简单但内部结构复杂的形体，如图 5-12(b) 所示。用形体的对称面作为剖切平面绘制全剖面图时，如按投影关系布图，可省略标注；如未按投影关系布图，则不可省略标注。

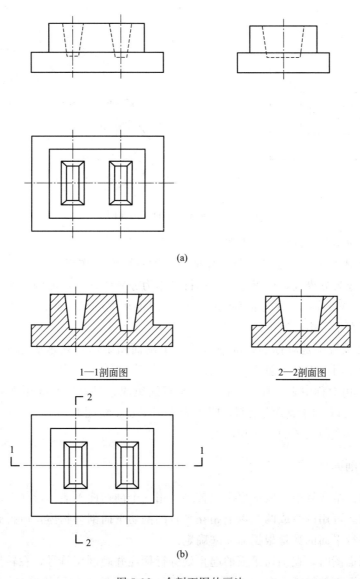

图 5-12　全剖面图的画法

(二)半剖面图

对于对称的形体,为了既可以表达物体的外部形状,又可以表达物体的内部结构,可以以形体的对称符号或对称线为界,一半绘制成视图,另一半绘制成剖面图,采用这种方法绘制出来的剖面图我们称为半剖面图。半剖面图主要用于表达内外形状均较复杂且对称的物体。图 5-13 为一个杯形基础的半剖面图。在正面投影和侧面投影中,都采用了半剖面图的画法,以表示基础的内部构造和外部形状。

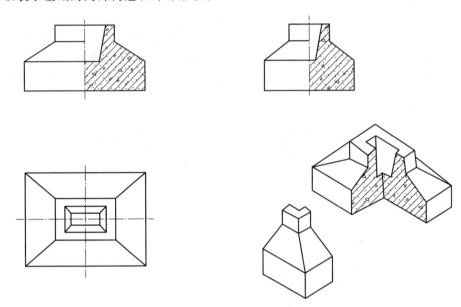

图 5-13　杯形基础的半剖面图

在绘制半剖面图时应该注意以下四点。

① 只有当形体对称时,才能在与对称面垂直的投影面上作半剖面图;半剖面图中视图与剖面应以对称线为分界线,也可以用对称符号作为分界线,而不能画成实线。

② 习惯上,当对称中心线为铅垂线时,剖面图画在中心线右侧;当对称中心线为水平线时,剖面图画在水平中心线下方。

③ 由于剖切前视图是对称的,剖切后在半个剖面图中已清楚地表达了内部结构形状,所以在另外半个视图中虚线一般不再出现。

④ 对称符号由对称中心线和两端的两对平行线组成。对称中心线用细点划线绘制;平行线用长度为 6~8mm 的细实线绘制,间距为 2~3mm。绘图时,一般可省去两对平行线。半剖面图的标注与全剖面图的标注相同。

(三)阶梯剖面图

当物体的内部结构复杂,内部层次比较多,用一个剖切面不能将形体上需要表达的内部结构都剖切到时,可用两个或两个以上相互平行的剖切平面剖开物体,所得到的剖面图称为阶梯剖面图。平行平面的数量根据需要来确定。

绘制阶梯剖面图时,在剖切平面的起止处进行标注并画剖切符号,在转折处应该绘制粗短线来表示剖切平面的转折方向,在转角外侧标注与剖切符号相同的编号。若在剖切位置,转折处数极少，不易混淆时可省略转折处的剖切编号。

由于剖切平面是假想的，因此在两剖切平面相交的地方不需要表示出剖切平面的交线，即相交的两剖切平面间的交线是不需要画出来的，如图 5-14 所示。

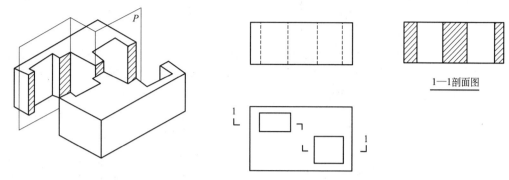

图 5-14　形体的阶梯剖面图

（四）局部剖面图

当只需要表达一个形体局部的内部形状时，我们用一个剖切面将形体的局部剖开后所得到的剖面图称为局部剖面图。如图 5-15（a）所示，为一混凝土管承口的局部剖面图，局部剖切部分清楚地表达出了承口的内部结构，局部剖切以外的部分仍需画外形视图。

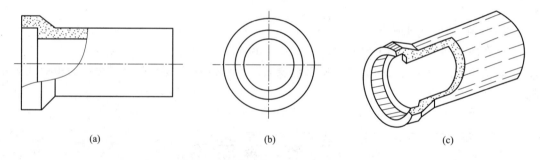

图 5-15　混凝土管承口的局部剖面图

在绘制局部剖面图时应该注意以下三点。

① 绘图过程中需用波浪线将局部剖面图与外形视图分开，波浪线应该在视图的轮廓线之内，且不能与轮廓线重合，波浪线不能穿过空洞，在空洞处应该断开。

② 局部剖面图适用于表达形体局部的内部结构与层次，因此不需要标注剖切符号及剖面图的名称。

③ 在建筑工程绘图过程中，为了表示楼面、层面、墙面及地面的构造，可以通过分层剖切的方法来表示其内部结构，得到分层局部剖面图。分层局部剖面图应按层次以波浪线将各层隔开，波浪线不应与任何图线重合。

（五）旋转剖面图

用两个剖切平面对形体进行剖切，其中这两个剖切平面要相交且交线要垂直于基本投影面，把剖切得到的倾斜部分旋转到与投影面平行的位置后再进行投射得到的剖面图叫做旋转剖面图，如图 5-16 所示。旋转剖面图适用于绘制内部形状用单一的剖切平面剖开后仍不能表达清楚的形体剖面图。

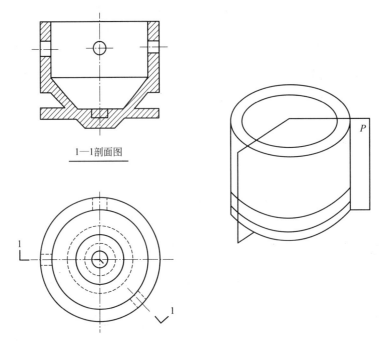

图 5-16　旋转剖面图的形成

绘制旋转剖面图时应该注意以下几点。
① 在剖面图中两剖切平面的交线不需要画出来。
② 剖切平面的起始及相交处，用粗短线表示剖切位置，用垂直于剖切线的粗短线表示投影方向。

第三节　断　面　图

对于某些建筑构件，如构件形状呈杆状，要表达其侧面形状以及内部构造时，可以用剖切平面剖切后，只画出形体与剖切平面剖切到的部分，其他部分不予表示，即用一假想剖切平面去剖切形体，仅画出形体被剖切平面剖切到的部分即截断面的形状，这样得到的视图称为断面图。

一、断面图的标注

（1）剖切符号
断面图上只需要用短粗实线表示出剖切位置线即可，剖切位置线的长度在 6～10mm。
（2）断面图的编号
断面图可用阿拉伯数字或者字母按照顺序进行编排，数字注写在剖切位置线的一侧。注意，数字注写的一侧表示断面的投射方向，即若编号位于剖切线上方则表示投射方向为从上向下。断面图的名称应该在图样的正下方用相同的编号表示出来，并注写绘图比例（绘图比例为 1∶1 时可省略），如图 5-17 所示。在不至于混淆的情况下，断面图的名称时可省略"断面"两字，并在编号下方绘制一条与编号等长的粗实线。

看起来，断面图与剖面图较为相似，但是两者的区别也较为明显。主要体现在以下三点。

① 概念不同　断面图只绘制形体与剖切平面接触的部分，而剖面图不仅需绘制剖切平面与形体接触的部分，且需绘制沿投射方向从剖切平面起剩余部分形体的投影。

② 剖切符号不同　断面图的剖切符号是一条长度为 6～10mm 的粗直线，没有剖视方向线，剖切符号旁编号所在的一侧是剖视方向。而剖视图的剖切符号不仅有剖切位置线，还包含投射方向线。

③ 剖面图中包含断面图。

两者区别见图 5-18。

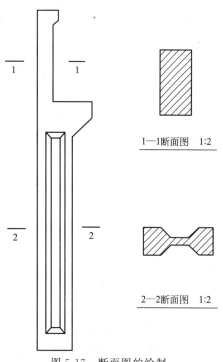

图 5-17　断面图的绘制

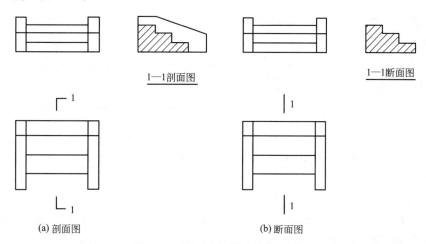

图 5-18　剖面图与断面图的区别

二、断面图的种类及画法

（一）移出断面图

当形体需要绘制多个断面图，在投影图上不方便一一表示出来时，我们可以采用将断面图按照剖切顺序画在投影图之外，这种方法叫做移出断面图。如图 5-19 所示。

绘制移出断面图时应该注意以下几点。

① 移出断面图的轮廓线需要用粗实线来表示，断面上要绘出材料图例，当材料不明确

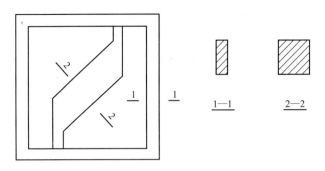

图 5-19 移出断面图的画法

时可用 45°的等间隔细实线绘制。

② 移出断面图应该标注剖切位置、投射方向和断面名称。移出断面可画在任何适当的位置或剖切平面的延长线上，需要注意的是当移出断面画在剖切平面的延长线上时，移出断面图可不必标注剖切符号、编号以及断面名称。

③ 当断面图是对称图形时，在绘图过程中只需用细点划线表示出剖切位置即可，不需要标注剖切符号和编号。

④ 在绘制移出断面图时，如果有多个断面图应该按照从上到下，从左到右的顺序依次排列。断面图允许使用与原视图不同的比例绘制，但要在图名上注明采用的比例。

（二）重合断面图

重合断面图是将断面图按照原视图的比例直接画在投影图中得到的。这种断面图是用一个假想的垂直于形体投影图的剖切面剖开形体，然后把得到的断面进行旋转，使它与投影图重叠，并且画在投影图上。断面图轮廓绘制完毕之后，应进行材料图例的填充，如图 5-20 所示是角钢和 T 形钢的重合断面图的画法。

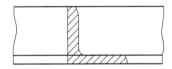 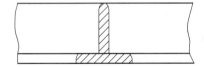

图 5-20 重合断面图的画法

重合断面图不需要标注剖切符号和编号，通常在整个构件的形状基本相同时采用，断面图的比例必须和原投影图的比例一致。其轮廓线可能闭合，也可能不闭合。

在绘图过程中，为了区分视图的轮廓线与重合断面的轮廓线，当视图的轮廓线用粗实线表示时，重合断面的轮廓线就用细实线表示；当视图的轮廓线用细实线表示时，重合断面的轮廓线就用粗实线表示；当重合断面不闭合时，一般断面轮廓用粗实线表示，且应沿断面轮廓线绘制 45°斜线；当视图的轮廓线与重合断面的轮廓线重合时，视图的轮廓线仍连续画出来，不能断开，如图 5-20 和图 5-21 所示。

（三）中断断面图

对于单一的长杆件，也可以在杆件投影图的某一处用折断线断开，然后将断面图画于其中，不画剖切符号，叫做中断断面图，如图 5-22 的木材断面图。

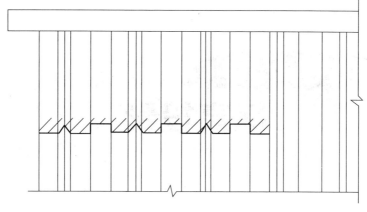

图 5-21 墙面装饰重合断面图

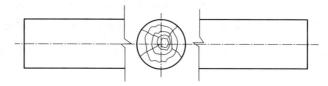

图 5-22 中断断面图的画法

中断断面图是移出断面图的一种特殊情况，只是两者的摆放位置不一样。在绘制中断断面图时其轮廓线要用粗实线绘制，并且在中断处要用折断线表示；中断断面图不需要标注剖切符号和编号，图名沿用原图名。

第六章 标高投影

★【学习目的】通过对本章的学习，培养识读标高投影图的能力。掌握点、直线和平面的标高投影表示方法；了解圆锥面、同坡曲面、地形面的表示法，能在工程中熟练应用标高投影。

★【学习要点】平面和曲面标高投影的表示方法、种类、特点及作图步骤；标高投影在工程中的应用。

第一节 点和直线的标高投影

建筑物是在地面上修建的，它与地形有着密切的关系。因此在工程设计施工中，常需要绘制地形图。一般而言，由于地形较为复杂多变，而且水平方向尺寸比高度方向尺寸大很多，若采用前述的多面正投影法难以表达清楚，因此，在生产实践中常采用标高投影法来表示地形。

一、点的标高投影

空间点的标高投影是表示空间点与水平基准面之间距离的水平投影。标高投影中，在水平基准面之上的点的高程为正值，在水平基准面之下的点的高程为负值，在水平基准面上的点的高程为0。通常，在未注明情况下，高程单位一般为米（m）。

如图 6-1(a) 所示，空间内有四个点分别为 A、B、C、D 以及基准面 H 面。其中点 B 位于 H 面内，分别作出点 A、B、C、D 在 H 面上的正投影 a、b、c、d 并在其投影的右下角标注各自距离基准面的高度，如图 6-1(b) 所示的 a_2、b_0、c_{-3}、d_4，这样得到的水平投影图即为点的标高投影图。为了确定形体的实际高度，标高投影图中通常要绘出相应比例尺，并注明单位。

二、直线的标高投影

（一）直线的表示法

直线的空间位置由直线上的两个点或直线上一点及该直线的方向来确定。因此，用直线

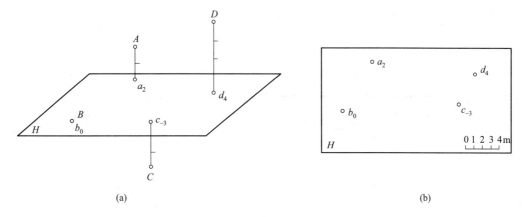

图 6-1　点的标高投影

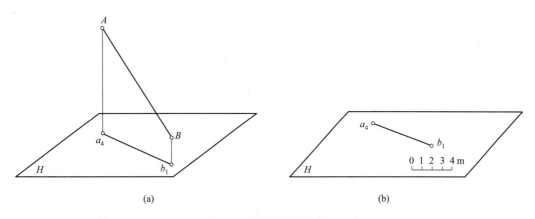

图 6-2　直线的标高投影

上任意两点的标高投影连接起来可表示直线的标高投影，如图 6-2 所示，也可用直线上一点的标高投影和直线的坡度以及指向下坡方向的箭头来表示。

（二）直线的坡度与平距

（1）直线的坡度

直线上任意两点的高差与其水平距离之比，称为该直线的坡度，用 i 表示。坡度表示的是任意两点的水平距离为一个单位时的高差，直线坡度的大小反映了直线对水平面倾角的大小。

如图 6-3 所示，直线上 A 点和 B 点的高度差为 H，两点的水平距离为 L，则直线 AB 的坡度为

$$i = \frac{H}{L} = \tan\alpha$$

（2）直线的平距

直线上两点的高差为一个单位时的水平距离，称为该直线的平距，记为"l"，即，

$$l = \frac{1}{i} = \frac{L}{H}$$

从上述直线的坡度与平距的公式可知，直线的坡度和平距互为倒数关系。坡度越大，平距越小；坡度越小，则平距越大。

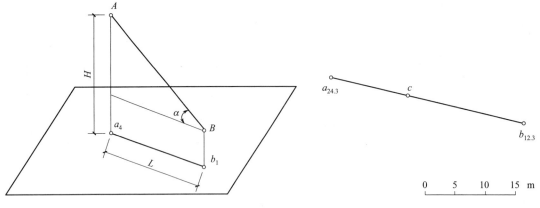

图 6-3 直线的坡度与平距　　　　　图 6-4 直线上点的标高投影

例 6-1 如图 6-4 所示已知直线 AB 的 A、B 点的标高投影分别为 $a_{24.3}$、$b_{12.3}$，量得 ab 间的水平距离为 7.2，ac 间的水平距离为 3，求直线 AB 的坡度、平距，以及 C 点的标高。

解：根据图中所给的比例尺可求得，

AB 间水平距离为 $L_{AB}=7.2\times 5=36\mathrm{m}$，AB 点高差 $\Delta H_{ab}=24.3-12.3=12\mathrm{m}$，因此，直线 AB 的坡度 i 为，

$$i=\frac{H_{ab}}{L_{ab}}=\frac{12}{36}=\frac{1}{3}, l=\frac{1}{i}=3\mathrm{m}$$

由于 $i=\frac{H_{ac}}{L_{ac}}$，

所以 $H_{ac}=i\times L_{ac}=15\times 1/3=5\mathrm{m}$，因此，C 点标高 $=24.3-5=19.3\mathrm{m}$。

（三）直线的刻度

在直线的标高投影上通过作图的方法找出并标注整数标高的点，称为直线的刻度。在实际工程中，一条直线的标高投影其端点常是非整数标高，但需要的是直线上整数标高点的位置，如图 6-5 所示。为求直线 AB 的刻度，具体步骤如下：

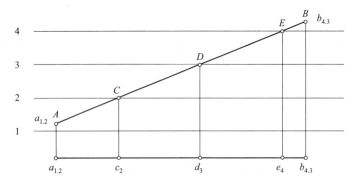

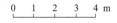

图 6-5 直线的刻度

① 在低于 A 点和高于 B 点之间按照距离比例作出若干条平行于标高投影线的整数标高线，这些整数标高线之间等距，如 1、2、3、4、5。

② 过端点 $a_{1.2}$ 和 $b_{4.3}$ 分别做标高投影线的垂线使其长度分别为 1.2 和 4.3，连接这两个端点得到的直线 $a_{1.2}b_{4.3}$ 即为直线 AB 的投影长。

③ 通过图中我们可以看出直线 AB 与整数标高线交与点 C、D、E，分别过 C、D、E 做标高投影线的垂线，交 $a_{1.2}b_{4.3}$ 于 c_2、d_3、e_4，这就是直线 AB 的刻度。如果整数标高点的高差为单位 1 时，则整数标高之间的距离即为直线的平距，AB 与平行线间的夹角也就是直线与投影面 H 的倾角。

第二节　平面的标高投影

一、等高线、坡度线和坡度比例尺

（一）等高线

等高线是一倾斜平面与一系列的水平面相交得到的交线。在实际工程中，我们只取整数标高的等高线，即倾斜面与一系列具有整数标高的水平面的交线。如图 6-6(a) 所示，一倾斜平面 P 与一系列水平面相交后得到一系列等高线，将等高线标注了标高数值后，称为等高线的标高投影，如图 6-6(b) 所示。

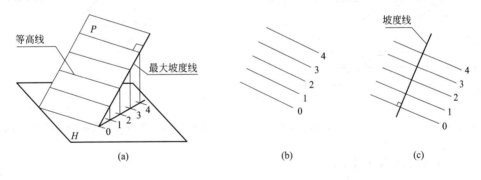

图 6-6　等高线及坡度线

等高线的特征有以下三点。
① 平面上的等高线相互平行。
② 平面上的等高线是水平线。
③ 若等高线的高差相等，则等高线的平距也相等。

（二）坡度线

平面的坡度线是与等高线垂直的平面内直线，如图 6-6(c) 所示。
在画坡度线时，其箭头方向总是指向下坡的。坡度线是平面上坡度最大的线，坡度线的

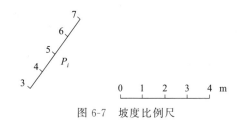

图 6-7 坡度比例尺

坡度也是平面的坡度,坡度线的平距也是平面的平距。平面的坡度线与等高线相互垂直,他们的投影也相互垂直,如图 6-6(a)所示。

(三)坡度比例尺

将带有整数标高刻度的坡度线称为平面的坡度比例尺,平面的坡度比例尺如图 6-7 所示。

二、平面的标高投影表示法

(一)用平面上三个带有标高数字的点表示平面

如图 6-8 所示,给出了三个带有标高数字的点 a_2、b_0、c_{-1} 表示平面,用直线将各点相互连接起来则为三角形 ABC 平面的标高投影。

(二)用一组高差相等的等高线表示平面

如图 6-9 所示,用一组高差为 1m、标高从 0m 到 3m 的等高线来表示平面。

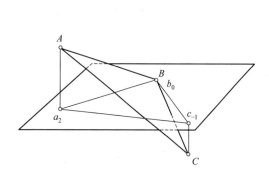

图 6-8 用三个带有标高数字的点表示平面

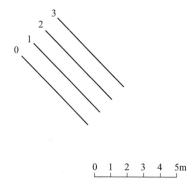

图 6-9 用一组高差相等的等高线表示平面

(三)用坡度线表示平面

用坡度线表示平面有两种方法:一是用平面上一条等高线和平面的坡度表示平面,如图 6-10(a)所示;二是用平面上一条等高线和一组间距相等、长短相间的示坡线表示平面。示坡线应从等高线画起,指向下坡。示坡线上应注明平面的坡度,如图 6-10(b)所示。

(四)用平面上一条倾斜直线和平面的坡度表示平面

如图 6-11 所示,已给出平面上一条倾斜直线的标高投影 a_2b_5。由于坡度线垂直于等高线,所以坡度线与平面上的任意一条倾斜直线都不垂直,因此在画坡度方向的时候要把其画成带箭头的直线,箭头指向下坡。

例 6-2 已知平面上的一条倾斜线 a_3b_6 和平面上的坡度 $i=1:0.6$,试求作该平面上的整数标高的等高线和平面的坡度(图中的箭头只表示平面的倾斜方向并不表示坡度线的方

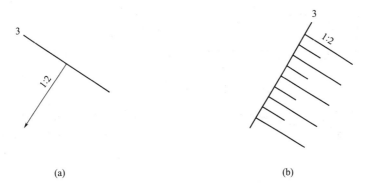

图 6-10 用坡度线表示平面

向,故将它用带箭头的虚线表示)。

分析与作图:图 6-12(b) 表示了该平面上等高线的画法。因为平面上高程为 3m 的等高线必通过 a_3、b_6 与高程为 3m 的等高线之间的水平距离 $L_{AB} = i \times H_{AB} = 0.6 \times 3 = 1.8$m。因此,以 b_6 为圆心,以 $R=1.8$m 为半径,向平面的倾斜方向画圆弧,过 a_3 作圆弧的切线,此切线便是平面上标高为 3m 的等高线。再将 $a_3 b_6$ 分成三

图 6-11 平面上倾斜直线和平面的坡度表示平面

等份,等分点为直线上高程为 4m、5m 的点,过各等分点作直线与等高线 3m 平行,就得到平面上高程为 4m、5m 的两条等高线,将切点与 b_6 连接起来,即为平面上的坡度线。

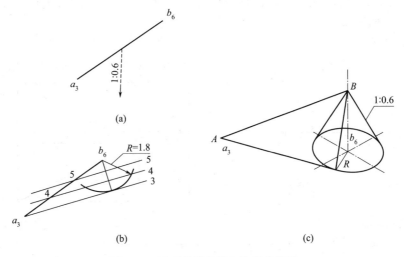

图 6-12 平面的等高线和坡度的投影

在标高投影图中水平面的标高,可用等腰直角三角形标注,具体可参见第一章第一节中尺寸注法的中相关内容。

三、平面交线的标高投影

若在标高投影中求两平面的交线,一般需要用两个整数标高的水平面来作为辅助面。辅助面与两已知平面的交线,分别为两个已知平面上整数标高相同的等高线。如图 6-13 所示,

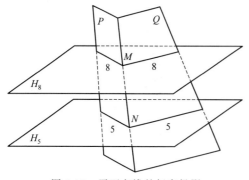

图 6-13 平面交线的标高投影

两个辅助平面 H_5、H_8，两个已知平面 P、Q，平面 P 与水平面 H_5 相交得到等高线 P_5，平面 Q 与水平面 H_5 相交得到的等高线 Q_5，P_5 与 Q_5 相交于 N 点，同样平面 P、Q 分别与水平面 H_8 相交得到 P_8 与 Q_8，P_8 与 Q_8 相交于 M 点，连接 NM 便得到两平面交线的标高投影 NM。在工程中，相邻两坡面的交线称为坡面交线，坡面与地面的交线称为坡脚线或开挖线。

例 6-3 如图 6-14(a) 所示，已知坑底的标高为 $-3m$，以及坑底的大小和各侧面斜坡的坡度，假设地面是一个标高为 $0m$ 的平面，求作开挖线和坡面交线，并在坡面上画出示坡线。

分析与作图：

（1）求坡脚线

地面的标高为 $0m$，所以坡脚线是高程为 $0m$ 的等高线，坑底与地面的高差为 $3m$。由于 $0m$ 等高线距坑底边线的水平距离为 $L=H/i$，所以各边坡的水平距离为

$L_左 = L_1 = 3/(3/2) = 2m$

$L_右 = L_2 = 3/(1/3) = 9m$

$L_{上、下} = L_3 = 3/(2/3) = 4.5m$

过坑底的四条边线，按照图中比例尺分别作各自的平行线，四条平行线相交围成的图形即为高程为 $0m$ 的坡脚线。

（2）求坡面交线

相邻两坡面上标高相同的两等高线的交点，即为两坡面交线上的点。因此，分别连接坡

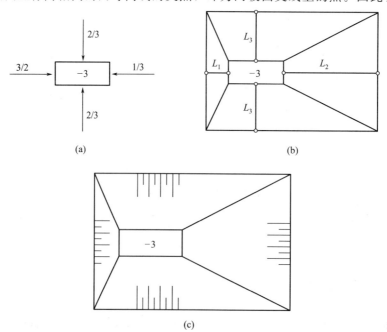

图 6-14 坡面交线、坡脚线和坡面的投影画法

脚线的交点与坑底的边线的交点，即得四条坡面交线。如图 6-14（b）所示。

（3）作示坡线

在坡面高的一侧画出用一长一短的直线组成的示坡线，示坡线应该垂直于等高线并且指向下坡方向。如图 6-14（b）所示。

第三节　曲面的标高投影

一、圆锥面

在实际应用中，常需要表示曲面的标高投影。用一系列间距相等的水平面去截圆锥，水平面与圆锥面相交得到的截交线都是圆，将这些圆的水平投影注上相应的高程，得到的就是圆锥面的标高投影。

当为正圆锥时，如图 6-15（a）所示，用一系列间距为 1 的水平面截圆锥得到一组圆，然后将所得到的圆注上相应的高程，得到正圆锥面的标高投影；其中离圆心越近，等高线的标高值就越大。如图 6-15（b）所示，得到的是倒圆锥的标高投影。倒圆锥的标高投影中，离圆心越近，等高线的标高值就越小。

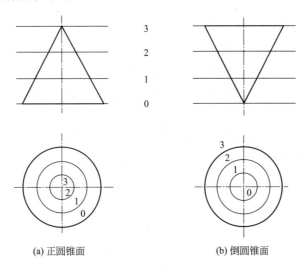

(a) 正圆锥面　　　　　　　(b) 倒圆锥面

图 6-15　圆锥曲面的标高投影

二、同坡曲面

同坡曲面即为曲面上任意一处的坡度都相等的曲面。正圆锥面就属于同坡曲面，一般的同坡曲面如图 6-16 所示。有一轴线垂直于水平面的正圆锥面，其顶点沿着一条曲线移动，移动过程中其锥顶角保持不变，轴线始终垂直于水平面，则所有正圆锥面的包络曲面就是同坡曲面。若用标高投影表示同坡曲面时，仍需画出曲面上一系列等高线。因为同坡曲面与所有锥面相切，所以如果用一水平面去截同坡曲面时，则可得出曲面上一系列等高线；同时此水平面也在各圆锥表面上截得一系列纬圆。

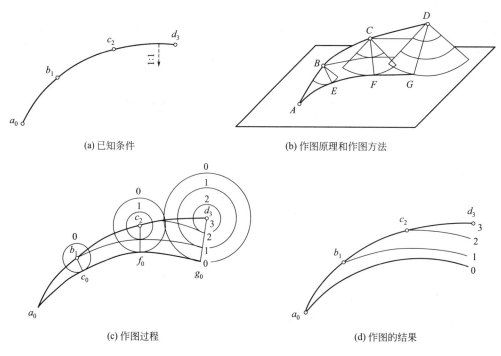

图 6-16 同坡曲面的形成

同坡曲面上等高线的作图步骤如下。

① 首先在给定的空间曲线上选出一系列整数标高点 s_0，s_1，s_2，…

② 根据设定的曲面坡度 i 与高程差，画出以 s_1、s_2 等各点为锥顶的各圆锥曲面上的等高线圆。

③ 过 s_0，s_1，s_2，…各点作相同标高等高线圆的公切线（包络）曲线，即可得出同坡曲面上各标高处的等高线 0、1、2、3 等。

三、地形面

（一）地形平面图

在实际工程应用中，通常把凹凸不平不规则的地面称为地形面。在地形面的标高投影中我们用等高线来表示地面的形状，这些等高线组成的图形便称为地形平面图，如图 6-17 所示。地形平面图中的等高线具有以下特点。

① 地形面上等高线高程数字的字头按规定指向上坡方向。

② 每隔四条等高线应有一条画的较粗并注有单位为米的标高数字的等高线，称为计曲线。

③ 图中除了等高线外，还应画出比例尺和指北针。

④ 等高线一般都是封闭曲线，有时只画出地形的一个局部。

⑤ 等高线越稀，说明此处平距越大，坡度越小，地形就越平缓；相反，等高线越密集，说明此处平距越小，坡度越大，地形就越陡峭。

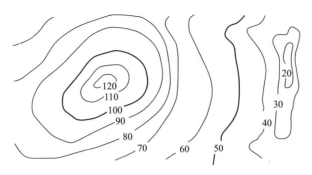

图 6-17 地形图的形成

在地形图阅读时，如果顺着一个方向，等高线的值越来越大表明是山丘或山峰，若等高线的值越来越小表明是盆地；如果等高线大致都向一个方向凸出，则表明是山脊或山谷。如果顺着凸出的方向，等高线的值越来越大则为山谷，相反则为山脊，如图 6-18 所示。

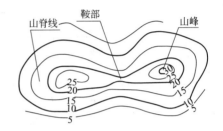

图 6-18 地形图读图

（二）地形断面图

用一个铅垂面去切割地形，会得到铅垂面与地形面的截交线，把截交线画出来，截交线所围成的图形叫做断面，在断面上画出地层结构图例便形成了地形断面图，如图 6-19 所示。

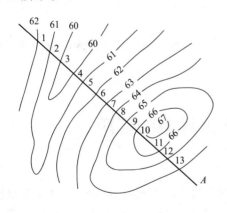
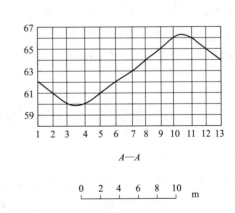

图 6-19 地形断面图的形成

以图 6-20 为例，说明画地形断面图的步骤如下。

① 在图 6-20(a) 中画出剖切位置线，并用大写的字母 $B—B$ 标注出剖切位置线，剖切位置线与等高线相交于一系列的点 $a, b, c, \cdots, m, n, p$。

第六章 标高投影 115

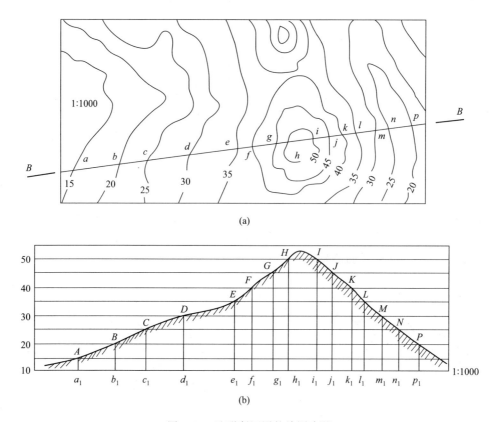

图 6-20 地形断面图的绘图步骤

② 如图 6-20(b) 所示,按照比例做出一系列平行整数等高线,并应该将图中等高线的范围包括在内。

③ 根据图 6-20(a) 中 a、b、c 等相邻两点间的直线距离在图 6-20(b) 的最低等高线上同样按照原比例标出各点所在的位置,记为 a_1、b_1、c_1 等。

④ 根据图 6-20(a),由 a_1,b_1,c_1 等各点出发向上做垂线交等高线于相应的值,得到一组新的点,用 A,B,C,D,⋯来表示。

⑤ 用光滑的曲线将得到的 A,B,C,D 等点连接起来,然后在所得线的内侧画上相应的材料图例,便得到相应的地形断面图。

第四节　标高投影在工程中的应用

在建筑工程中,经常需要求取建筑物与地面的交线,以方便计算土石方的开挖和回填量。因此,求取建筑物与地面交线往往是工程中常见的实际问题。求此交线时,仍采用辅助平面法,即用一组水平面作为辅助面,求出建筑物表面与地面的一系列共有点,然后依次连接,即得交线。以下通过例题进行说明。

例 6-4　在图 6-21(b) 所示的地形面上,修筑一土坝,已知坝顶的位置、高程及上下游坝面的坡度,求作坝顶、上下游坝面与地面的交线。

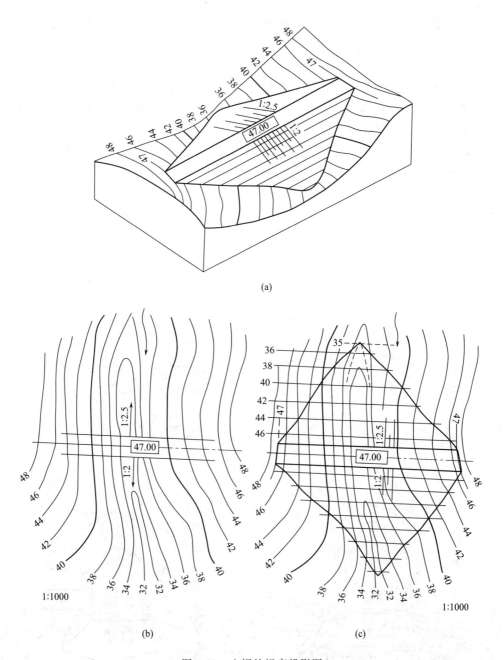

图 6-21 土坝的标高投影图

分析与作图：土坝的顶和上下游坝面是平面，它们与地面都有交线，因地面是不规则曲面，所以交线都是不规则的平面曲线，图 6-22(a) 为土坝轴测图。

如图 6-22(c) 所示，作图过程如下。

① 求坝顶与地面的交线。坝顶面是高程为 47m 的水平面，它与地面的交线是地面上高程为 47m 的等高线。用内插法在地形图上用虚线画出 47m 等高线，将坝顶边线画到与 47m 等高线相交处。

② 求上游坝面的坡脚线。根据上游坡面的坡度 1∶2.5，因为地形面上的等高距是 2m，所以坡面上的等高距也应取 2m。故上游坝面上相邻等高线的水平距离 $L_1 = 2 \times 2.5 \text{m} = 5 \text{m}$。

第六章 标高投影 117

画出坝面上一系列等高线，求出它们与地面相同高程等高线的交点，顺次光滑连接各个交点，即得上游坝面的坡脚线。注意，坝面上高程46m的等高线与坝顶高差为1m，它与坝顶边线的水平距离应为平距2.5m。

在上述求坝脚线的过程中，坝面上高程为36m的等高线与地面有两个交点，但高程为34m的等高线与地面高程为34m的等高线没有交点，这时可用内插法各补作一根35m的等高线，再打交点。连点时应按交线趋势画曲线。

③ 求下游坝面的坡脚线。下游坝面的坡脚线与上游坝面的坡脚线求法基本相同，应注意按下游坝面的坡度确定等高线间的水平距离。

④ 画出坝面上的示坡线，注明坝面坡度。

例 6-5 在山坡上修建一水平场地，形状和高程如图 6-22(a) 所示，边坡的填方坡度为 1:2，挖方坡度为 1:1.5，求作填、挖方坡面的边界线及各坡面交线。

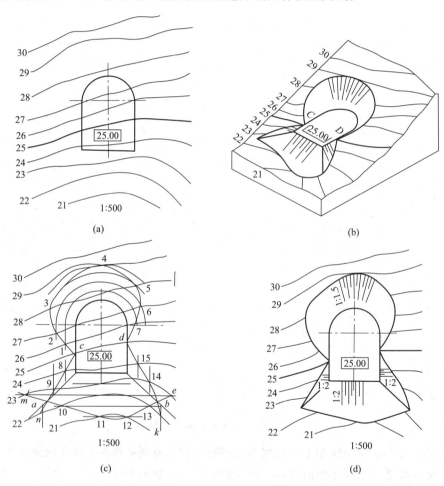

图 6-22 水平场地的标高投影图

分析与作图：如图 6-22(b) 所示，因为水平场地高程为 25m，所以地面上高程为 25m 的等高线是挖方和填方的分界线，它与水平场地边线的交点 C、D 就是填、挖边界线的分界点。挖方部分在地面高程为 25m 的等高线北侧，其坡面包括一个倒圆锥面和两个与它相切的平面，因此，挖方部分没有坡面交线。填方部分在地面高程为 25m 的等高线南侧，其边坡为三个平面，因此有三段坡脚线和两段坡面交线。作图步骤如图 6-22(c) 所示。

① 求挖方边界线。地面上等高距为1m，坡面上的等高距也应为1m，等高线的平距 $l=1/i=1.5m$。顺次作出倒圆锥面及两侧平面边坡的等高线，求得挖方坡面与地面相同高程等高线交点 c，1，2，…，7，d，顺次光滑连接交点。

② 求填方边界线和坡面交线。由于填方相邻坡的坡度相同，因此坡面交线为45°斜线。根据填方坡度1:2，等高距1m，填方坡面上等高线的平距为2m。分别求出各坡面的等高线与地面上相同高程等高线的交点，顺次连接交点 c—8—9—n，m—10—11—12—13—e，k—14—15—d，可得填方的三段坡脚线。相邻坡脚线相交分别得到交点 a、b，该交点是相邻两坡面与地面的共有点，因此相邻的两段坡脚线与坡面交线必交于同一点。确定点 a 的方法也可先作45°坡面交线，然后连接坡脚线上的点，使相邻两段坡脚线通过坡面交线上的同一点 a，即三线共点。确定点 b 的方法与其相同，如图6-22(c) 所示。

③ 画出各坡面的示坡线，并注明坡度，如图6-22(d) 所示。

例 6-6 在地形面上修筑一斜坡道，路面位置及路面上等高线的位置如图6-23(a) 所示，其两侧的填方坡度为1:2，挖方坡度为1:1.5，求各边坡与地面的交线。

分析与作图：从图6-23(a) 中可以看出，路面西段比地面高，应为填方；东段比地面低，应为挖方。填、挖方的分界点在路北边缘高程69m处，在路南边缘高程69m和70m之间，准确位置需通过作图才能确定。

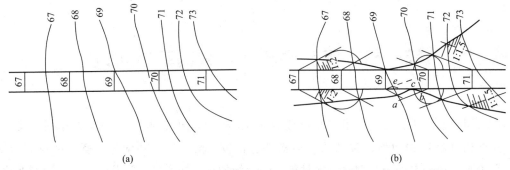

图6-23 求斜坡道的坡面与地面的交线

如图6-23(b) 所示，作图步骤如下。

① 作填方两侧坡面的等高线。因为地形图上的等高距是1m，填方坡度为1:2，因此应在填方两侧作平距为2m的等高线。其作法是：在路面两侧分别以高程为68m的点为圆心，平距2m为半径作圆弧，自路面边缘上高程为67m的点分别作该圆弧的切线，得出填方两侧坡面上高程为67m的等高线。再自路面边缘上高程为68m、69m的点作此切线的平行线，即得填方坡面上高程为68m、69m的等高线。

② 作挖方两侧坡面的等高线。挖方坡面的坡度为1:1.5，等高线的平距是1.5m。求法同填方坡面，但等高线的方向与填方相反，因为求挖方坡面等高线的辅助圆锥面为倒圆锥面。

③ 作坡面与地面的交线。确定地面与坡面上高程相同等高线的交点，并将这些交点依次连接，即得坡脚线和开挖线。但路南的 a、b 两点不能相连，应与填、挖方分界点 c 相连。求点 c 的方法为：假想扩大路南挖方坡面，自高程为69m的路面边缘点再作坡面上高程为69m的等高线（图中用虚线表示），求出它与地面上高程为69m的等高线的交点 e，b、e 的连线与路地边缘的交点即 c 点。也可假想扩大填方坡面，其结果应相同。

④ 画出各坡面的示坡线，注明坡度。

第七章 钢筋混凝土结构图

★【学习目的】通过对本章知识的学习，培养学生识读钢筋混凝土结构图的能力。应掌握钢筋混凝土结构图的表达方法和尺寸标注、绘制方法和步骤，以及钢筋混凝土结构图的识读方法。

★【学习要点】钢筋混凝土结构图的表达方法和尺寸标注及绘制方法。

第一节 钢筋混凝土结构的基本知识

在房屋建筑、水工建筑、道路桥梁建筑等工程中，都有着起支撑和承重作用的受力构件，这些构件称结构构件。常见的结构构件有：板、梁、柱、基础等，所用的材料有砖、石、混凝土、钢筋混凝土、钢材、木材等。表示结构构件的布置、形状、大小、材料和内部构造及其相互关系的图样称为结构图。结构图包括结构布置图和构件图。结构布置图表示结构构件的位置、类型和数量以及现浇板中的配筋情况，构件图主要包括配筋图、模板图和预埋件图等。本章主要介绍钢筋混凝土构件图。

混凝土简称为砼，是将水泥、石子、砂和水，按一定比例混合，经养护硬化后得到的一种与天然石料有相同性质的人工石料，并广泛应用于建筑工程。按照《混凝土结构设计规范》（GB 50010—2010）规定，普通混凝土划分为十四个等级，即：C15，C20，C25，C30，C35，C40，C45，C50，C55，C60，C65，C70，C75，C80。例如，强度等级为 C30 的混凝土是指该混凝土立方体抗压强度标准值大于等于 30MPa 小于 35MPa。

混凝土经久耐用，对自然条件影响具有较好的适应性，方便取材，抗压强度高，但抗拉性能差。为了提高混凝土的抗拉强度，在混凝土中配置一定数量的钢筋，使其与混凝土形成一整体，共同承受外力。工程上把由钢筋和混凝土组合而成的构件称作钢筋混凝土构件。钢筋混凝土是土木工程中应用极为广泛的一种建筑材料，主要利用混凝土的抗压性能以及钢筋的抗拉性能。

一、混凝土结构的分类

以混凝土为主要材料构成的结构称为混凝土结构,包括素混凝土结构、钢筋混凝土结构、预应力钢筋混凝土结构、钢骨混凝土结构等。素混凝土结构是指无筋或不配置钢材的混凝土结构,主要用于基础、堤坝等受压构件。钢筋混凝土结构指配置有钢筋骨架的混凝土结构,广泛应用于梁、板、柱等主要承重构件,用于承受压力、拉力和弯矩。预应力钢筋混凝土结构指构件在承受作用之前预先对混凝土受拉区施以压应力的结构,一般用于大跨度结构,具有抗裂性好、自重轻等特点。钢骨混凝土结构指用型钢或用空心钢板作为配筋的混凝土结构。

二、钢筋混凝土结构的特点

钢筋和混凝土这两种物理、力学性能不同的材料能有效地结合在一起共同工作,主要是因为钢筋与混凝土之间存在着良好的黏结力,两者能可靠地结合在一起,保证在荷载作用下钢筋与相邻的混凝土能够共同变形;其次,钢筋与混凝土两种材料线膨胀系数接近,温度变化时不会产生较大的相对变形,使黏结力免遭破坏;再次,混凝土保护钢筋,使钢筋不易锈蚀,保证其共同工作的长久性。

钢筋混凝土结构有下列优点。

① 耐久性好。混凝土的强度随时间增长而增加,在混凝土的保护下,钢筋在正常情况下不易锈蚀,所以钢筋混凝土结构比其他结构耐久性好。

② 整体性好。钢筋混凝土结构(特别是现浇钢筋混凝土结构)具有良好的整体性,从而有良好的抗震性能。

③ 耐火性好。由于混凝土导热性较差,发生火灾时,被混凝土保护的钢筋不会很快到达软化温度而导致结构破坏,其耐火性能比钢结构好。

④ 可模性好。钢筋混凝土可以根据设计需要浇筑成各种形状和尺寸的结构构件,而其他结构则不具备这一特点。

⑤ 可就地取材。钢筋混凝土材料中用量最多的是砂和石,易于就地取材,从而减少了材料的运输费用,为降低工程造价提供了条件。

当然,钢筋混凝土也存在缺点,如自重大,对大跨结构、高层建筑和抗震结构都不利,现浇钢筋混凝土结构费工、费模板、施工工期长、施工时间受季节条件限制,抗裂、隔热和隔音性能较差,补强修复比较困难等。随着科学技术的发展,钢筋混凝土结构的这些缺点已经或正在逐步得到克服。

图 7-1 表示的是梁的受力示意图。图 7-1(a)中表示的是素混凝土梁,图 7-1(b)表示的是钢筋混凝土梁。梁在承受向下的荷载作用下,表现为下部受拉,上部受压。素混凝土梁,由于抗压能力差,而容易断裂。钢筋混凝土梁,在荷载作用下,受拉区混凝土达到其抗拉强度极限时,钢筋继续承担拉力,使梁正常工作。

三、钢筋的分类

(一)按所含化学元素分

我国目前通用的建筑钢材按所含化学元素的不同,分为热轧碳素钢和普通低合金钢

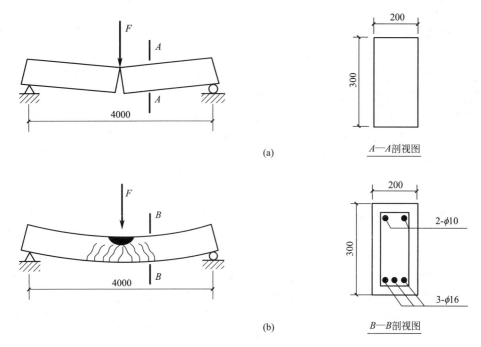

图 7-1 梁的受力示意图

两种。

热轧碳素钢除含铁元素之外,还含有少量的碳、硅、锰、磷和硫等元素,其力学性能取决于含碳量的多少。由于含碳量的不同,热轧碳素钢分为低碳钢(含碳量低于 0.25%),中碳钢(含碳量为 0.25%~0.6%),高碳钢(含碳量为 0.6%~1.4%)。低碳钢及中碳钢强度较低、质韧而软,工程上常称之为软钢;高碳钢无明显的屈服点、强度高、质脆而硬,称之为硬钢。目前工程中常用的碳素钢主要是低碳钢和中碳钢。

普通低合金钢除含有碳素钢的元素以外,再加入少量的合金元素,如钛、硅、钒、锰等。这些合金元素的含量虽很少,却能显著提高钢材的强度,大大改善碳素钢的塑性等性能。普通低合金钢质地较软,大部分为软钢。

钢筋名称中前面的数字代表平均含碳量(以 1/10000 计),合金元素的下标数字表示该元素含量的取整百分数,不加下标数字者其平均含量小于 1.5%。以 $40Si_2MnV$ 为例,"40"指平均含碳量为万分之四十,"2"指硅的含量为 2%,锰、钒的含量皆为 1%。

(二) 按生产加工工艺分

建筑工程所用钢筋,如果按生产加工工艺的不同分为热轧钢筋、热处理钢筋(余热处理钢筋)、冷拉钢筋和钢丝四种。

(1) 热轧钢筋

热轧钢筋由低碳钢、普通低合金钢在高温状态下轧制而成。热轧钢筋根据其力学指标的高低,分为 HPB300 级,HRB335 级,HRBF335 级,HRB400 级,HRBF400 级,HRB500 级,HRBF500 级等。

(2) 热处理钢筋

热处理钢筋是在钢筋加工后期通过热处理对内部组织进行调质处理,所以质量较高,但同时成本也高。热轧钢筋利用轧钢后的余热对钢筋进行热处理，节约了热处理成本，是新型的钢筋热处理工艺。余热处理钢筋（RRB）由轧制的钢筋经高温淬水，余热处理后提高强度。其可焊性、机械连接性能及施工适应性均稍差，需控制其应用范围。一般可在对延性及加工性能要求不高的构件中使用，如基础、大体积混凝土以及跨度及荷载不大的楼板、墙体中应用。

(3) 冷拉钢筋

冷拉钢筋是将热轧钢筋在常温下用卷扬机或其他张拉设备（千斤顶等）强力拉伸至超过其屈服点而进入强化阶段，迫使钢筋内部晶体组织发生改变，从而使钢筋屈服强度得到提高。经过冷拉后的钢筋，抗拉屈服强度大大提高，但性能变脆。对承受冲击荷载或重复荷载的构件及处于负温下的结构（产生冷脆），一般不易采用冷拉钢筋。冷拉Ⅱ、Ⅲ和Ⅳ级钢筋主要用作预应力钢筋。另外，经冷拉加工的钢筋，只提高了抗拉强度，故不宜用作受压钢筋。用作受压钢筋时，受压屈服强度取冷拉前的屈服强度。

(4) 钢丝

在建筑工程中，钢筋直径≥6mm 的称为钢筋，直径≤6mm 的称为钢丝，常用的钢丝直径有 3mm、4mm、5mm 三种。钢丝的直径越细，强度越高。钢丝一般用于预应力混凝土结构。

冷拔低碳钢丝是将直径很小（6～8mm）的热轧钢筋，用强力拉至比其本身直径小的硬质合金拔丝模，使钢筋受到很大的侧向挤压力，直径变细，长度增加，抗拉和抗压强度都得到大大提高。

（三）按所起作用分

配置在钢筋混凝土构件中的钢筋，如果按其作用可分为下列几种。

(1) 受力筋

受力筋指承受构件内拉应力、压应力的钢筋。用于梁、板、柱等各种钢筋混凝土构件中。

(2) 钢箍（箍筋）

钢箍指承受剪力或扭力的钢筋，并同时用来固定受力筋的位置，构成钢筋骨架。一般多用于梁和柱内。

(3) 架立筋

架立筋指用于固定梁内箍筋位置，与受力筋、箍筋一起构成梁内的钢筋骨架。

(4) 分布筋

分布筋指多用于板式结构，与板中的受力筋垂直布置，将承受的荷载均匀地传给受力筋，并固定受力筋的位置，以及抵抗热胀冷缩所引起的温度变形。

(5) 构造筋

构造筋指因构件的构造要求或施工安装需要而配置的钢筋，如腰筋、吊环、预埋锚固筋等，具体如图 7-2 所示。

（四）按种类代号分

建筑用钢筋按其产品种类等级不同，通常分为 HPB300 级、HRB335 级、HRB400 级和 HRB500 级。

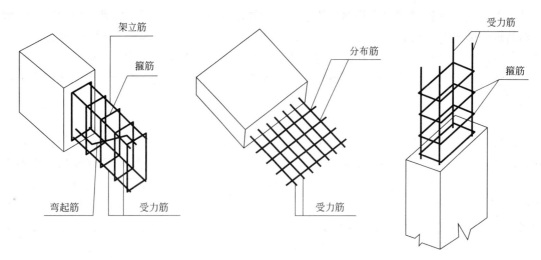

图 7-2 钢筋的分类

HPB 钢筋是指热轧光圆钢筋，HRB 是热轧带肋钢筋，HRBF 中的"F"表示细晶热压带肋钢筋。细晶热轧带肋钢筋与普通热压带肋钢筋相比可显著提高钢材的性能。RRB 钢筋是余热处理带肋钢筋，主要有 RRB400 的余热处理带肋钢筋。

各等级钢筋特征具体如下。

（1）HPB300 级

表面光滑，属低碳钢，强度较低，但塑性及可焊性较好。主要用作中、小型钢筋混凝土结构构件中的受力钢筋以及各种构件中的箍筋和构造钢筋。工程界习惯称之为Ⅰ级钢筋，用符号 A 表示，代号用"φ"表示。

（2）HRB335 级

表面有"螺纹形"、"人字纹形"和"月牙纹形"三种，也称为变形钢筋。强度比较高，塑性及可焊性比较好。主要用作大、中型钢筋混凝土结构构件中的受力钢筋，承受重复荷载、振动力及冲击荷载的结构。工程界习惯称之为Ⅱ级钢筋，用符号 B 表示，代号用"Φ"表示。

（3）HRB400 级

表面形状与 HRB335 级钢相同，强度较高，塑性及可焊性也比较好。用途与 HRB335 级钢筋相同。工程界习惯称之为Ⅲ级钢筋，用符号 C 表示，代号用"Φ"表示。

（4）HRB500 级

表面形状与 HRB335 级钢相同，强度比 HRB400 级有所提高，塑性及可焊性也比较好，用途与 HRB335 钢筋相同，工程界习惯称之为Ⅳ级钢筋，用符号 D 表示，代号用"Φ"表示。

各等级钢筋具体特性见表 7-1，常见钢筋形式见图 7-3。

四、钢筋的弯钩与保护层

为了提高钢筋与混凝土的黏结力，避免钢筋在受拉时滑动，光滑钢筋的两端需做成弯钩。钢筋的弯钩有半圆弯钩和直弯钩两种形式，其形状和尺寸如图 7-4 所示。钢箍两端在交接处也要做出弯钩，但是对于表面有月牙纹的变形钢筋，如因表面较粗糙，能和混凝土产生很好的黏结力，故它们的端部一般可不设弯钩。箍筋宜采用焊接封闭箍筋、连续螺旋箍筋或连续复合螺旋箍筋。当采用非焊接封闭箍筋时，其末端应做成135°弯钩。

表 7-1　钢筋等级与特性

牌号	符号	等级代号	公称直径 d/mm	屈服强度标准值 f_{yk}/(N/mm²)	极限强度标准值 F_{stk}/(N/mm²)
HPB300	A	Φ	6～22	300	420
HRB335 HRBF335	B B^F	Φ	6～50	335	455
HRB400 HRBF400 RRB400	C C^F C^R	Φ	6～50	400	540
HRB500 HRBF500	D D^F	Φ	6～50	500	630

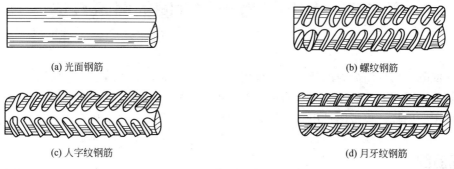

图 7-3　常见钢筋形式

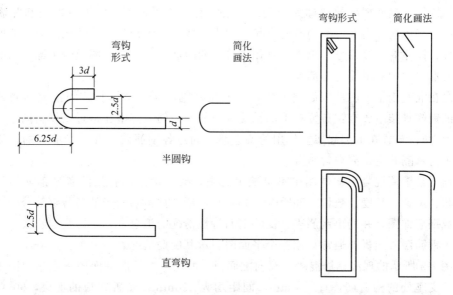

图 7-4　弯钩的形式

为了保护钢筋防锈、防火、防腐蚀，以及加强钢筋与混凝土的黏结力，钢筋的外缘到构件表面之间应留有一定厚度的混凝土保护层。各种构件混凝土保护层的最小厚度见表 7-2。

表 7-2　钢筋混凝土构件的保护层　　　　　　　　　　　　单位：mm

钢筋名称	环境条件	构件类别	混凝土强度等级		
			≤C20	C25 及 C30	≥C35
受力筋	室内正常环境	板、墙	15		
		梁	25		
		柱	30		
	露天或室内高湿度环境	板、墙	35	25	15
		梁	45	35	25
		柱	45	35	30
箍筋		梁和板	15		
分布筋		墙和板	10		

第二节　钢筋混凝土构件图的图示方法

钢筋混凝土构件图分为配筋图、模板图和预埋件图等。配筋图包括平面图、立面图、断面图和钢筋详图等，它们主要表示构件内部的钢筋配置、形状、数量和规格，是钢筋混凝土构件图的主要图样。模板图只用于较复杂的构件，以便模板的制作和安装。

一、配筋图

显示构件中钢筋情况的图称为配筋图，通常有配筋平面图、配筋立面图和配筋断面图等。它主要表示构件内部各种钢筋的形状、大小、数量、级别和排放情况。对一般的钢筋混凝土构件，标注有钢筋编号、规格、直径等符号的配筋立（平）面图及若干配筋断面图就可清楚地表示构件中的钢筋配置情况。

钢筋在混凝土中不能单根游离放置，一般是将钢筋用钢丝绑扎或焊接成钢筋骨架或网片。梁的钢筋骨架组成有：布置在下部承受拉力的受力筋（其中在接近梁端斜向弯起的弯起筋承受剪力）、布置在上部起架立作用的架立筋、固定各钢筋位置并承受剪力的箍筋（一般沿梁的纵向每隔一定距离均匀布置）。

配筋图是钢筋混凝土构件图中不可缺少的图，要表达组成骨架的各号钢筋的品种、直径、形状、位置、长度、数量、间距等。必要时，还要把钢筋图中的各号钢筋分别"抽"出来，画成钢筋详图，并列出钢筋表（反映钢筋特性情况的汇总表）。

对于钢筋混凝土板，通常只用一个平面图表示其配筋情况。

如图 7-5 所示的现浇钢筋混凝土双向配筋板，使用一个配筋平面图来表达。图中①、②号钢筋是支座处的构造筋，直径 8mm，间距均为 200mm，布置在板的上层，90°直钩向下弯（平面图上弯向下方或右方表示钢筋位于顶层）。③、④号钢筋是两端带有向上弯起的半圆弯钩的Ⅰ级钢筋，③号钢筋直径为 8mm，间距 200mm，④号钢筋直径 6mm，间距 150mm。注意，平面图上弯向上方或左方表示钢筋位于底层。

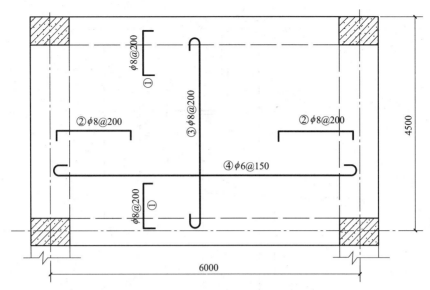

图 7-5 现浇钢筋混凝土双向配筋板图

若是现浇钢筋混凝土单向板,习惯上,在配筋平面图中不画出分布筋,原因是分布筋一般为直筋,其作用主要是固定受力筋和构造筋的位置,不需计算,施工时可根据具体情况放置,一般是 A 类钢筋直径为 4~6mm,间距为 200~300mm。

二、模板图

模板图实际上就是构件的外形视图,它主要表示构件的形状、大小、预埋件和预留孔洞的尺寸和位置。对较简单的构件,可不必画模板图,只需在构件的配筋图中,把各部尺寸标注清楚即可;而对于较复杂的构件,需要单独画出模板图,以便模板的制作与安装。模板图用中粗实线绘制,如图 7-6 所示。

三、预埋件图

在钢筋混凝土构件制作中,有时为了连接、吊装的需要,制作构件时常将一些铁件预先固定在钢筋骨架上,并使其一部分或一两个表面伸出或露出在构件的表面,浇筑混凝土时便将其埋在构件之中,这些铁件称为预埋件。通常要在模板或配筋图中标明预埋件的位置,预埋件本身应画出埋件图,表明其构造,如图 7-7 所示。

预埋件、预留孔洞的表示方法如下所示。

在混凝土构件上设置预埋件时,可在平面图或立面图上表示。引出线指向预埋件,并标注预埋件的代号。在混凝土构件的正、反面同一位置均设置相同的预埋件时,引出线为一条实线和一条虚线并指向预埋件,同时在引出横线上标注预埋件的数量及代号。

在混凝土构件的正、反面同一位置设置编号不同的预埋件时,引出线为一条实线和一条虚线并指向预埋件。引出横线上标注正面预埋件代号,引出横线下标注反面预埋件代号。

在构件上设置预留孔、洞或预埋套管时,可在平面或断面图中表示。引出线指向预留(埋)位置,引出横线上方标注预留孔、洞的尺寸,预埋套管的外径。横线下方标注孔、洞

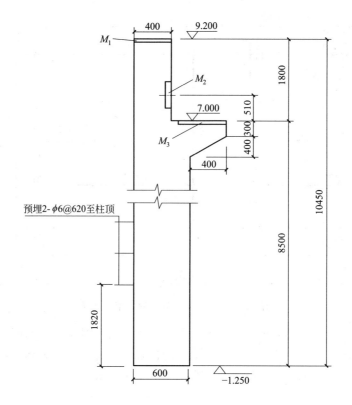

图 7-6　某柱的模板图

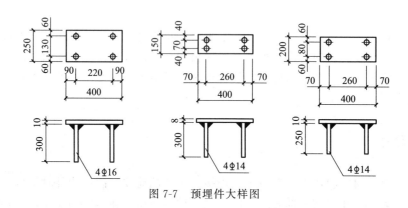

图 7-7　预埋件大样图

（套管）的中心标高或底标高。

第三节　钢筋混凝土构件图的阅读

一、钢筋的一般表示方法

（一）图线

配筋图中要突出钢筋，所以构件轮廓线要用细线画，其中的钢筋都用单线表示。可见主钢筋用粗实线、箍筋用中粗线；钢筋的横断面用涂黑的圆点表示；不可见的钢筋用粗虚线、预应力钢筋用粗双点划线表示。

（二）钢筋的编号

为了便于识别，构件内的各种钢筋应予以编号（简单的构件，其中钢筋易识别时也可以不编号）。编号采用阿拉伯数字，写在直径为 6mm 的细线圆中。

（三）钢筋的图例

构件中的钢筋，都需要在图中表达清楚。表 7-3 中列出了一般钢筋的常用图例。此外，《建筑结构制图标准》（GB/T 50105—2010）还规定了焊接钢筋网的图例、预应力钢筋图例和钢筋焊接接头的图例，分别见表 7-4 和表 7-5。

表 7-3　一般钢筋常用图例

序号	名称	图例	说明
1	钢筋横断面	●	
2	无弯钩的钢筋端部		表示长、短钢筋投影重叠时，短钢筋的端部用45°斜划线表示
3	带半圆形弯钩的钢筋端部		
4	带直钩的钢筋端部		
5	带丝扣的钢筋端部		
6	无弯钩的钢筋搭接		
7	带半圆弯钩的钢筋搭接		
8	带直钩的钢筋搭接		
9	花篮螺丝钢筋接头	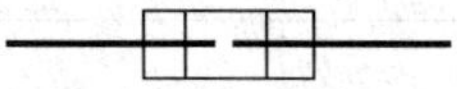	
10	机械连接的钢筋接头	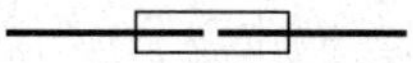	用文字说明机械连接的方式（或冷挤压或锥螺纹等）

表 7-4　预应力钢筋图例

序号	名称	图例
1	预应力钢筋或钢绞线	
2	在预留孔道或管中的后张法预应力钢筋的断面	
3	预应力钢筋断面	
4	张拉端锚具	
5	固定端锚具	
6	锚具的端视图	

表 7-5　焊接网图例

序号	名称	图例
1	一张网平面图	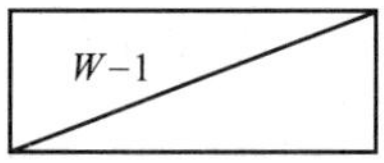 $W-1$
2	一排相同的网平面图	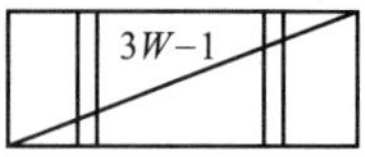 $3W-1$

（四）钢筋的画法及标注方法

《建筑结构制图标准》（GB/T 50105—2010）规定，在钢筋混凝土结构图中，钢筋的画法应符合表 7-6 的规定。

表 7-6　钢筋画法的一般规定

序号	规定说明	图例
1	在平面图中配置双层钢筋时，底层钢筋弯钩应向上或向左，顶层钢筋则向下或向右	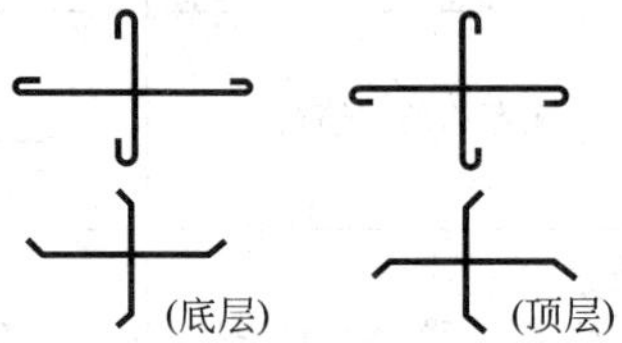 （底层）（顶层）
2	配双层钢筋的墙体，在配筋立面图中，远面钢筋的弯钩应向上或向左，而近面钢筋则向下或向右（JM：近面；YM：远面）	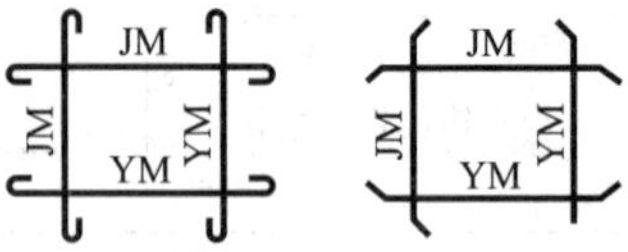
3	如在断面图中不能表示清楚钢筋布置，应在断面图外面增加钢筋大样图	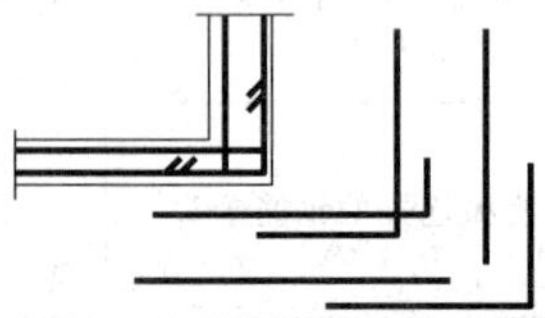

续表

序号	规定说明	图例
4	图中所表示的箍筋、环筋，如布置复杂，应加画钢筋大样及说明	
5	每组相同的钢筋、箍筋或环筋，可以用粗实线画出其中一根来表示，同时用一横穿的细线表示其余的钢筋、箍筋或环筋，横线的两端带斜段划表示该号钢筋的起止范围	

钢筋图绘制过程中，构件内的钢筋要加以说明标注，要标注出钢筋的编号（简单的构件、钢筋可不编号）、数量（或间距）、类别和直径。这些内容一般应标注在引出线的上方。引出线一端画一直径为6mm的细实线圆圈，圈内写上编号。若注写位置不够时可采用引出线引出来注写，引出线为细实线。从多根钢筋引出的引出线可以是平行的，也可以是汇集到一点的放射线。被指引的钢筋线处标以中粗或细的斜短画线。钢筋的标注有下面两种形式，如图7-8所示。

① 标注钢筋的根数和直径，如梁内受力筋和架立筋。
② 标注钢筋的直径和相邻钢筋中心距，如梁内箍筋和板内钢筋。

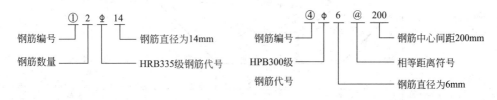

图 7-8 钢筋的标注

二、钢筋的简化表示方法

当构件对称时，钢筋网片可用一半或四分之一表示。W表示钢筋网，G表示钢筋骨架。当钢筋混凝土构件配筋较简单时，可采用局部剖切的方式，在其模板图的一角绘出断开界线，并绘出钢筋布置。对称的钢筋混凝土构件，在同一图中可一半表示模板，一半表示钢筋，如图7-9所示。

三、钢筋图的阅读

钢筋图的阅读应注意以下几点。
首先，要弄清该构件的名称、绘图比例以及有关施工、材料等方面的技术要求。
其次，要弄清构件的外形和尺寸。
再次，要弄清构件中各号钢筋的位置、形状、尺寸、品种、直径和数量。
最后，要弄清各钢筋间的相对位置及钢筋骨架在构件中的位置。

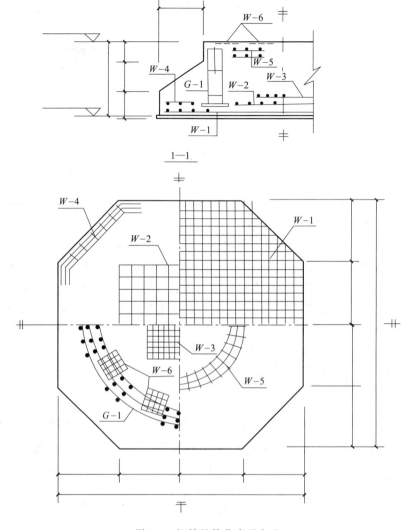

图 7-9 钢筋的简化表示方法

以下以某单层工业厂房的预制混凝土柱的结构图的读图来说明。

图 7-10 为一张单层工业厂房的预制混凝土柱的结构图。这张图里共画了三种图,即模板图、配筋图和埋件图。图中标出的模板图只有立面图。显然,只凭借此图不能确定该柱形状,还应有若干断面图。因断面图的外形在配筋断面图中已表达清楚,所以无需单独另画。根据立面图以及 1—1、2—2、3—3 断面图即可制作该柱的模型。

柱的配筋,由一个配筋立面图和三个配筋图即 1—1、2—2、3—3 表达。其中立面图表示了全部 10 种钢筋的编号、纵向位置及除箍筋外的其他钢筋的形状。箍筋的纵向排列、间距及品种等,是用尺寸标注的形式标注出来的。1—1 断面图表明上柱(3300mm 范围内)中钢筋情况;2—2 断面表明牛腿部分的钢筋情况;3—3 断面表示的是下柱(6750mm 范围内)的钢筋配置情况。由于钢筋排列较密,钢筋的品种、直径等在编号引出线上不便注写,所以统一在钢筋表中叙明。因此,这张钢筋图的钢筋表是配筋图的重要补充,不属于可以不列或另页列出的一般情况。由于本构件中的大部分钢筋都是直筋,其形状、尺寸在立面图中已表达清楚,不必再单独画出它们的详图(成形图),只有⑨号、⑩号两种钢筋的形状比较

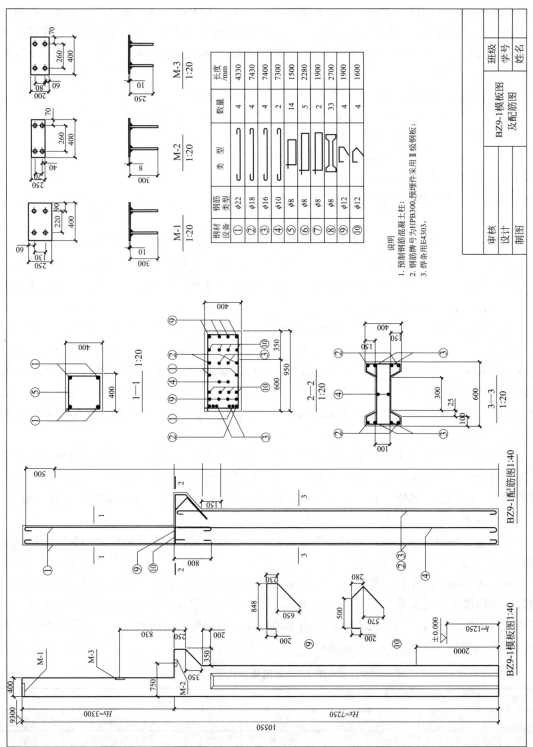

图 7-10 某单层工业厂房的预制混凝土柱结构图

复杂，且在立面图中不易标注其各段尺寸，所以把它们抽出来画成单独的详图。

最后关于埋件图，模板立面图中看到标有三个埋件（埋件代号为"M"）的位置，它们的构造详图画在图幅的右上角，用两个图形表达：立面图和底面图（也可理解为镜面投影）。在上柱顶部的埋件用于连接屋架；在上柱内侧靠近牛腿处及在牛腿上表面的两个埋件，用于连接吊车梁。除了详图和钢筋表之外，图中还有文字说明，以补充不能用图形表达的内容。

综上所述，阅读钢筋混凝土构件详图的要点如下所示。

① 弄清该构件中各号钢筋的位置、形状、尺寸、种类、直径和数量。
② 弄清构件的外形和尺寸。
③ 弄清埋件的位置和构造。

四、钢筋混凝土结构图的改革及平法概念

在建筑工程中绘制钢筋混凝土结构图的传统作法，是在结构系统布置图中，把众多的结构构件一一索引出来。原则上，有多少不同编号的构件，就要绘制多少构件图。画出组成复杂建筑结构的成百上千种构件的构件图是很繁琐的事。显然，少画图、简化图、多使用标准图，是设计和制图的改革方向。

我国原建设部于2003年1月起陆续批准执行的《混凝土结构施工图平面整体表达方法制图规则和构造详图》系列标准设计图集，便是这种改革的重大成果之一。这些设计图集已在建筑工程领域的钢筋混凝土结构设计和制图中广泛应用。该系列图集所指的混凝土结构施工图平面整体设计方法，简称平法。图集包括常用现浇钢筋混凝土构件的平法制图规则和标准构造详图两大部分。《建筑结构制图标准》（GB/T 50105—2001）是编制改图集的依据之一。

平法的基本概念，是把结构构件的有关尺寸和配筋等要素，按一定规则直接标注在反映各类构件总体布置的结构平面图上，再与图集中构件的标准构造详图相配合，就构成一套完整的混凝土结构图。其中，在柱上施行的平法叫柱平法，对梁的平法称梁平法，对（剪力）墙的平法称墙平法，它们有各自不同的制图规则。

实践中，对设计者来说，只是用平法绘制结构平面布置图，而不必抄绘图集中的标准构造详图。

用平法表示混凝土结构施工图，需使用构件的类型代号来标注构件的编号，通常采用该构件名称的汉语拼音的第一个字母来表示，代号后用阿拉伯数字标注该构件型号或编号，也可为构件顺序号，常见代号见表所示。当采用标准、通用图集中的构件时，应用该图集中的规定代号或型号，常用构件代号见表7-7。

表7-7 常用构件代号

序号	名称	代号	序号	名称	代号	序号	名称	代号
1	板	B	5	折板	ZB	9	挡雨板或檐口板	YB
2	屋面板	WB	6	密肋板	MB	10	吊车安全走道板	DB
3	空心板	KB	7	楼梯板	TB	11	墙板	QB
4	槽形板	CB	8	盖板或沟盖板	GB	12	天沟板	TGB

续表

序号	名称	代号	序号	名称	代号	序号	名称	代号
13	梁	L	23	托架	TJ	33	垂直支撑	CC
14	屋面梁	WL	24	天窗架	CJ	34	水平支撑	SC
15	吊车梁	DL	25	框架	KJ	35	梯	T
16	圈梁	QL	26	钢架	GJ	36	雨篷	YP
17	过梁	GL	27	支架	ZJ	37	阳台	YT
18	联系梁	LL	28	柱	Z	38	梁垫	LD
19	基础梁	JL	29	基础	J	39	预埋件	M
20	楼梯梁	TL	30	设备基础	SJ	40	天窗端壁	TB
21	檩条	LT	31	桩	ZH	41	钢筋网	W
22	屋架	WJ	32	柱间支撑	ZC	42	钢筋骨架	G

第八章 房屋建筑工程图

★【学习目的】通过对本章知识的学习，学生应了解房屋建筑工程图的分类，掌握房屋建筑工程图的表达方法和尺寸标注，以及房屋建筑工程图的绘制方法和步骤。

★【学习要点】房屋建筑工程图的表达方法和尺寸标注；房屋建筑工程图绘制的方法和步骤。

第一节 概　述

房屋是人们生活、生产、工作、学习和娱乐的重要场所。房屋的建造一般需要经过设计和施工两个过程。设计人员根据用户提出的要求，按照国家房屋建筑制图统一标准，用正投影的方法，将拟建房屋的内外形状、大小以及各部分的结构、构造、装修、设备等内容，详细而准确地绘制成的图样，称为房屋建筑图。

一、房屋的组成

房屋按其使用功能可分为民用建筑、工业建筑（如厂房、车间等）和农业建筑（谷仓、饲养场等）三大类。其中民用建筑是供人们居住、生活和从事各类社会活动的建筑。民用建筑又可分为居住建筑（如住宅、公寓等）和公共建筑（如商场、办公楼、学校、医院等）。

为了掌握施工图的图示内容及识读方法，首先应了解房屋各组成部分的名称及作用。民用建筑通常是由基础、墙体（或柱）、楼板层（楼地层）、楼梯、门窗、屋顶六大主要部分组成，如图8-1所示。

① 基础。位于建筑物最底部的承重构件，承受建筑物的全部荷载，并把荷载传递给地基。

② 墙体（或柱）。是建筑物的竖向承重、围护或分隔构件，承受屋顶、楼板传来的荷载，并传递给基础。

③ 楼板层（楼地层）。是建筑物水平方向上的承重和分隔构件，将建筑物从高度方向分

隔成若干层并将楼板层（楼地层）上的荷载传递给墙或柱。

④ 楼梯。是上下楼层的垂直交通设施，供人们上下楼梯和紧急疏散使用。

⑤ 门窗。门满足人们内外联系和分隔房间功能，窗具有采光、通风、供眺望等作用，门窗都属非承重构件。

⑥ 屋顶。是建筑物最上部结构，属于建筑顶部的围护和承重构件。

房屋组成见图8-1。

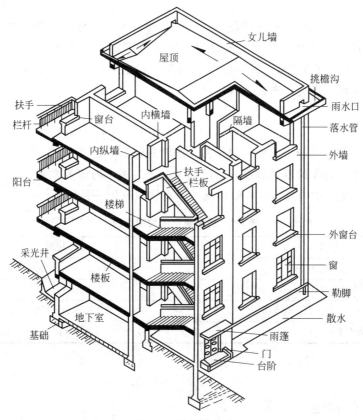

图 8-1 房屋的组成

二、房屋工程图分类

房屋施工图按其专业内容和作用的不同也分为不同的图样。一套房屋施工图一般包括：图样目录、施工总说明、建筑施工图、结构施工图和设备施工图。

(1) 建筑施工图

建筑施工图简称建施图，主要反映建筑物的规划布局、外部造型、内部布置、内外装修、构造及施工要求等，是房屋施工放线、砌筑、安装门窗、室内外装修和编制施工概算及施工组织计划的主要依据。一套建筑施工图一般包括施工总说明、总平面图、建筑平面图、建筑立面图、建筑剖面图、建筑详图和门窗图等。

(2) 结构施工图

结构施工图简称结施图，主要反映建筑物承重结构的布置、构件类型、材料、尺寸和构造做法等，是基础、柱、梁、板等称重构件以及其他受力构件施工的依据。结构施工图一般包括结构设计说明、基础图、结构平面布置图和各构件的结构详图等。

（3）设备施工图

设备施工图简称设施图，主要反映建筑物的给水排水、采暖通风、电气等设备的布置和施工要求等。设备施工图一般包括各种设备的平面布置图、系统图和详图等。

三、绘制房屋建筑图的有关规定

为使建筑工程图达到标准化和规范化，在绘制建筑施工图时，应严格遵守国家标准中的有关规定。我国现行建筑制图规定主要有《房屋建筑图统一标准》（GB/T 50001—2010）、《建筑制图标准》（GB/T 50104—2010）、《总图制图标准》（GB/T 50103—2010）等国家有关标准。绘制房屋建筑图应参照上述规定执行。

（一）比例

由于建筑形体的尺寸较大，所以建筑施工图常选用缩小比例绘制。如何选用比例，应考虑图样的用途与被绘对象的复杂程度，以准确清楚表达图形内容为原则，建筑施工图选用的比例，一般应符合表8-1的规定，一般情况一个图样只选用一种比例。

表8-1　房屋建筑图绘制比例

图名	比例
总平面图	1∶30、1∶500、1∶1000、1∶2000
建筑物或构筑物的平面图、立面图、剖面图	1∶50、1∶100、1∶150、1∶200、1∶300
建筑物或构筑物的局部放大图	1∶10、1∶20、1∶25、1∶30、1∶50
配件及构造详图	1∶1、1∶2、1∶5、1∶10、1∶15、1∶20、1∶25、1∶30、1∶50

（二）图线

（1）图线线宽与用途

建筑施工图中采用的各种图线，应符合相关建筑制图标准中的规定，各种图线的使用，应符合表8-2中规定。

表8-2　建筑施工图中图线的使用规定

名称	线型	线宽	用途
粗实线	——	b	1. 平、剖面图中被剖切的主要建筑构造（包括构配件）的轮廓线； 2. 建筑立面图或室内立面图的外轮廓线； 3. 建筑构造详图中被剖切的主要部分的轮廓线； 4. 建筑构配件详图中的外轮廓线； 5. 平、立、剖面图的剖切符号
中粗实线	——	0.7b	1. 平、剖面图中被剖切的次要建筑构造（包括构配件）的轮廓线； 2. 建筑平、立、剖面图中建筑构配件的轮廓线； 3. 建筑构造详图及建筑构配图中的一般轮廓线
中实线	——	0.5b	小于0.7b的图形线、尺寸线、尺寸界限、索引符号、表高符号、详图材料做法引出线、粉刷线、保温层线、地面及墙面的高差分界线等

续表

名称	线型	线宽	用途
细实线	———————	0.25b	图例填充线、家具线、纹样线等
中粗虚线	— — — —	0.7b	1. 建筑构造详图及建筑构配件不可见的轮廓线; 2. 平面图中的起重机轮廓线; 3. 拟扩建的建筑轮廓线
中虚线	— — — —	0.5b	图例线、小于0.5b的不可见轮廓线
细虚线	- - - - - -	0.25b	图例填充线、家具线等
粗单点长画线	—— - —— - ——	b	起重机轨道线
细单点长画线	—-—-—-—	0.25b	中心线、对称线、定位轴线
折断线	~~~	0.25b	部分省略表示时断开界线
波浪线	∽∽∽	0.25b	部分省略表示时的断开界线,曲线形构件断开界限,构造层次的断开界线

(2) 图线的选用

图样上的图线,应根据图样的复杂程度和比例,选用不同的线宽和线型,如图 8-2 所示。

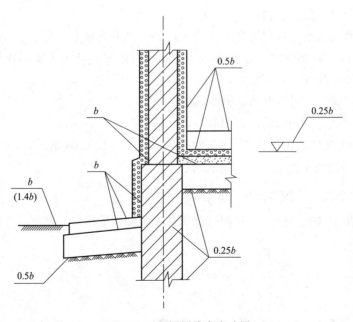

图 8-2 平面图图线宽度选用

(三)定位轴线

定位轴线是用来确定建筑物主要承重结构或构件位置及其标志尺寸的基准线。在建筑施工图中，凡承重墙、柱、梁或屋架等主要承重构件都必须画出其定位轴线，以确定其位置。定位轴线是建筑施工时砌筑墙身、浇筑梁柱、安装构件等施工定位放线的重要依据。对于非承重或次要承重构件，如隔断墙等，一般不画定位轴线，可用附加定位轴线标注，并应注明它与临近定位轴线的尺寸及位置关系。

定位轴线应用细单点长画线绘制。定位轴线一般应编号，编号应注写在轴线端顶部的圆内。圆应用细实线绘制。定位轴线圆的圆心，应在定位轴线的延长线上或延长线的折线上。

平面图上定位轴线的编号，宜标注在图样的下方与左侧。横向定位轴线编号应用阿拉伯数字，从左至右顺序编写；竖向定位轴线编号应用大写拉丁字母，从上至下顺序编写，如图 8-3 所示。

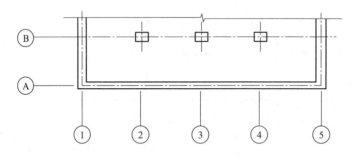

图 8-3 定位轴线的编号顺序

字母的 I、O、Z 不得用做轴线编号，以免与数字 1、0、2 混淆。当字母数量不够使用，可用双字母或单字母加数字注脚，如 AA，BA，…，YA 或 A_1，B_1，…，Y_1。

较复杂的平面图中定位轴线也可采用分区编号，编号的注写形式应为"分区号-该分区编号"，采用阿拉伯字母或大写拉丁字母表示。

附加定位轴线的编号，应以分数形式表示，并应按下列规定编写。

① 两根轴线间的附加轴线，分母表示前一轴线的编号，分子表示附加轴线的编号，编号宜用阿拉伯数字顺序编写，如：

(1/2)——2 号轴线之后附加的第一根轴线；

(2/B)——B 号轴线之后附加的第二根轴线。

② 1 号轴线或 A 号轴线之前的附加轴线的分母应以 01 或 0A 表示，如：

(1/01)——1 号轴线之前附加的第一根轴线；

(1/0A)——A 号轴线之前附加的第一根轴线。

一个详图适用于几根轴线时，应同时注明各有关轴线的编号，如图 8-4 所示。

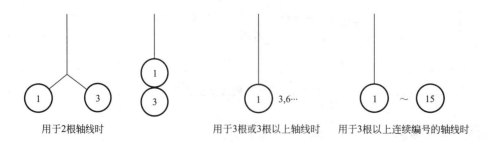

图 8-4 详图的轴线编号

通用详图中的定位轴线，应只画圆，不注写轴线编号。圆形与弧形平面图中定位轴线的编号，其径向轴线应以角度进行定位，编号宜用阿拉伯数字表示，从左下角或－90°开始，按逆时针顺序编写；其圆周轴线宜用大写拉丁字母表示，从外向内顺序编写，如图 8-5 所示。折线形平面图中定位轴线的编号可按图 8-6 所示的形式编写。

（四）索引符号与详图符号

（1）索引符号

图样中的某一局部或构件，如需另见详图，应用索引符号索引。索引符号由直径为 8～10mm 的圆和水平直径组成，圆和水平直径用细实线绘制，并应按下列规定编写。

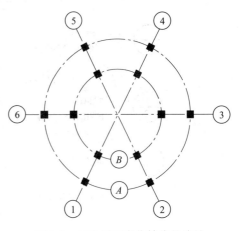

图 8-5　图形平面定位轴线的编号

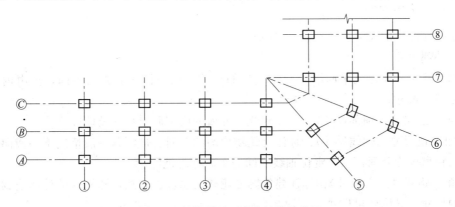

图 8-6　折线形平面定位轴线的编号

① 索引出的详图如与被索引的详图同在一张图样内，应在索引符号的上半圆中用阿拉伯数字注明该详图的编号，并在下半圆中间画一段水平细实线。

② 索引出的详图如与被索引的详图不在同一张图样内，应在索引符号的上半圆中用阿拉伯数字注明该详图的编号，并在下半圆中用阿拉伯数字注明该详图所在图样的编号。数字较多时，可加文字标注。

③ 索引引出的详图如采用标准图，应在索引符号水平直径的延长线上加注该标准图册的编号。需要标注比例时，文字在索引符号右侧或延长线下方，与符号对齐。

④ 索引符号如用于索引剖视详图，应在被剖切的部位绘制剖切位置线，并以引出线引出索引符号，引出线所在的一侧应为剖视方向。索引剖视详图中符号的编写同索引详图。具体见图 8-7。

（2）详图符号

详图的位置和编号，应以详图符号表示。详图符号的圆应用直径为 14mm 的粗实线绘制。详图应按下列规定编号。

① 详图与被索引的图样同在一张图样内时，应在详图符号内用阿拉伯数字注明详图的编号。

② 详图与被索引的图样不在同一张图样时，应用细实线在详图符号内画一条水平直径，

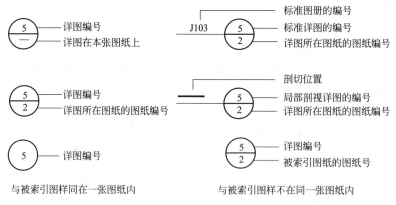

图 8-7　索引符号与详图符号

在上半圆中注明详图编号,在下半圆中注明被索引的图样的编号。

(五) 尺寸及标高

建筑平面图中的尺寸主要有以下几部分组成。

(1) 外部尺寸

外部尺寸指标注建筑平面图轮廓线以外的尺寸。根据标注对象的不同,按由内向外顺序,可分三道尺寸。

① 第一道尺寸(细部尺寸):标注建筑物外墙的门窗洞口尺寸及墙段尺寸。

② 第二道尺寸(轴线尺寸):标注建筑物房间的开间、进深,一般情况下,横向定位轴线之间的距离称为开间,纵向定位轴线之间的距离称为进深。

③ 第三道尺寸(总尺寸):标注建筑物外轮廓的总长、总宽,即从一端外墙边到另一端外墙边的尺寸,又称外包尺寸。

建筑物的平面尺寸一般宜标注在图形的下方和右侧;有时当平面图较为复杂时,需要在图形的各个方向进行尺寸标注,尺寸标注应齐全。

(2) 内部尺寸

内部尺寸是指标注建筑平面图内部构造的尺寸,如房屋内部门窗洞口尺寸及位置,内部墙体的尺寸及墙厚等,室内设备尺寸大小及定位尺寸。相同的内部构造或尺寸,可省略或简化标注。

(3) 标高尺寸

在建筑平面图中,主要标注建筑物的各楼(地)面完成面的标高。通常以建筑物室内首层地面的标高为±0.000基准,标高以 m 为单位。

(4) 坡度尺寸

在屋顶平面图上,应标注屋面的坡度尺寸,坡度尺寸通常由两部分组成,即坡比和坡向。

标高是标注建筑物高度的一种尺寸形式。标高有绝对标高和相对标高两种。我国把青岛附近黄海海平面的平均高度定为绝对标高的零点,称为绝对标高。总平面图中所标注标高为绝对标高。

在建筑物的施工图上要注明许多标高,如果全用绝对标高,不但数字繁琐,而且不容易得出各部分的高差。因此,除总平面图外,一般都采用相对标高,即将房屋底层室内地坪高度定为相对标高的零点,写作"±0.000"。标高数字一般注写到小数点以后第三位,在总平面图中,可注写到小数点以后第二位,位数不足用零补齐。标高符号及画法见第一章相关内容。

第二节 建筑施工图

建筑施工图主要用来表示房屋的规划位置、外部造型、内部布置、内外装修、细部构造、固定设施及施工要求等。它一般包括施工图首页、总平面图、平面图、立面图、剖面图和详图等。

一、建筑总平面图

将新建建筑物四周一定范围内的新建、原有和拆除的建筑物、构筑物连同其周围的地形地貌、地物状况及道路,用水平投影方法和相应图例所绘制出的图样,称为总平面图。通常以含有±0.000标高的平面作为总平面图。《房屋建筑制图统一标准》(GB 50001—2010)规定,总平面图反映建筑物在室外地坪上的墙基外包线,不应绘制屋顶平面投影图。

总平面图主要用于表达拟建房屋的平面形状、位置、朝向以及周围环境、道路、绿化区布置等,如图8-8所示。总平面图是新建房屋的施工定位、给排水及电气管道平面布置的重要依据。

(一)图示内容

房屋建筑总平面图应使用规定的图例,表明各建筑物和构筑物的面形状、名称和层数,以及周围的地形地物和绿化等的布置情况。确定新建房屋的具体位置,一般根据原有房屋或道路来定位,并以米(m)为单位,标注出定位尺寸。对于较大的工程,往往标出测量坐标网(坐标代号宜用"X"、"Y"表示)或施工坐标网(坐标代号宜用"A"、"B"表示),用坐标来定位。当地形起伏较大时,还应画出等高线。总平面图中应注明新建房屋底层室内地面和室外整平地面的绝对标高,画出指北针或风玫瑰,表明方位朝向和当地风向频率。对于国标中缺乏规定或不常用的图例,必须在总平面图中绘制清楚,并注明其名称。

(二)总平面图的识读方法

总平面图中的内容大多使用图例、符号表示。第一步应熟悉相关图例符号的含义;第二步要看清总平面图的比例,了解新建工程项目的规模;第三步要看清用地范围内新建、拟建、原有、拆除建筑物或构筑物的位置;第四步要查看新建建筑物的室内、外地面高差,道路标高和地面坡度及排水方向;第五步要根据风向频率玫瑰图,了解建筑物朝向和常年主导风向;第六步要查看图中的尺寸,了解新建建筑物或构筑物自身占地面积以及新建建筑物与周边道路及建筑物的相对距离;第七步要看清总平面图中的各种管线编号、坡度、中心距离及出入建筑物的具体位置;第八步要看清图中的草坪、乔木、灌木、花坛、水景等具体的布置及尺寸。总平面图是以上各项内容的定位依据,其表达内容多,涉及面广,综合性强,需

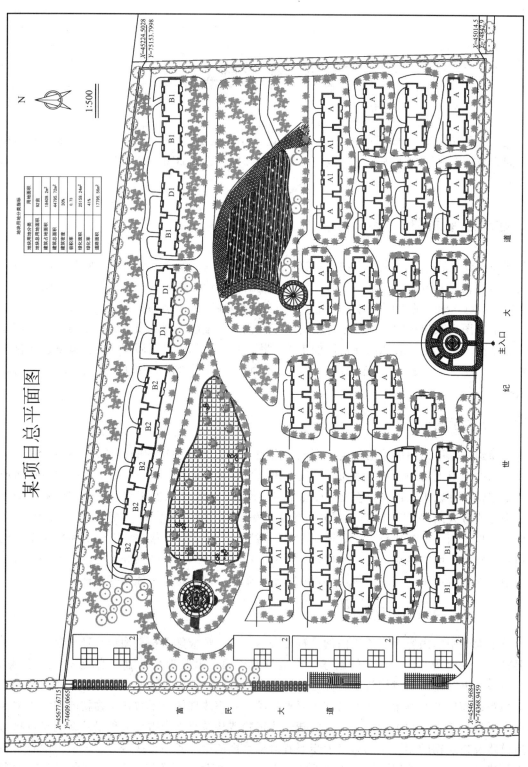

图 8-8 某建筑总平面图

要仔细认真阅读。

二、建筑平面图

用一个假想的水平剖切平面沿窗台洞口处将房屋剖切开，移去剖切平面以上的部分，将余下部分向水平面正投影所得到的投影图称为建筑平面图，简称平面图。建筑平面图实质上是一个水平剖面图，如图8-9所示。建筑平面图是表达房屋功能和施工的主要图样，是施工放线、砌墙、浇筑、门窗安装、编制概（预）算、装修及施工备料、施工组织等多项工程的重要依据，是建筑施工图的基本图样之一。

在《建筑制图标准》（GB/T 50104—2010）中作了如下规定：建筑物平面图应在建筑物的门窗洞口处水平剖切俯视（屋顶平面图应在屋面以上俯视），图内应包括剖切面及投射方向可见的建筑构造以及必要的尺寸、标高等，如需表示高窗、洞口、通气孔、槽、地沟及起重机等不可见部分，应以虚线绘制。

建筑平面图能较全面且直观地反映出建筑物的平面形状、大小、内部空间的布局及各房间的功能，内外交通联系、采光通风处理、构造做法等基本情况。按剖切平面的位置不同，建筑平面图可分为首层平面图、标准层平面图、顶层平面图和屋顶平面图。

（一）图示内容

建筑平面图内应包括剖切面和投影方向可见的建筑构造、构配件以及必要的尺寸、标高等。具体内容如下。

① 图名、比例。平面图常用的比例为1:50、1:100、1:200。
② 纵横定位轴线及其编号。
③ 各房屋的组合、分隔和名称，墙、柱的断面形状及尺寸等。
④ 门、窗的布置及其型号。
⑤ 楼梯梯段的形状、梯段的走向和级数。
⑥ 其他构件如台阶、花台、阳台、雨篷等的位置、形状和尺寸，以及厨房、厕所、盥洗间等固定设施的布置等。
⑦ 平面图中应标注的尺寸和标高。
⑧ 详图索引符号。
⑨ 底层平面图中应表明剖面图的剖切位置、剖视方向及编号，表示房屋朝向的指北针。
⑩ 屋顶平面图中应表示出屋顶形状、屋面排水情况及屋面以上的构筑物或其他设施，如天沟、女儿墙、屋面坡度及方向、楼梯间、水箱间、天窗、上人孔、消防梯等。

（二）绘制步骤

第一步应先画好定位轴线网；第二步画墙身线、柱，定门窗洞口位置；第三步画细部，如门窗、楼梯、台阶、厕所等；第四步画好尺寸线；第五步经过检查无误后，擦去多余的作图线，按施工图的要求加深图线；第六步标注轴线、尺寸、标高、剖切符号、索引符号，并注明各房间的名称、门窗编号以及图名、比例和文字说明等。

被剖切的墙、柱的结构断面轮廓线用粗实线绘制，沿有剖切到的可见轮廓线等用细实线绘制。各种符号及尺寸标注要求绘制。

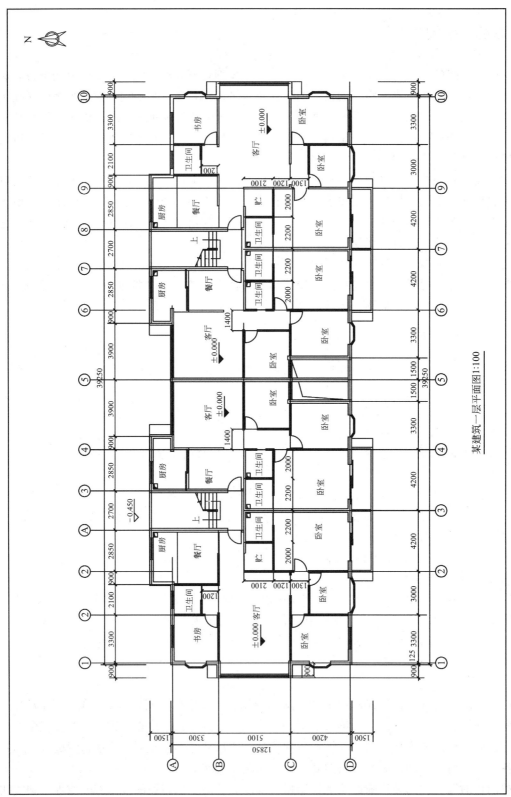

图 8-9 某建筑一层平面图

三、建筑立面图

建筑立面图是在与房屋立面相平行的投影面上所作的正投影图,简称立面图。它主要反映房屋的外貌、立面装修及做法。房屋有多个立面,通常把反映房屋的主要出入口及反映房屋外貌主要特征的立面图称为正立面图,其余的立面图相应地称为背立面图和侧立面图,如图 8-10 所示。有时也可按房屋的朝向来为立面图命名,如南立面图、北立面图、东立面图和西立面图等。有定位轴线的建筑物,一般宜根据立面图两端的轴线编号来为立面图命名。

房屋立面如果有一部分不平行于投影面,如圆弧形、折线形、曲线形等,可将该部分展开到与投影面平行,再用正投影的方法绘出立面图,但应在图名后加注"展开"二字。对较简单的对称房屋,在不影响构造处理和施工的情况下,立面图可绘制一半,一再对称画出对称符号。由于比例较小,立面图中许多细部(如门窗等),往往只用图例表示。

(一)图示内容

建筑立面图内应包括投影方向可见的建筑外轮廓线和建筑构造、构配件墙面做法以及必要的尺寸和标高等。主要内容如下。

① 图名、比例。立面图常用的比例为 1:50、1:100、1:200,通常采用与平面图相同的比例。

② 立面图两端的定位轴线及其编号。

③ 房屋在室外地平线以上的全貌。门、窗的形状和位置及其开启方向,其他构配件(如台阶、花台、雨篷、阳台、屋顶、檐口、雨水管等)的形式和位置。

④ 用图例、文字或列表说明外墙面、雨篷、阳台、窗台、勒脚和墙面分格线等的装修材料、色彩和做法。

⑤ 外墙各主要部位的标高,如室外地面、台阶、阳台、窗台、门窗顶、雨篷、檐口、屋顶等处完成面的标高,以及必须标注的局部尺寸。

⑥ 详图索引符号。

(二)绘制步骤

建筑立面图的绘制步骤一般如下所示。

首先,画室外地坪线、轴线、外墙轮廓线和屋面线。

其次,画门、窗洞上下口定位线,定门、窗的位置。

再次,画细部,如门窗、窗台、台阶、雨篷、花台、檐口、雨水管等。

再次,画尺寸线及标高位置线。

最后,经检查无误后,擦去多余的作图线,按施工图的要求加深图线,注明外装饰做法等,并标注标高,注写图名、比例及有关文字说明。

为了体现建筑物立面的不同层次,使其外形清晰和重点突出,在立面图中外墙和屋顶等最外轮廓线用粗实线绘制,门窗洞、窗台、雨篷、阳台、檐口、台阶和花台等轮廓线可用中粗实线绘制,其余细部,如门窗扇、雨水管和墙面分格线等均用细实线绘制,地坪线用特粗线(1.4b)绘制。

在绘制立面图时,其水平方向的尺寸参考平面图。

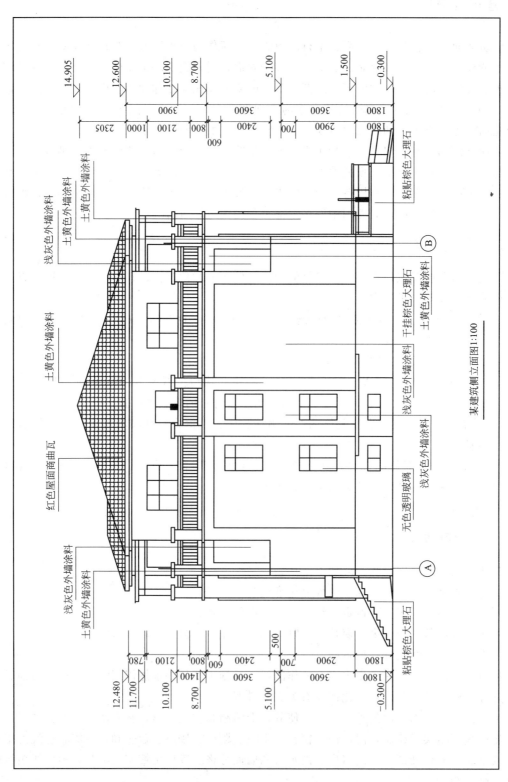

图 8-10 某建筑侧立面图

四、建筑剖面图

建筑剖面图是一个或多个假想的垂直于外墙轴线的铅垂剖切面，将房屋从上至下剖切开，移去剖切后的某一部分形体，将余下的部分向与剖切平面平行的投影面所作的正投影图，称为建筑剖面图，简称剖面图。

如图 8-11 所示，建筑剖面图可清楚表达出房屋内部的竖向构造情况，如楼层数、层高、楼板厚度、屋顶的坡度、墙柱的设置位置、门窗洞口高度、楼地面标高、室内外高差及房屋内部结构及各部位的相互关系等，是施工、概（预）算及备料的重要依据。

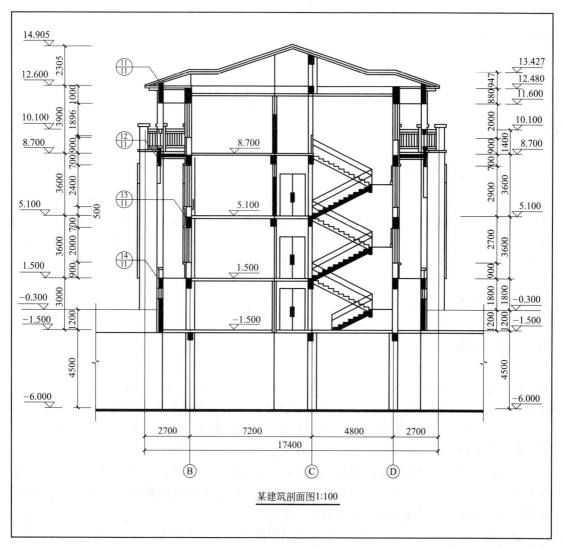

图 8-11　某建筑剖面图

（一）图示内容

建筑剖面图内应包括剖切到的和投射方向可见的建筑构造、构配件以及必要的尺寸、标高等。具体如下所示。

① 图名、比例。剖面图常用的比例为 1:50、1:100、1:200。剖面图的比例一般与平面图相同，但为了将图示内容表达得更清楚，也可采用较大的比例，如 1:50。

② 墙、柱及其定位轴线。

③ 剖切到的构配件，如室内外地面、各层楼面、屋顶、内外墙及其门窗、梁、楼梯梯段和楼梯平台、雨篷、阳台等，一般不画出地面以下的基础。

④ 未剖切到的可见构配件，如看到的墙面及其轮廓、梁、柱、阳台、雨篷、门、窗、踢脚、台阶、雨水管，以及看到的楼梯段和各种装饰等。

⑤ 竖直方向的尺寸和标高。尺寸主要标注室内外各部分的高度尺寸，包括室外地坪至房屋最高点的总高度、各层层高、门窗洞口高度及其他必要的尺寸。标高主要标注室内外地面、各层楼层、地下层地面与楼梯休息平台、阳台、檐口或女儿墙顶面、高出屋面的水箱顶面、烟囱顶面、楼梯间顶面、电梯面顶面等处的标高。

⑥ 楼地面、屋顶的构造、材料与做法可用引出线说明，引出线指向所说明的部分，并按其构造的层次顺序，逐层加以文字说明；也可另画剖面节点详图或在施工说明中注明，或注明套用标准图或通用图（必须注明所套用图集的名称及图号），故在 1:100 的剖面图中也可只示意性地表示其厚度。

⑦ 详图索引符号。

（二）绘制步骤

第一步应先画好室外地坪线、定轴线、楼面线、屋顶线，并画好墙身；第二步确定门、窗洞口的位置，楼板及屋面板的厚度，确定楼梯的位置，画楼梯轮廓线；第三步画细部，如门窗、楼梯、梁、板、台阶、雨篷、檐口、屋面等；第四步画尺寸线及标高位置线；第五步经检查无误后，擦去多余图线，按施工图的要求加深图线、画材料图例并注写标高、尺寸、图名、比例及有关文字说明。

剖面图的图线要求与平面图相同。

五、建筑详图

建筑详图是建筑细部的施工图。因为建筑平、立、剖面图一般采用较小的比例，因而某些建筑构配件（如门、窗、楼梯、阳台、各种装饰等）和某些建筑剖面节点（如檐口、窗台、明沟以及楼地面层和屋顶层等）的详细构造（包括式样、层次、做法、用料和详细尺寸等）都无法表达清楚。根据施工需要，必须另外绘制比例较大的图样，才能表达清楚，这种图样称为建筑详图（包括建筑构配件详图和剖面节点详图）。因此，建筑详图是建筑平面图、立面图、剖面图的补充。对于套用标准图或通用详图的建筑构配件和剖面节点，只要注明所套用图集的名称、编号或页次，就可不必再画详图。

建筑详图所画的节点部位，除应在有关的建筑平面图、立面图、剖面图中绘注出索引符号外，并需在所画建筑详图上绘制详图符号和写明详图名称，以便查阅。

（一）外墙身详图

外墙身详图实际上是外墙身剖面的局部放大图，如图 8-12 所示，它详尽地表示了外墙身从基础以上到屋顶各主要节点（如防潮层、勒脚、散水、窗台、门窗顶、地面、各层楼面、屋面、檐口、楼板与墙的连接，外墙的内外墙面装饰等）的构造和做法，是施工的重要依据。外墙身详图的常用比例为 1∶20、1∶50。

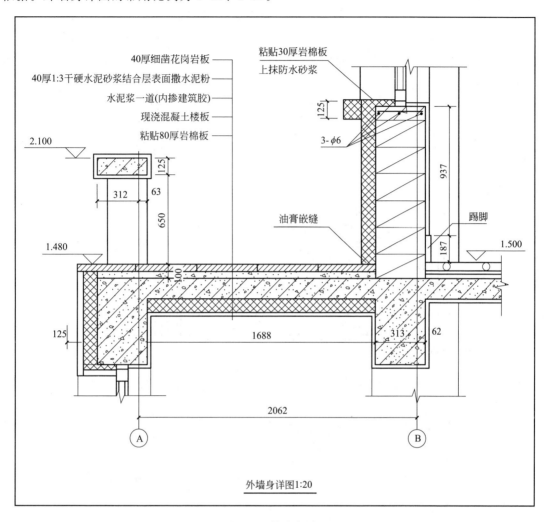

图 8-12　外墙身详图

外墙身详图通常绘制成外墙剖面节点详图。因比例较大，对于多层房屋，若中间各层的情况一致，构造完全相同，可只画出底层、顶层和一个中间层来表示。画图时，往往在窗洞中部以折断线断开，外墙身详图成为几个节点详图的组合。但在标注尺寸时，标高应在楼面和门窗洞上下口处用括号加注没有画出的楼层及相应的门窗洞上下口的标高，折断窗洞口的高度尺寸应按实际尺寸标注。

有时，也可不画整个墙身的详图，而在建筑剖面图外墙上各节点标注索引符号，将各节点的详图分别单独绘制。外墙剖面详图的线型要求与建筑剖面图的线型要求基本相同，但因比例较大，需画出材料图例。

（二）楼梯详图

楼梯是多层房屋上下交通的主要设施，除了要满足行走方便和人流疏散畅通外，还应有足够的坚固耐久性和安全性。目前多采用现浇钢筋混凝土楼梯。楼梯是由楼梯段（简称梯

第八章　房屋建筑工程图　　151

段，包括踏步、梯板或斜梁）、平台（包括平台板和梁）和栏板（或栏杆）等组成。

楼梯的结构比较复杂，细小的部位较多。虽然在建筑剖面图中一般都画出楼梯的结构，但因比例较小，一些细部结构、尺寸、工艺要求等需要用详图来补充表达。楼梯详图主要表示楼梯的类型、结构形式、各部位的尺寸及装修方法，是楼梯施工放样的主要依据。

如图 8-13 所示，楼梯详图一般包括平面图、剖面图及踏步、栏板详图等，尽可能画在

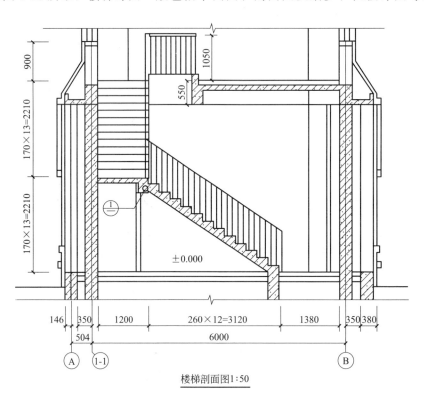

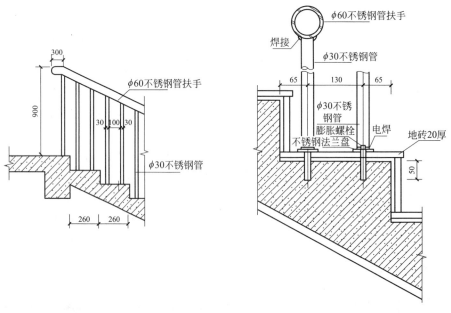

图 8-13　楼梯详图

同一张图纸内。平面图和剖面图的比例要一致，以便对照阅读。踏步和栏板详图的比例要大些，表达清楚该部分的构造情况和尺寸。

楼梯详图一般分建筑详图与结构详图，分别绘制并编入"建施"和"结施"中。但一些构造和装修较简单的现浇钢筋混凝土楼梯，其建筑和结构详图可合并绘制，编入"建施"或"结施"均可。

（三）木门窗详图

各地区一般都有各种不同规格的木门窗的标准图，供设计者选用。在设计中若采用标准图，只要用索引符号注明详图所在标准图集中的编号。

木门窗详图一般采用立面图、节点详图、断面图等表示。

(1) 立面图

立面图的比例一般为 1:20、1:30 等，只表示窗的外形、开启方式及方向、主要尺寸和节点详图索引符号等内容。

立面图尺寸一般有三道：第一道为窗洞口尺寸；第二道为窗框外包尺寸；第三道为窗扇、窗框尺寸。窗洞口尺寸应与建筑平面图、剖面图的窗洞口尺寸一致。窗框和窗扇尺寸均为成品的净尺寸。立面图上的线型，除轮廓线用中实线外，其余均用细实线。

(2) 节点详图

一般画出剖面图和安装图，并分别注明详图符号，以便与窗立面图相对应。节点详图比例较大，能表示各窗料的断面形状、定位尺寸、安装位置和窗扇、窗框的连接关系等内容。

(3) 断面图

用较大比例（如 1:5、1:2）将窗的断面形状单独画出，注明断面上各截口的尺寸，以便下料加工。有时，为了减少工作量，往往将断面图与节点详图结合画在一起。

第三节　结构施工图

建筑物是由许多结构构件（如基础、梁、板、柱、墙、楼梯、屋架等）所组成的。这些结构件承受建筑物的荷载并将荷载传递给基础下面的地基。一幢建筑物的施工图除了进行建筑设计，还需进行结构设计。结构设计是在建筑设计的基础上，根据建筑物的使用要求和作用在建筑构件上的荷载，选择合理的结构类型，进行结构布置，通过力学和结构计算，确定各构件的截面形状、大小、材料及构造。将结构设计的结果按国家制图标准绘制出来的图样，就称为结构施工图，简称"结施图"。结构施工图按《建筑结构制图标准》（GB/T 50105—2010）绘制。

结构施工图是进行构件制作、结构安装、指导施工、编制预算和施工进度等的重要依据。结构施工图内容通常包括结构设计总说明、基础图、结构布置图和构件详图。

一、基础图

基础图是表示建筑物室内地面以下基础部分的平面布置和详细构造的图样，它是施工放

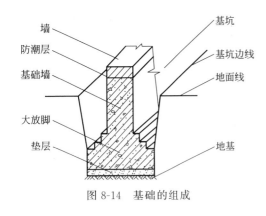

图 8-14 基础的组成

线、开挖基坑和施工基础的依据。基础是建筑物地面以下承受房屋全部荷载的构件,它把房屋的各种荷载传递给地基,起到承上启下的作用。

基础的组成如图 8-14 所示。地基是指基础底下天然的或经过加固的土壤。基坑是为了基础施工而在地面上开挖的土坑,坑底即基础的底面。埋入地下的墙称为基础墙。基础墙与垫层之间做成阶梯形的砌体称为大放脚。防潮层是基础墙上防止地下水对墙体侵蚀的一层防潮材料。基础埋置深度是指室内地面(±0.000)至基础底面的深度。由于地基的承载能力往往小于通过基础材料(如砖、混凝土、钢筋混凝土等)传递过来的荷载强度,为了保证地基的土壤结构不受破坏和控制房屋的沉陷,基础的底面必须根据结构计算结果作相应的放大处理。

根据上部结构形式和地基承载能力的不同,基础常见的形式有条形基础、单独基础、片筏基础和箱形基础等。如图 8-15 所示的是最常见的墙下条形基础和柱下单独基础。

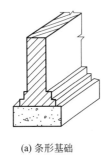

(a) 条形基础

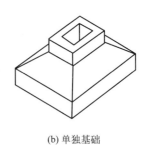

(b) 单独基础

图 8-15 基础的形式

根据基础所用材料的不同,基础又可分为砖石基础、混凝土基础和钢筋混凝土基础等。基础图一般包括基础平面图和基础断面详图。

(一)基础平面图

基础平面图是假想用一平面剖切面沿房屋的底层地面将房屋剖切开,将剖切面以上的部分移去,在基础回填土前所作的基础水平投影图。

由于地基的承载能力往往小于通过基础材料(如砖、混凝土、钢筋混凝土等)传递过来的荷载强度,为了保证地基的土壤结构不受破坏和控制房屋的沉陷,基础的底面必须根据结构计算结果作相应的放大处理。

基础平面图的比例通常与建筑平面图相同,常用比例为 1:50、1:100、1:200 等,基础平面图的轴线也应与建筑平面图一致。

通常,绘制基础平面图主要包括定位轴线及编号、基础平面的形状及总长总宽等尺寸、基础梁柱墙的平面布置、不同断面的剖切位置及编号、必要的文字说明及管沟、设备孔洞位置等内容。在基础平面图中,一般只画出基础墙和基础底面;梁与墙身的投影重合时,梁可用单线结构构件绘出;基础的细部形状和尺寸用基础详图表示,此处略去不画。在基础平面图中，基础墙的墙身用粗实线表示，基础底面用中实线表示，如图 8-16 所示。

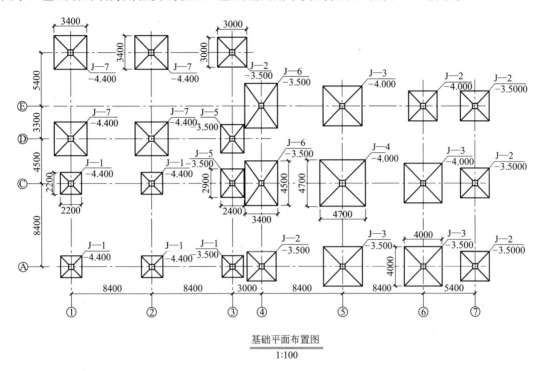

图 8-16 基础平面图

（二）基础断面详图

基础断面详图主要表示基础的断面形状、尺寸、材料和做法。

基础断面详图应尽可能与基础平面图画在同一张图纸上，以便对照施工。对于每一种基础，都有其相应的基础详图。基础详图的常用比例为 1:20。

基础断面详图应画出基础平面图相对应的定位轴线及其编号（若为通用断面图，则轴线圆圈内不予编号），画出基础断面的形状、大小、材料及构造等。在基础断面详图中一应标注出基础断面各部分的详细尺寸和室内外地坪、基础垫层底面的标高，同时一般还用局部剖切法表示基础配筋情况。剖切到的砖墙轮廓线用粗实线绘制，轮廓线内部用细实线画出其材料图例，室内外地坪线用 1.4b 粗实线绘制，如图 8-17 所示。

二、结构平面图

（一）概述

建筑物各构件平面布置的图样，称为结构平面图，包括基础平面图、楼层结构平面布置图、屋面结构平面布置图。这里仅介绍民用建筑的楼层结构平面布置图。

（二）图示方法和内容

结构平面图的图示方法和主要内容有以下几点。

① 图名、比例。楼层结构平面布置图的常用比例为 1:50、1:100 和 1:200。

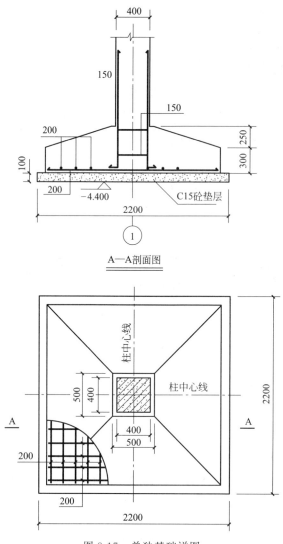

图 8-17 单独基础详图

② 定位轴线及其编号。楼层结构平面布置图中的定位轴线及其编号应与建筑平面图一致。

③ 墙、柱、梁等构件的位置和编号，门窗洞口的布置。

④ 预制板的跨度方向、数量、代号、型号或编号。

⑤ 现浇板的钢筋配置。

⑥ 门窗洞过梁的编号。

⑦ 轴线间尺寸和构件的定位尺寸，各种梁、板的底面结构标高。

⑧ 有关剖切符号或详图索引符号。

⑨ 施工说明，附注注明选用各种材料标号、板厚等。

三、建筑结构平面施工图的整体表示法

建筑结构施工图平面整体表达方法，简称"平法"制图。如前文所述，其表达方式是把

结构构件的尺寸和配筋等整体直接表达在各类构件的结构平面布置图上,再与标准构造详图相配合,即构成一套新型完整的构造设计施工图,改变了传统的将构件从结构平面布置图中索引出来,再绘制配筋详图的繁琐方法。

按平面设计绘制的施工图由各类结构构件的平法施工图和标准构造详图两大部分构成。包括构件平面布置图和用表格表示的建筑物各层层号、标高、层高表,标准构造详图一般采用标准图集。按平面设计绘制结构施工图时,必须根据具体工程设计,按照各类构件的平法制图规则,在按结构(标准)层绘制的平面布置图上直接表示各构件的尺寸、配筋和所选用的标准构造详图。出图时,宜按基础、柱、梁、板、楼梯及其他构件的顺序排列。

在平面布置图上表示各构件尺寸和配筋的方式,有平面注写、列表注写和截面注写三种。按平面设计绘制的结构施工图,应将所有柱、墙、梁构件进行编号,编号中含有构件代号和序号。

(一)梁平法施工图

梁平面施工图是梁平面布置图上采用平面注写方式或截面注写方式表达的梁配筋图。

(1)平面注写方式

平面注写方式是在梁平面布置图上分别在不同编号的梁中各选一根梁,在其上面注写截面尺寸和配筋具体数值的方式表达梁平面施工图。

平面注写包括集中标注和原位标注。集中标注表达梁的通用数值,原位标注表达梁的特殊数值。当集中标注中某项数值不适用于梁的某部位时,则将该数值原位标注。施工时,原位标注取值优先,如图 8-18 所示。

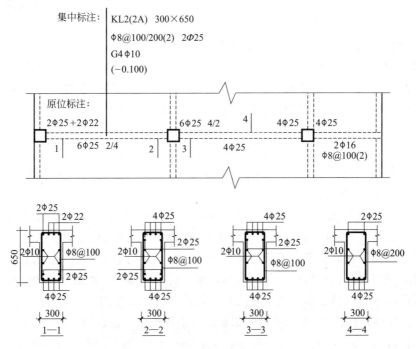

图 8-18 梁平面整体配筋图平面注写方式

梁集中标注的内容为五项必注值和一项选注值。五项必注值分别如下所示。

① 梁编号,按照表 8-3 进行编号标注。

表 8-3 梁编号规则表

梁类型	代号	序号	跨数及是否带有悬挑
楼层框架梁	KL	XX	(XX)、(XXA)或(XXB)
屋面框架梁	WKL	XX	(XX)、(XXA)或(XXB)
框支梁	KZL	XX	(XX)、(XXA)或(XXB)
非框架梁	L	XX	(XX)、(XXA)或(XXB)
悬挑梁	XL	XX	(XX)、(XXA)或(XXB)
井字梁	JZL	XX	(XX)、(XXA)或(XXB)

表格中，(XXA) 为一端有悬挑，(XXB) 为两端有悬挑，悬挑不计入跨数。例 KL7（5A）表示第 7 号框架梁，5 跨，一端有悬挑；L9（7B）表示第 9 号非框架梁，7 跨，两端有悬挑。

② 梁截面尺寸，当为等截面梁时，用 $b×h$ 表示；当为加腋梁时，用 "$b×h$ Yc_1×c_2" 表示，其中 c_1 为腋长，c_2 为腋高；当有悬挑梁且根部和端部的高度不同时，用斜线分隔根部与端部的高度值，即为 $b×h_1/h_2$。

③ 梁箍筋，包括钢筋级别、直径、加密区与非加密区间距及肢数，该项为必注值。箍筋加密区与非加密区的不同间距及肢数需用斜线"/"分隔；当梁箍筋为同一种间距及肢数时，则不需用斜线；当加密区与非加密区的箍筋肢数相同时，则将肢数注写一次；箍筋肢数应写在括号内。

例如，Φ10@100/200(4)，表示箍筋为Ⅰ级钢筋，直径 10mm，加密区间距为 100mm，非加密区间距为 200mm，均为四肢箍；Φ8@100(4)/150(2)，表示箍筋为Ⅰ级钢筋，直径 8mm，加密区间距为 100mm，四肢箍；非加密区间距为 150mm，两肢箍。

当抗震结构中的非框架梁、悬挑梁、井字梁，及非抗震结构中的各类梁采用不同的箍筋间距及肢数时，也用斜线"/"将其分隔开来。注写时，先注写梁支座端部的箍筋（包括箍筋的箍数、钢筋级别、直径、间距与肢数），在斜线后注写梁跨中部分的箍筋间距及肢数。

例如，13Φ10@150/200(4)，表示箍筋为Ⅰ级钢筋，直径 10mm；梁的两端各有 13 个四肢箍，间距为 150mm；梁跨中部分间距为 200mm，四肢箍。18Φ12@150(4)/200(2)，表示箍筋为Ⅰ级钢筋，直径 12mm；梁的两端各有 18 个四肢箍，间距为 150mm；梁跨中部分，间距为 200mm，双肢箍。

④ 梁上部通长筋或架立筋配置（通长筋可为相同或不同直径采用搭接连接、机械连接或对焊连接的钢筋），该项为必注值。所注规格与根数应根据结构受力要求及箍筋肢数等构造要求而定。当同排纵筋中既有通长筋又有架立筋时，应用加号"+"将通长筋和架立筋相连。注写时必须将角部纵筋写在加号的前面，架立筋写在加号后面的括号内，以示不同直径及其与通长筋的区别。当全部采用架立筋时，则将其写入括号内。

⑤ 梁侧面纵向构造钢筋或受扭钢筋配置。梁顶面标高为选注值。

(2) 截面注写方式

截面注写方式是在分标准层绘制的梁平面布置图上分别在不同编号的梁中各选择一根梁剖面号引出配筋图，并在其上注写截面尺寸和配筋具体数值的方式表达梁平法施工图，如图 8-19 所示。

层号	标高/m	层高/m
屋面2	65.675	
塔层2	62.370	3.30
屋面1(塔层1)	59.070	3.30
16	55.470	3.60
15	51.870	3.60
14	48.270	3.60
13	44.670	3.60
12	41.070	3.60
11	37.470	3.60
10	33.870	3.60
9	30.270	3.60
8	26.670	3.60
7	23.070	3.60
6	19.470	3.60
5	15.870	3.60
4	12.270	3.60
3	8.670	3.60
2	4.470	4.20
1	−0.030	4.50
−1	−4.530	4.50
−2	−9.030	4.50

结构层楼面标高
结构层高

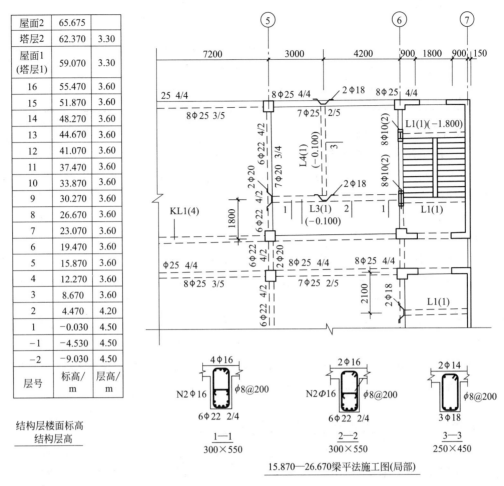

图 8-19 梁平法施工图截面注写方式

（二）柱平面施工图

柱平法施工图是在柱平面布置图上采用列表法和截面注写法表达。柱平面布置图，可采用适当比例单独绘制，也可与剪力墙平面布置图合并绘制。在柱平法施工图中，应按规定注明各结构层的楼面标高、结构层高及相应的结构层号。

（1）列表注写方式

列表注写方式是在柱平面不知他上分别在同一编号的柱中选择一个截面标注几何参数代号；在柱表中注写柱号、柱段起止标高、几何尺寸和配筋的具体数值，并配以各种柱截面形状及其箍筋类型图的方式表达柱平法施工图，如图 8-20 所示。

柱表注写内容规定如下所示。

① 柱编号由类型代号和序号组成，具体如表 8-4 所示。

表 8-4 柱编号规则表

柱类型	代号	序号
框架柱	KZ	XX
框支柱	KZZ	XX

第八章 房屋建筑工程图

柱类型	代号	序号
芯柱	XZ	XX
梁上柱	LZ	XX
剪力墙上柱	QZ	XX

② 注写各段柱的起止标高，自柱根部往上以变截面位置，或截面未变但配筋改变处为界分段注写。框架柱和框支柱的根部标高系指基础顶面标高；芯柱的根部标高系指根据结构实际需要而定的起始位置标高；梁上柱的根部标高系指梁顶面标高；剪力墙上柱的根部标高分两种：当柱纵筋锚固在墙顶部时，其根部标高为墙顶面标高；当柱与剪力墙重叠一层时，其根部标高为墙顶面往下一层的结构层楼面标高。

③ 对于矩形柱，注写柱截面尺寸 $b \times h$ 及轴线关系的几何参数代号 $b1$、$b2$ 和 $h1$、$h2$ 的具体数值，必须对应于各段柱分别注写。其中 $b=b1+b2$，$h=h1+h2$。当截面的某一边收缩变化至与轴线重合或偏到轴线的另一侧时，$b1$、$b2$、$h1$、$h2$ 中的某项为零或为负值。对于圆柱，表中 $b \times h$ 一栏改用在圆柱直径数字前加 d 表示。为表达简单，圆柱截面与轴线的关系也用 $b1$、$b2$ 和 $h1$、$h2$ 表示，并使 $d=b1+b2=h1+h2$。

对于芯柱，根据结构需要，可以在某些框架柱的一定高度范围内，在其内部的中心位置设置（分别引注其柱编号）。芯柱截面尺寸按构造确定，并按标准构造详图施工，设计不注；当设计者采用与本构造详图不同的方法时，应另行注明。芯柱定位随框架柱走，不需要注写其与轴线的几何关系。

④ 注写柱纵筋。当柱纵筋直径相同，各边根数也相同时（包括矩形柱、圆柱和芯柱），将纵筋注写在"全部纵筋"一栏中；除此之外，柱纵筋分角筋、截面 b 边中部筋和 h 边中部筋三项分别注写（对于采用对称配筋的矩形截面柱，可仅注写一侧中部筋，对称边省略不注）。

⑤ 注写箍筋类型号及箍筋肢数，在箍筋类型栏内注写绘制柱截面形状及其箍筋类型号。

⑥ 注写柱箍筋，包括钢筋级别、直径与间距。例如，$\phi 10@100/250$ 表示箍筋为Ⅰ级钢筋，直径 10mm，加密区间距为 100mm，非加密区间距为 250mm。当箍筋沿柱全高为一种间距时，则不使用"/"线。例如 $\phi 10@100$ 表示箍筋为Ⅰ级钢筋，直径 10mm，间距为 100mm，沿柱全高加密。

当圆柱采用螺旋箍筋时，需在箍筋前加"L"。例如 L$\phi 10@100/200$，表示采用螺旋箍筋，Ⅰ级钢筋，直径 10mm，加密区间距为 100mm，非加密区间距为 200mm。

（2）截面注写方式

柱平法施工图截面注写方式是在分标准层绘制的柱平面布置图的柱截面上，分别在同一编号的柱中选择一个截面，以直接注写截面尺寸和配筋具体数值的方式来表达柱平法施工图。

对除芯柱之外的所有柱截面按表 8-4 规定进行编号，从相同编号的柱中选择一个截面，按另一种比例原位放大绘制柱截面配筋图，并在各配筋图上继其编号后再注写截面尺寸 $b \times h$、角筋或全部纵筋（当纵筋采用一种直径且能够图示清楚时）、箍筋的具体数值，以及在柱截面配筋图上标注柱截面与轴线关系 $b1$、$b2$、$h1$、$h2$ 的具体数值，如图 8-21 所示。

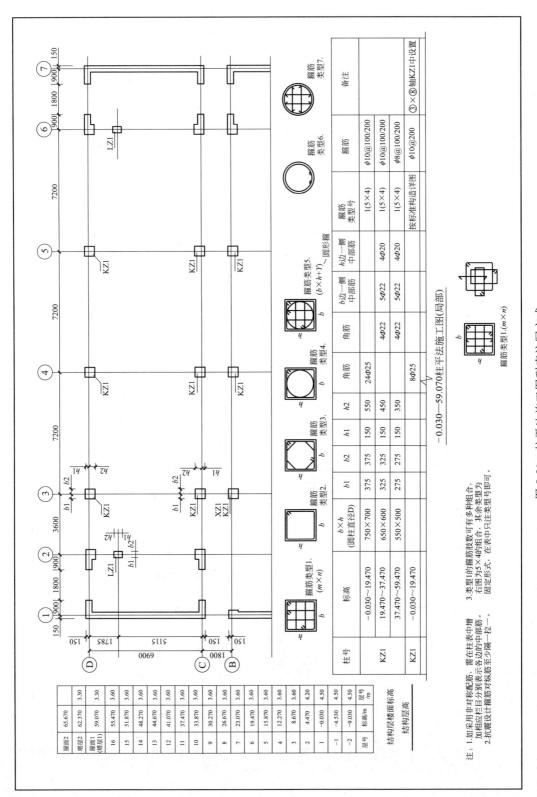

图 8-20 柱平法施工图列表注写方式

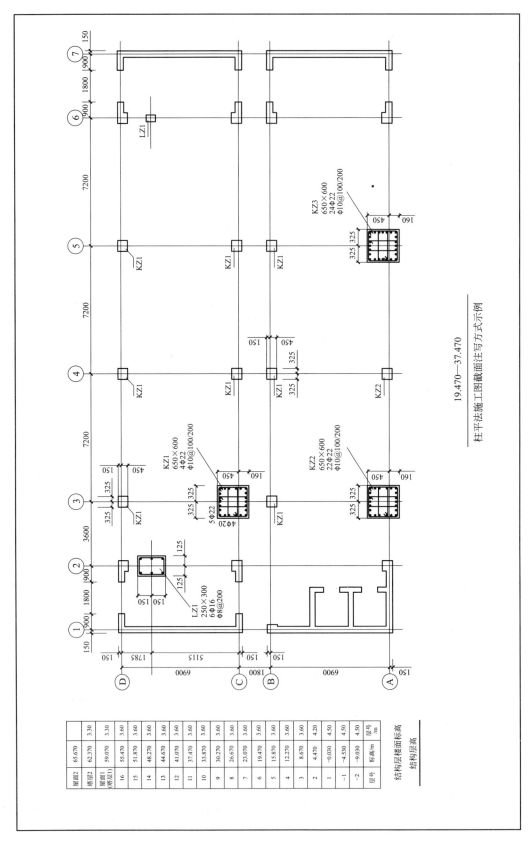

图 8-21 柱平法施工图截面注写方式

第四节 设备施工图

在现代化建筑中,除了给水排水、电器照明外,还有空调、电话通信、有线电视、保安防盗等设备系统,设备施工图就是表达这些设备系统的组成、安装等内容的图样。

一、室内给水排水工程图

室内给水排水工程图是房屋设备施工图的一个重要组成部分,它包括设计总说明、给水排水管网平面布置图、给水排水系统图、详图等几部分。主要用于解决室内给水及排水方式、所用材料及设备的规格型号、安装方式及安装要求、给水排水设施在房屋中的位置以及建筑结构的关系、与建筑中其他设施的关系等一系列内容,是重要的技术文件。

室内给水排水系统由室内给水系统和室内排水系统两部分组成。室内给水是指自建筑物的给水引入管至室内各用水及配水涉水段,称为室内给水系统。室内排水是指将室内各用水点使用后的污(废)水和屋面雨水排至室外的检查井、化粪池部分,称为室内排水系统。

室内给水排水施工图中一些构件、设施、管线均通常用图例表示。图例符号应按照《建筑给水排水制图标准》(GB/T 50106—2010)绘制。

二、暖通空调工程图

为了改善建筑物内人们的生活和工作条件以及满足某些生产工艺、科学实验的环境,常需要在建筑物中安装暖通空调设施,即暖通空调工程,一般分为采暖工程和通风空调工程两部分。

采暖工程是将热能通过管网从热源输送到各个房间,在室内通过散热器将热量散发,使房屋内部在寒冷的天气下仍能保持一定的温度。采暖的方式按热媒不同一般可分为热水采暖和蒸汽采暖。

通风空调工程是利用空气处理器、风机、风管、风口等一系列的设备和装置将室内潮湿的或有害气体排至室外,并将新鲜的或经过处理的空气送入室内。能使房屋内部的空气保持恒定的温度、湿度、清洁度,这是一种全面的通风系统,也称空气调节。

采暖施工图(室内部分)和通风空调施工图也是房屋建筑工程图的组成部分,主要包括平面图、剖面图、系统图、详图等。

暖通空调专业制图应遵守国家制定的《暖通空调制图标准》(GB/T 50114—2010),还应符合《房屋建筑图统一标准》(GB/T 50001—2010)以及国家现行的有关强制性标准的规定。

三、建筑电气施工图

建筑电气施工图主要是用来表达建筑中电气工程的构成、布置和功能,描述电气装置的工作原理，提供安装技术数据和使用维护依据。

建筑电气施工图主要包括照明工程施工图、变配电所施工图、动力系统施工图，另外还有电气设备控制电路图、防雷与接地工程施工图等。本书仅介绍室内照明施工图的有关内容和表达方法。

电气设备是指利用电工技术和电子技术实现的某些满足人们需求的电工、电子设备和系统。建筑电气设备系统的内容一般可以分为供配电系统和用电系统。民用建筑电气包括室内照明、家用电器设备插座和电子设备系统（也称为弱电系统，主要有电信、有线电视、自动监控等）。室内照明与家用电器插座可以作为一个系统，而自动监控、电话、有线电视、宽带则是各自独立的系统。工业建筑还需要配备动力供电系统。

（一）室内电气照明系统的组成

室内电气照明系统由灯具、开关、插座、配电箱和配电线路组成。

灯具：由电光源和控制器组合而成。电光源有荧光灯管、LED 灯等。控照器俗称灯罩，是光源的配套设备，用来控制和改变光源的光学性能并能起到美化、装饰和安全的作用。

开关：用来控制电器照明。

插座：主要用来插接移动电气设备和家用电气设备。

配电箱：主要用来非频繁地操作电气照明线路，并能对线路提供短路保护或过载保护。

配电线路：在照明系统中配电线路所用的导线一般是塑料绝缘电线，按敷设方式分为明线和暗线，现代建筑室内最常用的是线管和桥架式配线。

（二）室内电气照明施工图的有关规定

（1）图线

电气照明施工图对于各种图线的运用应符合表 8-5 中的规定。

表 8-5 电气施工图中常用的线型

名称	用途说明
粗实线	基本线、可见导线、一次线路、主要线路
细实线	二次线路、一般线路
虚线	辅助线、不可见轮廓线、不可见导线、屏蔽线等
单点划线	控制线、分界线、功能围框线、分组围框线等
双点划线	辅助围框线、36V 以下线路等

（2）安装标高

在电气施工图中，线路和电气设备的安装高度需要标注标高，通常采用与建筑施工图相统一的相对标高，或者相对本层地面的相对标高。如某建筑电气施工图中标注的总电源进线安装高度为 4.5m，是指相对建筑基准标高 ±0.000 的高度；某插座安装高度 0.6m，是指相对于本层楼地面的高度，一般表示为 $nF+0.6m$。

（3）指引线

在电气工程图中，为了标记和注释图样中的某些内容，需要用指引线在旁边加上简短的文字说明。指引线一般为细实线，指向被注释的部位，并且根据注释内容的不同，在指引线所指向的索引部位加上不同的标记：如指向轮廓线内，加一个圆点。

（4）图形符号和文字符号

在建筑电气施工图中，各种电气设备、元件和线路都使用统一的图形符号和文字符号表示。应按照国家相关标准规定绘制，一般不允许随意进行修改。对于标准中没有的符号可以在标准的基础上派生出新的符号，但要在图中明确加注说明。图形符号的大小一般不影响符号的含义，根据图面布置的需要也允许将符号按倍数旋转或成镜像放置，但文字和指向不能倒置。

第九章 水利工程图与道路工程图

★【学习目的】通过对本章知识的学习，培养学生识读及绘制水利工程和道路工程专业图的能力。本章应掌握水利工程和道路工程图的表达方法和标注，以及绘图的方法和步骤。

★【学习要点】水利工程和道路工程图的表达方法和标注；水利工程图常见曲面的表达；水利工程图和道路工程图绘制的方法。

第一节 水利工程图

为了达到防洪、灌溉、发电、航运和供水等目的，充分利用和控制自然界的水资源，通常需要修建不同类型的建筑物，用于挡水、泄水、输水、排沙等，这些工程设施称为水工建筑物。一项水利工程，常从综合利用水资源出发，同时修建几个相互联系但作用不同的建筑物，这种互相协同工作的建筑物群称为水利枢纽。

表达水利水电工程建筑物的图样称为水利工程图，简称水工图。由于水工建筑物的种类繁多，而且水利工程涉及的专业面较广，因此初学者需要对水工建筑物及其结构特点有所了解。本节对此作简要介绍。

一、水工建筑物中常见结构及其作用

水闸是最常见、结构较典型性的水工建筑物，各种过水建筑物（如涵洞、船闸、溢洪道等）的结构组成与水闸有许多相似之处。图9-1是一种较常见的水闸结构沿纵轴线剖开后的轴测图，它反映了一般过水建筑物的结构特点。

从水工建筑物的工作、使用以及建造要求出发，在水工建筑物中常设置以下一些结构。

(1) 上、下游翼墙

过水建筑物的进出口处两侧的导水墙，在工程中称为翼墙。其上游翼墙的作用是引导水流平顺地进入闸室，下游翼墙的作用是将出闸的水流均匀地扩散，使水流平稳地进入下游河渠，减少冲刷。常见的翼墙形式有：圆弧式翼墙（如图9-1中的上游翼墙）、扭曲面翼墙和

斜墙式翼墙（又称八字墙，如图 9-2 所示）。

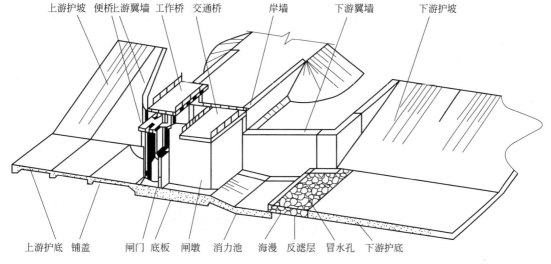

图 9-1 水闸轴测图

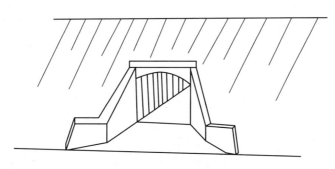

图 9-2 涵洞斜墙式翼墙

（2）铺盖

如图 9-1 所示，铺盖是铺设在上游河床上面的（一般用浆砌块石铺设的）一层防冲、防渗层，它紧靠闸室或坝体，其作用是减少水流渗透，保护上游河床和闸室、坝基础，提高闸、坝的稳定性。

（3）闸室

如图 9-1 所示，闸室是过水建筑物中用于控制水流和连接两岸的结构物，主体结构由闸墙（墩）、底板构成，闸门和胸墙用以挡水，同时还设置有工作桥用以安装和操作闸门启闭设备和交通桥用以连接两岸交通。

（4）护坦及消力池

经闸、坝下泄的水流具有很大的冲击力，为防止水流对下游河床的冲刷，在紧接闸、坝的下游侧，常设置有钢筋混凝土（或浆砌块石）消力池。如图 9-1 所示，下泄水流在消力坎的作用下，产生水跃，消耗水流能量。消力池的底板称为护坦，上设排水孔，用以排除闸、坝基础的渗透水，降低底板所承受的渗透压力。

（5）海漫及防冲槽（或防冲齿坎）

经消力池消能的水流仍保持有一定的能量，因此常在消力池下游的河床上再铺设一段块石护底，以保护河床并消除水流余能，这段护底称为海漫，如图 9-1 所示。海漫末端常设有干砌块石防冲槽或防冲齿坎，以防止海漫与河床交接处的冲刷破坏。

(6) 廊道

廊道是在混凝土坝或船闸闸首中，为了灌浆、排水、输水、观测、检查及交通等需要而设置的结构，如图9-3所示。

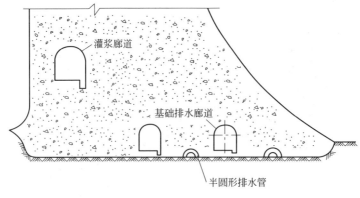

图 9-3　廊道断面图

(7) 分缝

对于较长的或大体积的混凝土建筑物，为防止因温度变化或地基不均匀沉陷而引起的裂缝和断裂现象，一般需要人为地设置结构分缝（伸缩缝或沉陷缝）。图9-4所示为混凝土大坝的分缝。

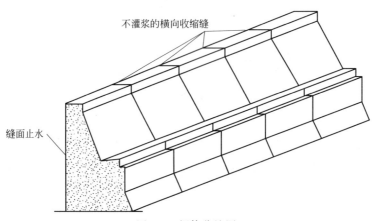

图 9-4　坝体分缝图

(8) 分缝中的止水

为防止水流的渗透，在水工建筑物的分缝处一般都设置有止水结构，其材料有金属止水片、油毛毡、沥青、麻丝和沥青芦席等。图9-5所示为常见的止水结构的做法。

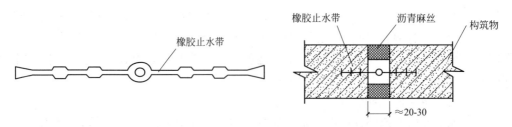

图 9-5　分缝止水结构做法

二、水工图的分类

水利枢纽工程的建筑设计一般需要经过规划、初步设计、技术设计和施工设计几个阶段，各设计阶段均需绘出相应的图样。根据工程的复杂程度和设计阶段的不同，水工图主要有：工程位置图（包括灌溉区规划图）、枢纽布置图（总体布置图）、结构图、施工图和竣工图。

（1）工程位置图

工程位置图主要表示水利枢纽所在的地理位置、朝向，与枢纽有关的河流、公路、铁路的位置和走向，重要建筑物和居民点的分布情况等。其特点是图示的范围大，绘图比例小，一般比例为 1∶5000～1∶10000，甚至更小，建筑物常采用图例表示。

（2）枢纽布置图

枢纽布置图主要表示整个水利枢纽在平面和立面的布置情况。枢纽布置图一般包括以下的内容。

① 水利枢纽所在地区的地形、河流及流向、地理方位（指北针）等。

② 各建筑物的相互位置关系。

③ 建筑物与地面的交线、填挖方边坡线。

④ 铁路、公路、居民点及有关的重要建筑物。

⑤ 建筑物的主要高程、定位点（轴线）和主要轮廓尺寸。

枢纽布置图有以下特点。

① 枢纽平面布置图必须画在地形图上。在一般情况下，枢纽平面布置图画在立面图的下方，有时也可以画在立面图的上方或单独画在一张图纸上。

② 为了突出建筑物主体，一般只画出建筑物的主要结构轮廓线，而次要轮廓线和细部构造省略不画或用示意图表示这些构造的位置、种类和作用。

③ 图中一般只标注建筑物的外形轮廓尺寸及定位尺寸、主要部位的高程、填挖方坡度等。

（3）建筑物结构图

结构图是以枢纽中某一建筑物为对象的工程图，一般包括结构布置图、分部和细部构造图、钢筋混凝土结构图、钢结构图和木结构图等。

建筑物结构图一般包括下列内容。

① 建筑物的结构形状、尺寸及材料。

② 建筑物各构件的构造及分部、细部的构造、尺寸及材料。

③ 工程地质情况，地基处理方案及建筑物与地基的连接方式。

④ 相邻建筑物之间的连接方式。

⑤ 附属设备的位置。

⑥ 建筑物的工作条件，如上、下游各种设计水位、水面曲线等。

结构图必须把建筑物的结构形状、尺寸大小、材料及相邻结构的连接方式等都表达清楚。因此，视图所选用的绘图比例较大，一般为 1∶5～1∶200（在表达清楚的前提下，应尽量选用比较小的比例，以减小图纸幅面）。

（4）施工图

施工图主要表达水利工程的施工组织、施工方法和施工程序等情况。如反映施工场地的施工总平面布置图，反映施工导流方法的施工导流布置图，反映建筑物基础开挖和料场开挖的开挖图，反映混凝土分期分块的浇筑图，反映建筑物内钢筋配置、用量的钢筋图，反映建筑物施工方法和流程的施工进程图等。

三、视图配置及表达方式

（一）视图的基本表达方式

在水工图中，俯视图称为平面图，主视图和左（右）视图称为立面图。人站在上游，面向建筑物作投射，所得的视图称为上游立面图；站在下游，面向建筑物作投射，所得的视图称为下游立面图。

当面向下游站立时，人的左手侧称为左岸，右手侧称为右岸。因此有时也用左右岸命名视图。

沿建筑物纵轴线方向称为纵向，垂直于纵轴线方向称为横向。

由于水工建筑物在工作状态时，许多结构被土层覆盖，而内部结构较复杂，所以应用剖视图、断面图表达较多。图 9-6 所示为一陡坡结构图，采用了平面图和 $A—A$、$B—B$ 两个剖视图来进行表达，$A—A$ 剖视图也称为纵剖视图。

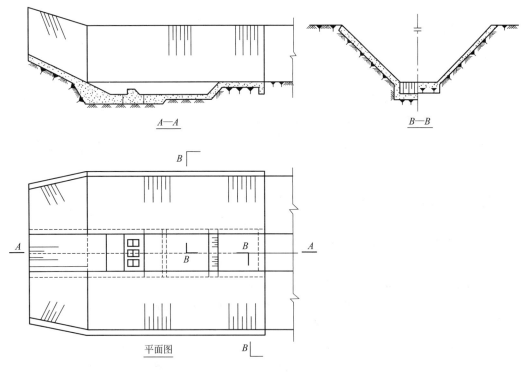

图 9-6　陡坡结构图

视图应尽可能按投影关系配置，并且习惯上按照水流方向由左向右或由后向前布置图形。为了便于看图，每个视图都应标注图名，图名统一标注在视图的下方（或上方）中间，并且水平注写。

如图 9-7 中的平面图，前后对称，按局部视图规定可以只画一半，对称面以点划线表示,并在点划线两端标上对称符号(=)。有时为了图面布局合理和美观,也可将两个对称的视图各画一半合并在一起,对称面以点划线表示,标以对称符号,并分别标注相应的图名,如图 9-7 所示的上游立面图和下游立面图。

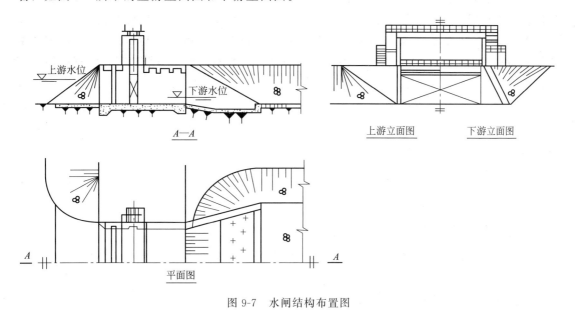

图 9-7 水闸结构布置图

(二)视图其他表达方式

(1) 展开剖视图

如图 9-8 所示,当建筑物的轴线是曲线或折线时,可以沿轴线剖切并将曲线展开成直线

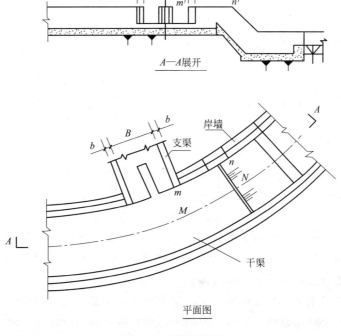

图 9-8 干渠布置图

后向投影面投射,所得的视图称为展开剖视图。标注时在图名后注写"展开"。

在图 9-8 中,因为干渠的中心线为圆弧,所以用沿中心线的圆柱面 $A—A$ 作为剖切面。作 $A—A$ 剖视图时,剖面区域的图形按真实形状展开,未剖切到的结构按法线方向展开到与投影面垂直后再投射。如平面中支渠闸墩中心线的点 M,它向剖切面的投射位置是 m;岸墙上的点 N,它向剖切面上的投射位置是 n。把 mn 展开,就可得到 mn 在展开剖视图中的投影 $m'n'$,$m'n'=mn>MN$。但为了看图和画图的方便,支渠闸墩和闸孔的宽度仍按实际宽度画出。

(2) 拆卸画法与掀开画法

当所要表达的结构被装配式部件或附属设备遮挡时,可假想将其拆去,把其余部分做投射,这种画法称为拆卸画法。有些水工建筑物岸墙背面、一字墙、下游翼墙背面被土层覆盖,为了清楚地表达这部分结构,可以假想将覆盖层掀开再作投射,使得这部分结构可见,这种画法被称为掀开画法。

(三)规定画法和简化画法

① 图样中的一些细小结构,当其均匀分布时可以简化绘制。如:进水闸中的排水孔,用符号"+"表示其分布情况。

② 图样中某些设备可以简化绘制。

③ 建筑物中有各种结构分缝线,如沉降缝、施工缝等,这些缝线处的表面虽然为一平面,在绘图时仍按轮廓线处理,规定用一条粗实线表示。

④ 当图样中的视图较复杂时,实线、虚线和点划线的线宽可分为粗、中粗、细三个等级,按建筑物中结构的重要性用不同粗细的图线表达,将建筑物的主要结构线如主体外轮廓线、剖视图的断面轮廓线等用粗实线画出,将次要结构线如廊道断面轮廓、闸门、工作桥板、楼梯板断面等用中粗线画出,将辅助设施结构线如桥栏杆等用细线画出。使得图样内容重点突出,主次分明。

⑤ 为了增强图样的直观性,水工图中的曲面应用细实线画出若干素线,斜坡面应画出示坡线。

四、水工图的尺寸标注

(一)基准面和基准点

水工建筑物是建造在地面上的,通常根据测量坐标系所建立的施工坐标系来确定各个建筑物在地面上的位置。施工坐标系一般是由三个互相垂直的平面构成的一个三维空间坐标体系。

第一个坐标面是水准零点的水平面,称为高程基准面,它由国家测量标准规定为黄海零点,图上不需说明。若沿用历史上各地区水准零点,如吴淞零点、塘沽零点、珠江零点等时,图样中应说明所采用的水准零点名称。

第二个坐标面是垂直于水平面的平面,称为设计基准面。大坝一般以通过坝轴线的铅垂面为设计基准面,水闸和船闸一般以通过闸中心线的铅垂面为设计基准面,码头工程一般以通过码头前沿的铅垂面为设计基准面。

第三个坐标面是垂直于设计基准面的铅垂面。

三个坐标面的交线是三条互相垂直的直线,构成单个建筑物的定位坐标系。在图样中通常只需用两个基准点确定设计基准面的位置,其余两个基准面即隐含在其中。图9-9所示为水库大坝及水电站的平面布置图,其基准点 M($x=253252.48$,$y=68085.95$)、N($x=253328.06$,$y=68126.70$)即确定了坝轴线和设计基准面的位置。x、y坐标值由测量坐标系测定,一般以米(m)为单位。有时也用施工坐标标识基准点,施工坐标系是为方便施工测量,经测量坐标换算后的工程区域坐标系,坐标值用 A、B 标识。

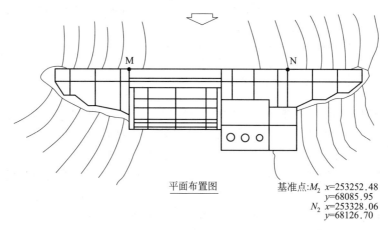

图 9-9　水电站平面布置图

(二)点线面的尺寸标注

工程图样中不仅需要标注形体的尺寸,而且还需要对点、线、面进行尺寸标注,如在平面布置图中对基准点、斜桩、开挖坡面的尺寸标注等,水工图除满足尺寸注法的国标规定外,其标准方法还应该满足表9-1中规定。

表 9-1　常见点线面的尺寸标注

几何元素	举例	图示及尺寸标注	说明
点	基准点	M　$x=25325248$　$y=6808595$	x、y值为测量坐标值,单位为米
		P　$A=10100$　$B=23000$	A、B值为施工坐标值,单位为米
		基1 / 20.400	高程基准点: 基1:基准点编号; 20.400:基准点高程

续表

几何元素	举例	图示及尺寸标注	说明
直线	斜桩	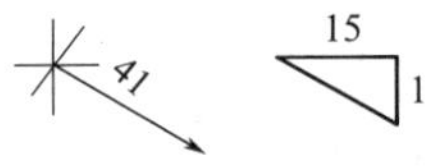	表示斜桩的方位及坡度,桩顶点定位尺寸另注
平面	开挖坡面	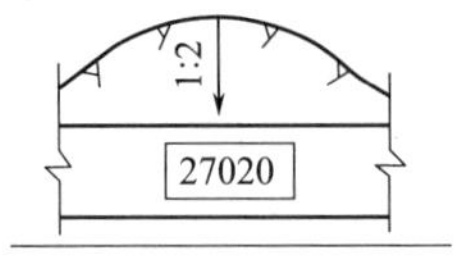	斜面用一条轮廓线及坡度线确定

(三) 长度尺寸与高度尺寸的标注

对于坝、涵洞、渠道、渡槽等较长的水工建筑物,沿轴线的长度尺寸一般采用"桩号"的方法进行标注,标注形式为"$k\pm m$",k 为公里数,m 为米数。起点桩号注成"0+000",起点桩号前注成"$k-m$"(如"0−200"),起点桩号之后注成"$k+m$"(如"1+200")。桩号数字一般沿垂直于轴线方向注写,且标注在轴线的同一侧。当轴线为折线时,转折点处的桩号应重复标注。

当同一图中几种建筑物均采用"桩号"标注时,可在桩号数字前加注文字以示区别,如"坝 0+150","溢 0+420"等。当平面轴线是曲线时,桩号沿径向设置,桩号数字应按弧长计算。

由于水工建筑物一般比较庞大,且与水位、地形面高程紧密相关,施工时其高度尺寸不易直接量取,常用水准仪测量,所以建筑物的主要高度常标注高程。对于次要尺寸,通常仍采用标注高度尺寸的方法。

(四) 水工图中线性尺寸标注特点

(1) 封闭尺寸

若一建筑物在长度方向分为 x 段,则只需注出其中 $x-1$ 段的分段尺寸和总长尺寸就可以确定其大小,但是在水工图样中常将各分段尺寸都注出,形成封闭尺寸链。

(2) 重复尺寸

由于图纸幅面有限,建筑物的各视图难以按投影关系布置,或者不能画在同一张图纸上,或者采用了不同的绘制比例,致使看图时不易找到对应的投影关系时,通常需要在不同视图上重复标注同一尺寸,以便于看图和查找尺寸。按投影关系布置的视图,对应关系又容易查找的尺寸,应尽量减少和不标注重复尺寸。

(3) 对称结构的尺寸标注

具有对称面的建筑形体,图中对称线两边的尺寸可以标注全长,如图 9-10(a) 中的尺寸 600,有时也可以标注成两个半长,如图 9-10(a) 中的尺寸 300。按局部视图绘制一半时允许按图 9-10(b) 形式标注。

(4) 尺寸标注的合理性

尺寸标注的合理性与设计、施工要求有关,如图 9-11 中的尺寸 b、e,施工时不能度量放样,标注不合理,一般应按图 9-11(b)、(c) 形式标注。

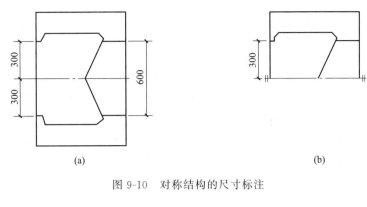

图 9-10 对称结构的尺寸标注

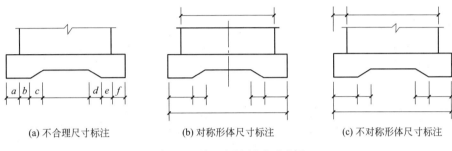

(a) 不合理尺寸标注　　　(b) 对称形体尺寸标注　　　(c) 不对称形体尺寸标注

图 9-11 合理标注尺寸示意图

五、水工图的绘制

设计阶段不同要求图样的详细和准确程度不同。图样的内容，应视其要求的详细程度和准确程度而定，但绘制图样的步骤基本相同。作图步骤如下所示。

首先，根据已有的设计资料，分析、确定要表达的内容。

其次，选择视图的表达方法，确定恰当的比例。

再次，合理布置视图。视图应按投影关系配置，并尽可能把有关几个视图集中在一张图纸上，以便看图；估算各视图（包括剖面图和断面图等）所占范围的大小，然后合理布图；画出各视图的作图基准线，如轴线、中心线或主要轮廓线等。画图时，先画主要部分，后画次要部分；先画大轮廓，后画细部；先画特征明显的试图，后画其他试图。

再次，标注尺寸，画建筑材料图例，填写必要的文字说明。

最后，经校核无误后描深或上墨，填写标题栏，画图框线，整理成图。

六、水工图的识读

识读水工图的顺序，一般是由枢纽布置图到建筑结构图，按先整体后局部，先看主要结构后看次要结构，先粗后细，逐步深入的方法读图。具体步骤如下所示。

（1）概括了解

① 了解建筑物的名称、组成及作用。识读任何工程图样时都要从标题栏开始，从标题栏和图样上的有关说明中了解建筑物的名称、作用、比例、尺寸单位等内容。

② 了解视图表达方法。分析各视图的视向，弄清视图中的基本表达方法、特殊表达方

法，找出剖视图和剖面图的剖切位置及表达细部结构详图的对应位置，明确各视图所表达的内容，建立起图与图及物与图的对应关系。

（2）形体分析

根据建筑物组成部分的特点和作用，将建筑物分成几个主要组成部分，可以沿水流方向将建筑物分为几段，也可沿高程方向将建筑物分为几层，还可以按地理位置或结构来划分。运用形体分析的方法，以特征明显的一两个重要视图为主，结合其他视图，采用对线条、找投影、想形体的方法，想象出各组成部分的空间形状，对较难想象的局部，可运用线面分析法识读。在分析过程中，结合有关尺寸和符号，读懂图上每条图线、每个符号、每个线框的意义和作用，弄清建筑物各部分形状、大小、材料、细部构造、位置和作用。

（3）综合想象整体

在形体分析的基础上，对照各组成部分的相互位置关系，综合想象出建筑物的整体形状。整个读图过程可采用上述方法步骤，循序渐进，几次反复，逐步读懂全套图纸，从而达到完整、正确理解工程设计意图的目的。

第二节　道路工程图

道路是一种能承受荷载（行人、车辆等）反复作用的带状工程结构物。路线则是指道路中心线的空间位置，它是一条直线、曲线（圆弧曲线和缓和曲线）组成的空间曲线。

一、道路的相关知识

（一）道路的分类与分级

道路的分类与分级有多种分法，可按照道路行政等级划分和按照道路使用任务、功能和适应的交通量划分，具体如下。

（1）依据道路行政等级划分

依据道路行政等级划分可分为国家公路、省公路、县公路、乡公路和专用公路。国家公路，简称国道（G），指在国家干线网中，具有全国性的政治、经济和国防意义的主要干线公路，包括重要的国际公路，国防公路，连接首都与各省、自治区、直辖市首府的公路，连接各大经济中心、港站枢纽、商品生产基地和战略要地的公路。国道中跨省的高速公路由交通部批准的专门机构负责修建、养护和管理。省公路，简称省道（S），是指具有全省（自治区、直辖市）政治、经济意义，并由省（自治区、直辖市）公路主管部门负责修建、养护和管理的公路干线。县公路，简称县道（X），是指具有全县政治、经济意义，连接县城和县内主要乡（镇）、主要商品生产和集散地的公路，以及不属于国道、省道的县际间公路。县道由县、市公路主管部门负责修建、养护和管理。乡公路，简称乡道（Y），是指主要为乡（镇）村经济、文化、行政服务的公路，以及不属于县道及县道以上公路的乡与乡之间及乡与外部联络的公路。乡道由人民政府负责修建、养护和管理。专用公路（Z），是指专供或主要供厂矿、林区、农场、油田、旅游区、军事要地等与外部联系的公路。专用公路由专用单位负责修建、养护和管理，也可委托当地公路部门修建、养护和管理。

一般把国道和省道称作干线，把县道和乡道称作支线。

（2）依据道路使用任务、功能和适应的交通量划分

依据道路使用任务、功能和适应的交通量，可分为公路和城市道路两大类。

公路按照使用内容、功能和适应的交通量分为高速公路、一、二、三、四级公路共五级。其中，高速公路为专供汽车分向分车道行驶并应全部控制出入的多车道公路。一级公路为供汽车分向分车道行驶并可根据需要控制出入的多车道公路，是连接高速公路或是某些大城市的城乡接合部、开发区经济带及人烟稀少地区的干线公路。二级公路为供汽车行驶的双车道公路。中等以上城市的干线公路或者是通往大工矿区、港口的公路一般为二级公路，有供汽车行驶的双车道。三级公路为主要供汽车行驶的双车道公路，沟通县、城镇之间的集散公路，具有主要供汽车行驶的双车道。四级公路为主要供汽车行驶的双车道或单车道公路，主要为沟通乡、村等地的地方公路，具有主要供汽车行驶的双车道或单车道。

城市道路按照在道路网中的地位、交通功能以及对沿线建筑物的服务功能等分为快速路、主干路、次干路、支路四类。快速路是指设有中央分隔带，具有四条以上的车道，全部或部分采用立体交叉与控制出入，供车辆以较高的速度行驶的道路。主干路是在城市交通网中起骨架作用的道路，以交通功能为主。次干路是联系主干路之间的辅助性干道，与主干路连接组成道路网。支路是指次干路与街坊路的连接线。

（二）道路的组成和相关参数

道路工程基本组成部分包括路基、路面以及不同功能的桥梁、涵洞、防护工程、排水设施等构造物。道路设计的主要参数如下所示。

（1）纵坡

道路纵坡，是指顺着道路前进方向的上下坡，叫道路纵坡。道路纵坡包含最大纵坡、最小纵坡、最大（或陡坡）的缓坡，以及相应坡长。最大纵坡是指载重汽车在油门全开的情况下持续以等速行驶时所能克服的坡度。最小纵坡是根据路基边沟纵向排水的需要而产生的，一般情况下，道路纵坡等于路基边沟纵坡。最大缓和纵坡指的是纵坡在 $0.3\% \sim 3\%$ 范围内坡度为缓和纵坡或缓坡。为了确保汽车的动力特性和安全正常，我国对道路的最大纵坡、坡长都作了具体规定。

（2）车道净高

为了保证车辆运行，在公路上的一定高度范围内不允许有任何障碍物，此高度称为净高。高速公路和一级、二级公路为 5.0，三、四级公路为 4.50。

（3）分隔带

分隔带分为中间带、快慢车分隔带、人车分隔带。中间带是高速公路、一级公路及城市多幅路中间设置的分隔上下行车辆的交通设施，由两条左侧路缘带和中央隔离带组成。快慢车分隔带是分隔机动车和非机动车的交通设施，也由两侧路缘带和隔离带组成。

（4）道路线形

道路线形是道路中线的立体形状。道路中线在水平面上的投影称为平面线形。一般由直线、圆曲线和缓和曲线构成。直线是道路常用的线形，它视距好、行车通畅，但过长的直线路容易引起驾驶员的疲劳。当道路发生方向变化时，一般采用圆曲线连接两条直线，为了减小离心力突变的影响，往往在直线和圆曲线之间加一段缓和曲线，使离心力逐渐加大，使汽

车行驶平顺而舒适。城市道路一般多采用直线的线形,而郊区公路要尽量避免采用长直线。

(5) 车道宽度

车道宽度指道路上供一列车辆安全顺适行驶所需要的宽度,包括设计车辆的外廓宽度和错车、超车或并列行驶所必需的余宽等。汽车车道宽度以设计车速作为选择依据。

二、路线工程图

道路的结构组成主要包括路基和路面等。由于其组成比较复杂、路线走向和形状受地形影响大,且在长宽高三个方向上尺寸相差悬殊等特点,因此其图示方法与一般的工程制图有较大不同,通常以路线平面图、道路纵断面图、道路横断面图来表达道路空间位置、线型、尺寸。

(一) 路线平面图

路线平面图是道路中心线和边线等在地表面上的垂直投影。它是由直线、曲线、缓和曲线、加宽等组成。道路平面反映了道路在地面上所呈现的形状和沿线两侧地形、地物的位置,以及道路设备、交叉、人工构筑物等的布置,它包括路中心线、边线、车行道、路肩和明沟等。道路路线具有狭而长的特点,一般无法把整条路线绘在一张图纸内。通常分段画在多张图纸上,每张图纸上注明序号、张数、指北针和拼接标记,其内容主要包括地形、路线两部分。

(1) 地形部分

路线平面图应根据地形的起伏情况采用相应的比例。城镇区一般采用 1:500 或 1:1000,山岭重丘区一般采用 1:2000,微丘和平原区一般采用 1:5000。

为了表示路线所在地区的方位和路线的走向,在路线平面图上应画出指北针或坐标网。指北针箭头所指为正北方向。坐标方位的规定同地形图,即 X 轴向为南北方向,向北为正;Y 轴向为东西方向,向东为正。

路线平面图中地形起伏情况主要用等高线表示,等高线能反映地面的实际高度、起伏状态,具有一定的立体感,能满足图上分析研究地形的需要。等高线愈密,表示地势愈陡,等高线愈疏,表示地势愈平坦。

地物按比例缩小画在图纸上时,只能用简化的规定符号表示。如在路线平面图中地面上的地物如河流、房屋、道路、桥梁、电力线、植被等,按规定图例绘制。

(2) 路线部分

在《道路工程制图标准》(GB 50162—1992)中规定,道路中心线应采用细点划线表示,路基边缘线应该采用粗实线表示。由于公路路线平面图所采用的比例太小,公路的宽度无法按实际尺寸画出,所以在路线平面图中,设计路线用粗实线沿着道路中心表示。

为了清楚地看出路线的总长和各段之间的长度,一般在道路中心线上从起点到终点,沿前进方向的左侧注写里程桩(km)。里程桩分公里桩和百米桩两种,在符号上面注写 K1,即表示距路线起点 1km,右侧注写百米桩,用桩位,用字头朝向前进方向的阿拉伯数字表示百米数,注写在短线的端部。同时也可均采用垂直于路线的细短线表示公里桩和百米桩,如若桩号为 K1+200,则表示距路线起点 1.2km。

道路路线在平面上由直线段和曲线段组成,在路线的转折处应设平曲线。最常见的较简单的平曲线为圆曲线，其主要基本几何要素有：①交点 JD，是路线的两直线段的理论交点；②转折角 α，是路线前进时向左（α_z）或向右（α_y）偏转的角度；③圆曲线半径 R；④切线长 T，是切点与交角点之间的长度；⑤外矢距 E，是曲线中点到交角点的距离；⑥曲线长 L，是曲线两切点之间的弧长。

在路线平面图中，转折处应注写交点代号并依次编号，如 JD2 表示第 2 个交点。还要注出曲线段的起点 ZY（直圆点）、中点 QZ（曲中点）、终点 YZ（圆直点）的位置。为了将路线上各段平曲线的几何要素值表示清楚，一般还应在图中的适当位置列出平曲线要素表。如果设置缓和曲线，则将缓和曲线与前、后段直线的切点分别标记为 ZH（直缓点）和 HZ（缓直点）；将圆曲线与前、后段缓和曲线的切点分别标记为 HY（缓圆点）和 YH（圆缓点）。

平曲线特殊点如第一缓和曲线起点、圆曲线起点，圆曲线中点、第二缓和曲线终点、第二缓和曲线起点、圆曲线终点的位置，宜在曲线内侧用引出线的形式表示，并应标注点的名称和桩号。

在图纸的适当位置，应列表标注平曲线要素如交点编号、交点位置、圆曲线半径、缓和曲线长度、切线长度、曲线总长度、外距等。高等级公路应列出导线点坐标表。

（二）路线纵断面图

路线的纵断面图主要表达路线中心的地面起伏状况以及路线的纵向设计坡度和竖曲线，通过用假想的铅垂剖切面沿着道路的中心线进行纵向剖切而成。由于道路中心线是由直线和曲线组合而成，所以纵向剖切面既有平面，又有曲面。为了清晰地表达路线的纵断面情况，采用展开方法，将此纵断面展平成为一平面，并绘制在图纸上，即为路线的纵断面图，如图 9-12 所示。

路线纵断面图包括图样和资料表两部分，一般图样画在图纸的上部，资料表布置在图纸的下部。

（1）图样部分

路线纵断面图的横向长度表示路线的长度（里程），纵向高度表示地面及设计线的标高。由于路线和地形的高程变化比起路线的长度要小得多，为了在路线纵断面图上清晰的显示出高程的变化和设计上的处理，绘制时一般采用纵向比例比横向比例放大 5~10 倍。由于路线较长，路线的纵断面图一般都有许多张，一般在第一张纵断面图的图标内或左侧纵向标尺处注明纵、横向所采用的比例尺。图样部分一般包括设计线与地面线、竖曲线、沿线构筑物、水准点、边沟和盲沟等要素。

① 设计线和地面线。在纵断面图中，粗实线为公路纵向设计线，由直线段和竖曲线组成，它是根据地形起伏和公路等级，按相应的公路工程技术标准而确定的，设计线上各点的标高通常是指路基边缘的设计高程。不规则的折线为设计中心线处的地面线，它是根据原地面上沿线各点的实测中心桩高程而绘制。比较设计线与地面线的相对位置，可确定填挖地段和填挖高度，如图 9-13 所示。

② 竖曲线。在设计线的纵向坡度变更处，即变坡点，应按公路工程技术标准的规定设置竖曲线，以利于汽车平稳的行驶。竖曲线分为凸形和凹形两种，在图中分别用"⌒"和"⌣"符号表示，符号中部的竖线应对准变坡点，竖线两侧标注变坡点的里程桩号和竖曲线中点的高程。符号的水平线两端应对准竖曲线的起点和终点，水平线上方应标注竖曲线要素

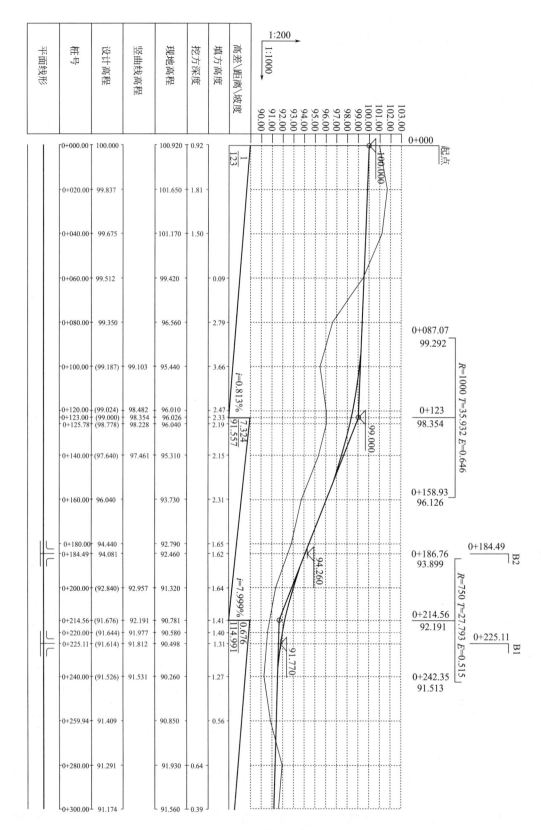

图 9-12 道路纵断面图

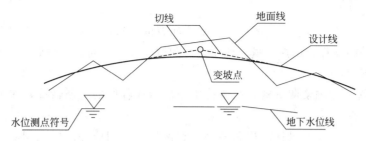

图 9-13 道路设计线与地面线的标注

值（半径 R、切线长 T、外距 E），如图 9-14 所示。

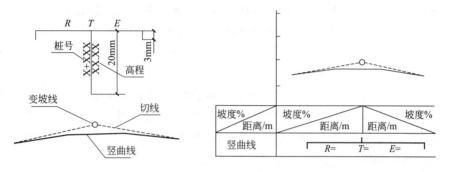

图 9-14 竖曲线的标注

③ 沿线构筑物。道路沿线如设有桥梁、涵洞、立交和通道等构筑物时，应在其相应设计里程和高程处，按图例绘制并注明构造物名称、种类、大小和中心里程桩号。

④ 水准点。沿线设置的水准点，都应按所在里程注在设计线的上方或下方，并标出其编号、高程和路线的相对位置，如图 9-15 所示。

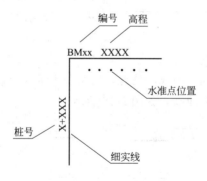

图 9-15 水准点的标注

⑤ 盲沟和边沟。盲沟和边沟底线应分别采用中粗虚线和中粗长虚线表示，变坡点、距离、坡度宜按如图 9-16 标注。变坡点用直径 1~2mm 的圆圈表示。

图 9-16 盲沟与边沟的标注

(2) 资料表部分

路线纵断面图的资料表是与图样上下对应布置的，这种表示方法，较好地反映出纵向设计线在各桩号处的高程、填挖方量、地质条件和坡度以及平曲线与竖曲线的配合关系。资料表主要包括以下内容。

① 地质概况。根据实测资料，在该栏中注出沿线各段的地质情况，作为修筑道路路基时的地质资料。

② 高程资料。表中有设计高程和地面高程两栏，它们应和图样互相对应，分别表示设计线和地面线上各点（桩号）的高程。

③ 填挖高度。设计线在地面线下方时需要挖土，设计线在地面线上方时需要填土，挖或填的高度值应是各点（桩号）对应的设计高程与地面高程之差的绝对值。

④ 坡度及坡长。标注设计线各段的纵向坡度和水平长度距离。该栏中的对角线表示坡度方向，左下至右上表示上坡，左上至右下表示下坡，坡度及坡长分注在对角线的上下两侧。

⑤ 里程桩号。里程桩号应由左向右排列，应将所有固定桩及加桩桩号示出。桩号数值的字底应与所表示桩号位置对齐，整公里桩应标注 K，其余桩号的公里数可省略。沿线各点的桩号按测量里程数值填入，单位为米（m）。在平曲线的起点、中点、终点和桥涵中心点等处可设置加桩，如图 9-17 所示。

⑥ 直线及平曲线。在路线设计中，竖曲线与平曲线的配合关系，直接影响着汽车行驶的安全性和舒适性及道路的排水状况，因此公路路线设计规范对路线的平纵配合提出了严格的要求。由于道路路线平面图与纵断面图是分别表示的，所以在纵断面图的资料表中，以简略方式表示出平纵配合关系。在该栏中，以"—"表示直线段；以"⌒""⌣"或"⌐⌐""⌐⌐"四种图样表示平曲线

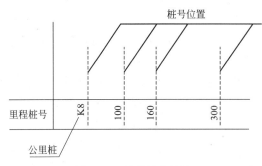

图 9-17　里程桩的标注

段，其中前两种表示设置缓和曲线的情况，后两种表示不设缓和曲线的情况，图样的凸凹表示右转曲线，下凹表示左转曲线，如图 9-18 所示。

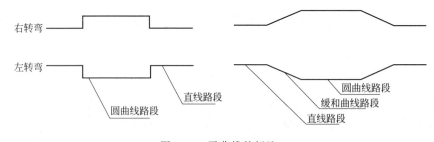

图 9-18　平曲线的标注

（三）道路横断面图

路线横断面图是在垂直于道路中心线的方向上所作的断面图，其作用是表达路线各中心桩处路基横断面的形状和横向地面高低起伏状况，并作为计算公路的土石方量和道路施工的

依据。

在标准道路横面图上，不仅表达了行车道、路缘带、硬路肩、土路肩和中央分隔带等道路各组成部分的尺寸和横向布置，而且对城市道路要将待建和原有地下管线等也一并绘出。

根据机动车道和非机动车道不同的布置形式，道路横断面的布置有以下四种基本形式。

① "一块板"断面：所有车辆都组织在同一行车道，但规定机动车在中间，非机动车在两侧。

② "二块板"断面：用一条分隔带从道路中央分开，使往返交通分离，但同向交通仍在一起混合行驶。

③ "三块板"断面：用两条分隔带把机动车和非机动车分离，中间为双向行驶的机动车道，两侧往返单向非机动车道。

④ "四块板"断面：在"三块板"断面的基础上增设一条中央分离带，使机动车分向行驶。

绘制道路横断面时，应注意以下事项。

① 线型。路面线、路肩线、边坡线、护坡线均应采用粗实线表示，路面厚度应采用中粗实线表示，原有地面线应采用细实线表示，设计或原有道路中线应采用细点划线表示，如图9-19所示。

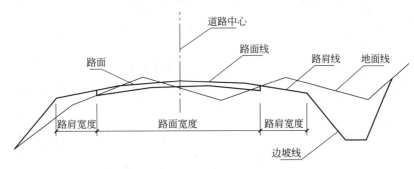

图9-19　道路横断面图绘制示意图

② 当道路分期修建、改建时，应在同一张图纸中示意出规划设计道路、原有道路横断面，并注明各道路中线之间的位置关系，规划道路中线应采用细双点划线表示，规划红线应采用粗双点划线表示。在设计横断面图上，应注明路侧方向，如图9-20所示。道路的超高、加宽应在横断面图中示出。

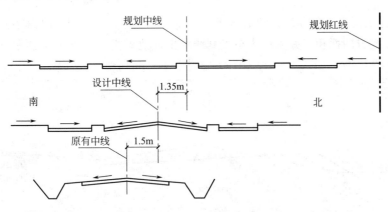

图9-20　不同设计阶段横断面

③ 管线高程。横断面图中,管涵、管线的高程应根据设计要求标注。管涵管线横断面应采用相应图例,如图 9-21 所示。

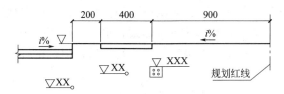

图 9-21 横断面图中管涵、管线的标注

④ 道路的超高、加宽应在横断面图中示出,如图 9-22 所示。

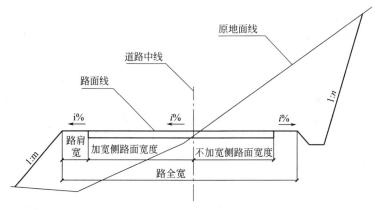

图 9-22 道路的超高、加宽标注

⑤ 当防护工程设施标注材料名称时,可不画材料符号,其断面剖面线可以省略,如图 9-23 所示。

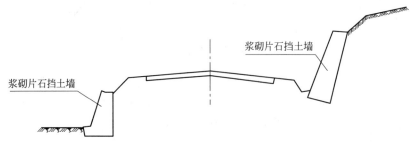

图 9-23 防护工程设施的标注

⑥ 用于施工放样及土方计算的横断面图应在图样下方标注桩号。图样右侧应标注填高、挖深、填方、挖方的面积,并采用中粗点划线示出征地界线,如图 9-24 所示。

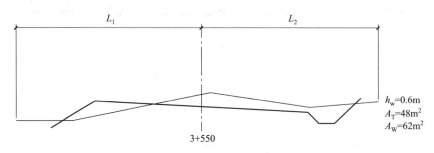

图 9-24 横断面图中填挖方的标注

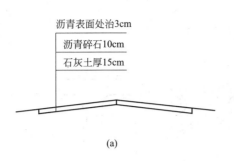
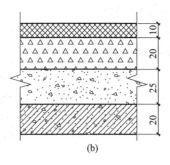

图 9-25 路面结构图的标注

⑦ 当路面结构类型单一时，可在横断面图上，用竖直引出线标注材料层次及厚度，如图 9-25（a）所示。当路面结构类型较多时，可按各路段不同的结构类型分别绘制，并标注材料图例（或名称）及厚度，如图 9-25（b）所示。

⑧ 在路拱曲线大样图的垂直和水平方向上，应按不同比例绘制，如图 9-26 所示。

⑨ 当采用徒手绘制实物外形时，其轮廓应与实物外形相近。当采用计算机绘制此类实物时，可用数条间距相等的细实线组成与实物外形相近的图样，如图 9-27 所示。

⑩ 在同一张图纸上的路基横断面，应按桩号的顺序排列，并从图纸的左下方开始，先由下向上，再由左向右排列，如图 9-28 所示。

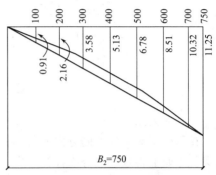

图 9-26 路拱曲线大样

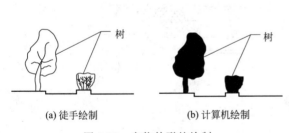

图 9-27 实物外形的绘制

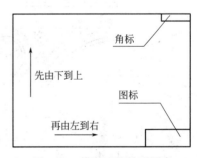

图 9-28 横断面的排列顺序

三、道路交叉口

道路交叉口是指两条或两条以上的道路相交处。这是车辆与行人集、转向和疏散的必经之地，是交通的咽喉。正确设计道路交叉口，合理组织和管理交叉口交通，是提高路通行能力和保障交通安全的重要方面。道路交叉口可以分为平面交叉口和立体交叉口两大类型。

（一）平面交叉口

平面交叉口是道路在同一个平面上相交形成的交叉口。

(1) 平面交叉口的型式

平面交叉口按相交道路的联结性质可分为：T形、Y形、十字形、X形、错位、环形等形式，分别如图9-29所示。

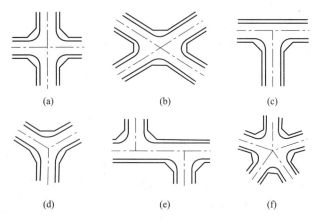

图 9-29　平面交叉口的类型

(2) 冲突点

在平面交叉口处不同方向的行车往往相互干扰、行车路线往往在某些点处相交、分叉或汇集，专业上将这些点分别称为冲突点、分流点和交织点。

(3) 交通组织

交通组织就是把各向各类行车和行人在时间和空间上进行合理安排，从而尽可能地消除"冲突点"，使得道路的通行能力和安全运行达到最佳状态。平面交叉口的交通组织形式有：环形、渠化和自动化交通组织等，图9-30是交通组织的两个例子。

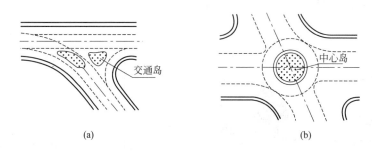

图 9-30　交通组织图

（二）环形交叉口

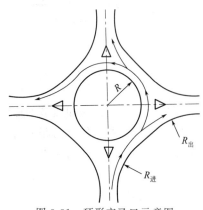

图 9-31　环形交叉口示意图

环形交叉口是在路口中间设置一个面积较大的环岛（中心岛），车辆交织进入环道，并绕岛单向行驶。这样，既可使车辆以交织运行的方式来消除冲突点，同时又可通过环岛绿化美化街景。适宜采用环形交叉口的条件是地形开阔平坦，交叉口为四岔以上的路口，相交道路交通量均匀，左转弯交通量大，路口机动车总交通量每小时不大于3000辆轿车等；当有非机动车通过时，机动车交通量还要降低。其缺点是占地面积大，车辆须绕行，交通量增大时易阻塞，行人交通不便，如图 9-31 所示。

(三) 立体交叉口

(1) 立体交叉的形式

立体交叉的分类方法大致有以下几种。

根据行车、行人交通在空间的组织关系，可以将立体交叉分二层式、三层式和四层式；根据相交道路上是否可以互通交通，可将立体交叉分为分离式、定向互通和全互通；如果根据立体交叉在水平面上的几何形状来分，可分为菱形、苜蓿叶形、喇叭形等，而且各种形式又可以有多种变形；如果根据主线与被交道路的上下关系分，又可分为主线上跨式和主线下穿式两种。

(2) 立体交叉口的组成

立体交叉口由相交道路、跨线桥、匝道、通道和其他附属设施组成。匝道是联结相交道路，使相交道路上的车流可以相互通行的构造物。跨线桥是两条道路间的跨越结构物，有主线跨线桥和匝道跨线桥之分。通道是行人或农机具等在横穿封闭式道路时的下穿式结构物。

(3) 立体交叉的作用

无论立体交叉形式如何，所要解决的问题只有一个，就是消除或部分消除各向车流的冲突点，也就是将冲突点处的各向车流组织在空间的不同高度上，使各向车流分道行驶，从而保证各向车流在任何时间都连续行驶，提高交叉口处的通行能力和安全舒适性。

第十章 AutoCAD 2015绘图简介

★【学习目的】通过对本章知识的学习，培养学生使用 AutoCAD 2015 软件绘制平面图的能力。应熟练掌握 AutoCAD 2015 绘图基础、二维图形的绘制和编辑、辅助绘图工具、尺寸注法、文字与表格输入和图层管理等基础知识。

★【学习要点】AutoCAD 2015 常用的绘图命令、编辑命令、标注方法、对象管理方法。

第一节 AutoCAD 2015 软件操作的基础知识

AutoCAD 软件是由美国 Autodesk 公司为计算机上应用计算机辅助设计（Computer Aided Design，CAD）技术而开发的绘图程序软件包，现已经成为国际上广为流行的绘图工具。AutoCAD 具有强大的二维和三维绘图、编辑功能，并能够减轻设计人员的计算画图等重复性劳动，专注于设计本身，显著缩短设计周期和提高设计质量。2015 年 3 月，Autodesk 公司发布了 AutoCAD 的最新版产品 AutoCAD 2015。AutoCAD 2015 版本软件对文件格式与命令行进行了增强，并新增了点云支持和地理位置支持，对绘图、注释和外部参照等功能进行了增强，使得其绘图功能更加完善和强大。鉴于土地整治工程制图主要为平面图的绘制，参考《AutoCAD 2015 中文版从入门到精通》，简要介绍运用 AutoCAD 2015 软件绘制平面图的基本知识。

一、AutoCAD 2015 的主要功能介绍

土地整治工程设计中利用 AutoCAD 2015，用户可以根据需要绘制与编辑出不同类型的图形，如二维图形、三维图形及轴测图。

① 可以绘制直线、构造线、多段线、圆、矩形、多边形、椭圆等基本图形，再使用编辑工具对其进行编辑，可以绘制出各种各样的二维图形。

② 可以将一些平面图形通过拉伸、设置标高和厚度转换为三维图形，绘制三维曲面、三维网格、旋转曲面等曲面，使用绘图工具绘制圆柱体、球体、长方体等基本实体。此外，

编辑修改有关命令还可以绘制出更为复杂的三维图形。

③ 可以运用雾化、光源和材质，将模型渲染为具有真实感的图像。

④ 可以方便地设置绘图图层、线型、线宽、颜色以及尺寸标注样式、文字标注样式，也可以对所标注的文字进行拼写检查；通过各种形式的绘图辅助工具设置绘图方式，提高绘图效率与准确性。

⑤ 可以将图形对象与外部数据库中的数据进行关联，而这些数据库是由独立于 AutoCAD 的其他数据库管理系统（如 Access、Oracle、FoxPro 等）建立的，从而方便用户的使用。

⑥ 提供了极为强大的 Internet 工具，使设计者之间能够共享资源和信息，可以实现同步设计、研讨、演示和发布消息等诸多功能。

⑦ 允许将所绘制的图形以不同样式通过绘图仪或打印机输出，能够将不同格式的图形导入 AutoCAD 或将 AutoCAD 图形以其他格式输出，从而增强了灵活性。

二、AutoCAD 2015 的启动与退出

（一）AutoCAD 2015 的启动

AutoCAD 2015 的启动有以下几种方法。

① 双击桌面上的"AutoCAD 2015 - 简体中文（Simplified Chinese）"快捷方式图标，就可启动 AutoCAD 2015 中文版。

② 单击桌面【开始】→【所有程序】→【Autodesk】→【AutoCAD 2015】→【AutoCAD 2015 - 简体中文（Simplified Chinese）】，也可启动 AutoCAD 2015 中文版。

③ 也可双击电脑中已经存盘的任意一个后缀名为 .dwg 的文件。

（二）AutoCAD 2015 的退出

退出 Adobe AutoCAD 2015 时，如果当前窗口中有未关闭的文件，要先将其关闭，若该文件被编辑过时需要保存，保存后再退出 AutoCAD 2015。

（1）单击 AutoCAD 2015 中文版工作界面标题栏右侧的关闭按钮，可以退出 AutoCAD 2015。

（2）在 AutoCAD 2015 中文版界面中选择【文件】→【退出】命令，可以退出 AutoCAD 2015。

（3）快捷键：【Ctrl】+【Q】键，可以退出 AutoCAD 2015。

（4）在命令行输入【QUIT】，然后回车，可以退出 AutoCAD 2015。

三、AutoCAD 2015 的工作界面

启动 AutoCAD 2015 后，默认进入"草图与注释"工作空间。工作界面主要由标题栏、菜单栏、工具选项卡、功能区和状态栏等。

（1）标题栏

标题栏位于整个程序窗口上方，主要用于说明当前程序和图形文件的状态，主要包括程序图标、"快速访问"工具栏、程序名称、图形文件的文件名称和窗口控制按钮等，如图

10-1 所示。

图 10-1 标题栏

> 程序图标：标题栏最左侧是程序图标。单击该图标，可以展开 AutoCAD 2015 用于管理图形文件的各种命令，如新建、打开、保存、打印和输出等。

> "快速访问"工具栏：快速访问工具栏位于标题栏的左上方，默认情况下有新建、打开、保存、另存、打印、撤销、重做和一个下拉列表用于添加或者减少功能按钮。

> 程序名称：即程序的名称及版本号，AutoCAD 表示程序名称，而 2015 则表示程序版本号。

> 文件名称：图形文件名称用于表示当前图形文件的名称，如图 10-1 所示中 Drawing1 为当前图形文件的名称，.dwg 表示文件的扩展名。

> 窗口控制按钮：标题栏右侧为窗口控制按钮，单击"最小化"按钮可以将程序窗口最小化；单击"最大化/还原"按钮可以将程序窗口充满整个屏幕或以窗口方式显示；单击"关闭"按钮可以关闭 AutoCAD 2015 程序。

（2）菜单栏

菜单栏位于标题栏下方，点击菜单栏在下方会出现相应的下拉列表，默认的情况下 AutoCAD 2015 菜单栏是隐藏的，在快速访问工具栏中下拉列表可以开启，如图 10-2 所示。

图 10-2 菜单栏

（3）文档浏览器

单击 AutoCAD 2015 软件左上角的 按钮，将打开文档浏览器。在文档浏览器的左侧为常用的工具，右侧为最新打开的文档，用户可以在其中指定文档名的显示方式，以便区分，如图 10-3 所示。

（4）功能区

AutoCAD 2015 的功能区位于标题栏的下方，功能面板上的每一个图标都形象地代表一个命令，用户只需单击图标按钮，即可执行相应的命令。默认情况下，AutoCAD 2015 的功能区主要包括"绘图""修改""注释""图层""块""特性"和"组"等几个部分，如图 10-4 所示。

（5）绘图区

绘图区是用户绘制图形的区域，位于屏幕中央空白区域，也被称为视图窗口。绘图区是一个无限延伸的空白区域，无论多大的图形，用户都可以在其中进行绘制。

（6）十字光标

十字光标是 AutoCAD 绘图时所使用的光标，可以用来定位点、选择和绘制对象，使用鼠标绘制图形时，可以根据十字光标的移动，直观地看到图形的上下左右关系。

（7）命令行

命令行位于屏幕下方，主要用于输入命令以及显示正在执行的命令和相关信息。执行命令时，在命令行中输入相应操作的命令，按 Enter 键或空格键后系统将执行该命令；在命令的执行过程中，按 Esc 键可取消命令的执行，按 Enter 键确定参数的输入。如图 10-5 所示。

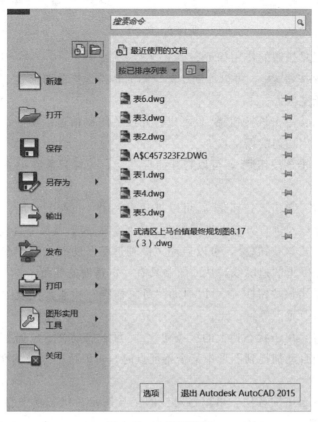

图 10-3　文档浏览器

图 10-4　功能区

```
命令：
命令：
自动保存到 C:\Users\ADMINI~1\AppData\Local\Temp
\Drawing1_1_1_5656.sv$ ...
命令：
```
键入命令

图 10-5　命令行

（8）状态栏

状态栏位于 AutoCAD 2015 窗口下方，如图 10-6 所示。状态栏左边是"模型"和"布局"选项卡；右边包括多个经常使用的控制按钮，如捕捉、栅格、正交等，这些按钮均属于开/关型按钮，即单击该按钮一次则启用该功能，再单击一次则关闭该功能。在 AutoCAD 中，用户可以通过按下【Ctrl】+【9】来控制命令窗口的显示与隐藏。当用户按住命令左侧的标题栏进行拖动时，该面板变为浮动状态。

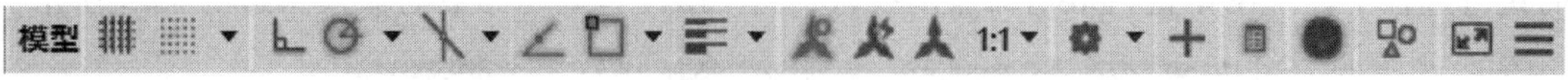

图 10-6　状态栏

状态栏中常用工具按钮的作用如下。

➢ **模型**：单击该按钮 ，可以控制绘图空间的转换。当前图形处于模型空间时单击该按钮就可切换至图纸空间。

➢ **显示图形栅格**：单击该按钮 ，可以打开或关闭栅格显示功能，打开栅格显示功能后，将在屏幕上显示出均匀的栅格点。

➢ **捕捉模式**：单击该按钮 ，可以打开捕捉功能，光标只能在设置的"捕捉间距"上进行移动。

➢ **正交限制光标**：单击该按钮 ，可以打开或关闭"正交"功能。打开"正交"功能后，光标只能在水平以及垂直方向上进行移动，方便绘制水平以及垂直线条。

➢ **极轴追踪**：单击该按钮 ，可以启动"极轴追踪"功能。绘制图形时，移动光标可以捕捉设置的极轴角度上的追踪线，从而绘制具有一定角度的线条。

➢ **对象捕捉**：单击该按钮 ，可以启动"对象捕捉"功能，在绘图过程中可以自动捕捉图形的中点、端点、垂点等特征点。

➢ **对象捕捉追踪**：单击状态栏上的该按钮 ，可以启动"对象捕捉追踪"功能。打开对象追踪功能后，当自动捕捉到图形中某个特征点时，再以这个点为基准点沿正交或极轴方向捕捉其追踪线。

➢ 选择菜单中未选中的选项，可以将对应的工具按钮在状态栏中打开，如"线宽" 和"单位" 按钮。

AutoCAD 2015 的工作界面总体布局如图 10-7 所示。

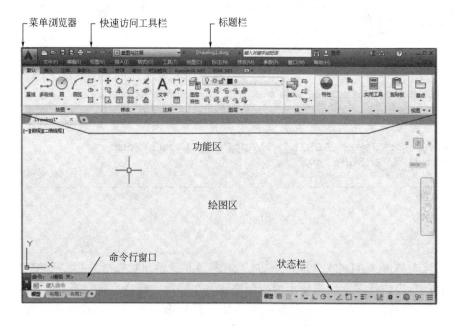

图 10-7　工作界面总体布局

土地整治工程制图

四、AutoCAD 2015 鼠标和键盘的基本操作

鼠标和键盘在 AutoCAD 操作中起着非常重要的作用，是不可缺少的工具。AutoCAD 采用了大量的 Windows 的交互技术，使鼠标操作的多样化、智能化程度更高。

在 AutoCAD 中绘图、编辑都要用到鼠标，灵活使用鼠标，对于加快绘图速度，提高绘图质量有着非常重要的作用，所以有必要先介绍一下鼠标指针在不同情况下的形状和鼠标的几种使用方法。鼠标形态如表 10-1 所示。

表 10-1 常用鼠标形态图

	正常绘图状态		调整右上左下大小
	指向状态		调整左右大小
	输入状态		调整左上右下大小
	选择对象状态		调整上下大小
	实时缩放状态		视图平移符号
	移动实体状态		插入文本符号
	调整命令窗大小		帮助超文本跳转

鼠标的基本操作主要包括以下几种。

➤ 指向：把鼠标指针移动到某一个面板按钮上，系统会自动显示出该图标按钮的名称和说明信息。

➤ 单击左键：鼠标左键主要用于选择命令、选择对象、绘图等。

➤ 单击右键：鼠标右键用于结束选择目标、弹出快捷菜单、结束命令等。

➤ 双击左键：在某一图形对象上双击鼠标左键，可在打开的特性对话框中修改其特性。

➤ 间隔双击：主要用于对文件或层进行重命名。

➤ 拖动：在某对象上按住鼠标左键，移动鼠标指针位置，在适当的位置释放，可改变对象位置。

➤ 滚动中键：在绘图区滚动鼠标中键可以实现对视图的实时缩放。

➤ 拖动中键：在绘图区直接拖动鼠标中键可以实现视图的实时平移；按住 Ctrl 键拖动鼠标中键可以沿某一方向实时平移视图；按住 Shift 键拖动鼠标中键可以实时旋转视图。

➤ 双击中键：在图形区双击鼠标中键，可以将所绘制的全部图形完全显示在屏幕上，使其便于操作。

使用 AutoCAD 软件绘制图形，键盘一般用于输入坐标值、输入命令和选择命令选项等。以下介绍最常用的几个按键的作用。

➤ Enter 键：表示确认某一操作，提示系统进行下一步操作。例如：输入命令结束后，需按 Enter 键。

➤ Esc 键：表示取消某一操作，恢复到无命令状态。若要执行一个新命令，可按 Esc 键

退出当前命令。

➢ 在无命令状态下，按 Enter 键和空格键表示重复上一次的命令。
➢ Delete 键：用于快速删除选中的对象。

五、AutoCAD 2015 的命令使用

使用 AutoCAD 绘制图形，必须对系统下达命令，系统通过执行命令，在命令行窗口出现相应的提示，用户根据提示输入相应的指令，完成图形的绘制。所以，用户应当熟练掌握命令调用的方式和命令的操作方法，还需掌握命令提示中常用选项的用法及含义。

（一）命令调用方式

AutoCAD 软件命令调用方式主要有以下 5 种。

➢ 单击功能区按钮：将鼠标在按钮处停留数秒，会显示该按钮工具的名称，帮助用户识别。如单击功能区"默认"选项卡→"绘图"面板→"直线"按钮，可以启动绘制直线命令。

➢ 选择菜单栏命令：一般的命令都可以通过菜单栏找到，它是一种较实用的命令执行方法。

➢ 在命令行中输入命令：在命令行输入相关操作的完整命令或快捷命令，然后按 Enter 键或空格键即可执行命令。

➢ 使用右键菜单：单击鼠标右键，在出现的快捷菜单中单击选取相应命令或选项即可激活相应功能。

➢ 使用快捷键和功能键：使用快捷键和功能键是最简单快捷的执行命令的方式，常用的快捷键和功能键如表 10-2 所示。

表 10-2　常用快捷键和功能键

快捷键或功能键	功能	快捷键或功能键	功能
F1	AutoCAD 帮助	Ctrl+N	新建文件
F2	文本窗口开/关	Ctrl+O	打开文件
F3/Ctrl+F	对象捕捉开/关	Ctrl+S	保存文件
F4	三维对象捕捉开/关	Ctrl+Shift+S	另存文件
F5/Ctrl+E	等轴测平面转换	Ctrl+P	打印文件
F6/Ctrl+D	动态 UCS 开/关	Ctrl+A	全部选择图线
F7/Ctrl+G	栅格显示开/关	Ctrl+Z	撤销上一步的操作
F8/Ctrl+L	正交开/关	Ctrl+Y	重复撤销的操作
F9/Ctrl+B	栅格捕捉开/关	Ctrl+X	剪切
F10/Ctrl+U	极轴开/关	Ctrl+C	复制
F11/Ctrl+W	对象追踪开/关	Ctrl+V	粘贴
F12	动态输入开/关	Ctrl+J	重复执行上一命令
Delete	删除选中的对象	Ctrl+K	超级链接
Ctrl+1	对象特性管理器开/关	Ctrl+T	数字化仪开/关
Ctrl+2	设计中心开/关	Ctrl+Q	退出 CAD

调用命令后，系统并不能够自动绘制图形，用户需要根据命令行窗口的提示进行操作才能绘制图形。

（二）命令的重复、终止和撤销

AutoCAD 2015 可以方便地使用重复的命令，命令的重复指的是执行已经执行过的命令。

在 AutoCAD 2015 中，有以下 5 种方法重复执行命令。

➢ 无命令状态下，按 Enter 键或空格键即可重复执行上一次的命令。

➢ 无命令状态下，按键盘上的"↑"键或"↓"键，可以上翻或下翻已执行过的命令，翻至命令行出现所需命令时，按 Enter 键或空格键即可重复执行命令。

➢ 无命令状态下，在绘图区中右击，在弹出的快捷菜单中选择"重复"命令，即可执行上一次的命令。

➢ 在命令行上右击，在弹出的快捷菜单中选择"最近使用的命令"，即可选择重复执行之前的某一命令。

➢ 无命令状态下，单击命令行的 按钮，通过弹出的快捷菜单选择最近使用的命令。

AutoCAD 2015 在命令执行的过程中，有以下两种方法终止命令。

➢ 按 Esc 键。

➢ 在绘图区右击，通过选择其中的"确认"或"取消"命令均可终止命令。选择"确认"表示接受当前的操作并终止命令，选择"取消"表示取消当前操作并终止命令。

AutoCAD 2015 提供了撤销命令，比较常用的有 U 命令和 UNDO 命令。每执行一次 U 命令，放弃一步操作，直到图形与当前编辑任务开始时相同为止；而 UNDO 命令可以一次取消数个操作。

六、AutoCAD 2015 的坐标系

在绘图过程中，如果要精确定位某个对象的位置，则应以某个坐标系作为参照。

（一）WCS 和 UCS

AutoCAD 2015 中包括两种坐标系，世界坐标系（WCS）和用户坐标系（UCS）。默认状态下是世界坐标系（WCS），用户也可以定义自己的坐标系，即用户坐标系（UCS）。

世界坐标系（WCS）是 AutoCAD 中默认的坐标系，进行绘图工程时，用户可以将绘图窗口设想成一张无限大的图纸，在这张图纸上已经设置世界坐标系（WCS）。世界坐标系由 X 轴、Y 轴和 Z 轴组成。二维绘图模式下，水平向右为 X 轴正方向，竖直向上为 Y 轴正方向。X 轴和 Y 轴的交汇处为坐标原点，有一个方框形标记"□"，坐标原点位于屏幕绘图窗口的左下角，固定不变。

为了更高效并精确地绘图，用户可以根据需求创建自己的用户坐标系。在用户坐标系中，原点和 X 轴、Y 轴、Z 轴的方向都可以移动或旋转，甚至可以依赖于图形中某个特定的对象，在绘图过程中使用起来有很大的灵活性。默认情况下，用户坐标系和世界坐标系重合，当用户坐标系和世界坐标系不重合时，用户坐标系的图标中将没有小方框，利用这点，

很容易辨别当前绘图处于哪个坐标系中。图 10-8 分别表示世界坐标系和用户坐标系。

图 10-8　WCS 与 UCS

（二）坐标格式

AutoCAD 2015 中的坐标共有 4 种格式，分别为绝对直角坐标（笛卡尔坐标）、相对直角坐标、绝对极坐标和相对极坐标，各坐标格式说明如下。

➢ 绝对直角坐标：相对于坐标原点的坐标值，以分数、小数或科学计数表示点的 X、Y、Z 的坐标值，其间用逗号隔开，例如：（－30，50，0）。

➢ 相对直角坐标：相对于前一点（可以不是坐标原点）的直角坐标值，表示方法为在坐标值前加符号"@"，例如：（@－30，50，0）。

➢ 绝对极坐标：用距离坐标原点的距离（极径）和与 X 轴的角度（极角）来表示点的位置，以分数、小数或科学计数表示极径，在极角数字前加符号"＜"，两者之间没有逗号，例如：（4＜120）。

➢ 相对极坐标：与相对直角坐标类似，在坐标值前加符号"@"表示相对极坐标，例如：（@4＜120）。

七、AutoCAD 的图形显示控制

按照一定的比例、观察位置和角度显示图形称为视图。视图的控制是指图形的缩放、平移、命名等功能。

（一）缩放视图

缩放命令的功能如同照相机中的变焦镜头，它能够放大或缩小当前视口中观察对象的视觉尺寸，而对象的实际尺寸并不改变。放大一个视觉尺寸，能够更详细地观察图形中的某个较小的区域，反之，可以更大范围地观察图形。在 AutoCAD 2015 中，有以下 3 种方法执行"缩放"操作。

➢ 选择菜单栏"视图"→"缩放"命令，显示"缩放"子菜单，如图 10-9 所示。
➢ 单击"导航栏"中的缩放系列按钮。
➢ 在命令行中输入命令：ZOOM（或 Z），然后按 Enter 键。

在"缩放"子菜单和导航栏中有各种缩放工具。运行 ZOOM 命令后，在命令行中也会提示相应信息。

```
命令：ZOOM
指定窗口的角点，输入比例因子 (nX 或 nXP)，或者
[全部(A) 中心(C) 动态(D) 范围(E) 上一个(P) 比例(S) 窗口(W) 对象(O)] <实时>：
```

这些选项和"缩放"子菜单以及导航栏中的缩放工具一一对应。

(a) "缩放"子菜单

(b) 导航栏缩放工具

图 10-9 缩放视图操作示意图

常用的缩放工具有：实时缩放、窗口缩放、动态缩放、比例缩放、中心缩放、对象缩放、放大、缩小、全部缩放、范围缩放。下面分别介绍这些缩放工具的含义。

(1) 实时缩放

选择该缩放工具后，按住鼠标左键，向上拖动鼠标，就可以放大图形，向下拖动鼠标，则缩小图形。按 ESC 键或回车键结束实时缩放操作，或者右击鼠标，选择快捷菜单中的"退出"项也可以结束当前的实时缩放操作。

(2) 窗口缩放

选择该缩放工具后，通过指定要查看区域的两个对角，可以快速缩放图形中的某个矩形区域。确定要察看的区域后，该区域的中心成为新的屏幕显示中心，该区域内的图形被放大到整个显示屏幕。在使用窗口缩放后，图形中所有对象均以尽可能大的尺寸显示，同时又能适应当前视口或当前绘图区域的大小。角点在选择时，将图形要放大的部分全部包围在矩形框内。矩形框的范围越小，图形显示的越大。

(3) 动态缩放

动态缩放与窗口缩放有相同之处，它们放大的都是矩形选择框内的图形，但动态缩放比窗口缩放灵活，可以随时改变选择框的大小和位置。

(4) 范围缩放

"范围缩放"使用尽可能大的、可包含图形中所有对象的放大比例显示视图。此视图包含已关闭图层上的对象，但不包含冻结图层上的对象。图形中所有对象均以尽可能大的尺寸显示，同时又能适应当前视口或当前绘图区域的大小。

(5) 对象缩放

"对象缩放"命令使用尽可能大的、可包含所有选定对象的放大比例显示视图。可以在启动"ZOOM"命令之前或之后选择对象。

(6) 全部缩放

"全部缩放"显示用户定义的绘图界限和图形范围，无论哪一个视图较大。在当前视口中缩放显示整个图形。在平面视图中，所有图形将被缩放到栅格界限和当前范围两者中较大的区域中。图形栅格的界限将填充当前视口或绘图区域，如果在栅格界限之外存在对象，它们也被包括在内。

（7）其他缩放

"比例缩放"：以指定的比例因子缩放显示图形。

"上一个缩放"：恢复上次的缩放状态。

"中心缩放"：缩放显示由中心点和放大比例（或高度）所定义的窗口。

（二）平移视图

视图的平移是指在当前视口中移动视图，在不改变图形的缩放显示比例的情况下，观察当前图形的不同部位。该命令的作用如同通过一个显示窗口审视一幅图纸，可以将图纸上、下、左、右移动，而观察窗口的位置不变。

视图平移可以使用以下 3 种方法。

（1）单击"导航栏"中的平移按钮 即可进入视图平移状态，此时鼠标指针形状变为 ，按住鼠标左键拖动鼠标，视图的显示区域就会随着实时平移。按 Esc 键或回车键退出该命令。

（2）当光标位于绘图区时，按下鼠标滚轮，此时鼠标指针形状变为 ，按住鼠标滚轮拖动鼠标，视图的显示区域就会随着实时平移。松开鼠标滚轮，可以直接退出该命令。

（3）在命令行中输入命令：PAN，并按 Enter 键。同样，此时鼠标指针形状变为 ，按住鼠标左键拖动鼠标，可实现视图的实时平移。按 Esc 键或回车键可退出该命令。

第二节 绘制二维图形

在土地整治工程制图中，无论是多么复杂的图形，都是由一个或多个基本对象组成的。二维图形对象是整个 AutoCAD 的绘图基础，主要有点、线、圆、多边形等内容。本章将介绍如何使用 AutoCAD 2015 绘制二维平面图形。

一、点对象

点也称为节点，是最基本的图形元素，在绘图中通常起辅助作用。AutoCAD 2015 中的点是没有大小的，它只是抽象地代表坐标空间的一个位置。点的位置由 X 坐标值、Y 坐标值和 Z 坐标值指定。在绘制点时，可以在屏幕上直接拾取，也可以在命令行输入点的坐标值定位某点，还可以使用对象捕捉功能定位某点。

（一）设置点样式

为了方便查看和区分点，在绘制点之前应给点先定义一种样式。用户可通过"点样式"对话框来设置点的显示外观和显示大小，如图 10-10 所示，有以下 3 种方法打开该对话框。

➢ 选择菜单栏"格式"→"点样式"命令。

➢ 单击功能区"默认"选项卡中的"实用工具"面板，再单击"点样式"按钮。

➢ 在命令行中输入 DDPTYPE，并按 Enter 键。

"点样式"对话框中列出了 20 种点样式。默认情况下，点对象以一个小点的形式显示，即显示为"·"。"点大小"文本框用于设置点的显示大小，通过其下面的两个单选按钮可设置该大小是"相对于屏幕设置大小"还是"按绝对单位设置大小"。前者表示按屏幕尺寸的百分比设置点的显示大小，当进行缩放时，点的显示大小并不改变；后者表示按"点大小"文本框中指定的实际单位设置点显示的大小，进行缩放时，显示的点大小随之改变。

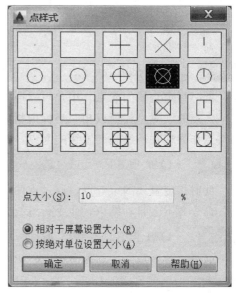

图 10-10　点样式设置

（二）点的绘制

在 AutoCAD 2015 中，菜单栏"绘图"下的"点"子菜单以及功能区"默认"选项卡的"绘图"面板提供了绘制点的工具，可绘制点的类型包括"单点""多点""定数等分"和"定距等分"，本处主要介绍"单点"绘制。绘制"单点"是指在绘图区一次绘制一个点，可通过以下 3 种方式执行。

➢ 单击功能区"默认"选项卡→"绘图"面板→"单点"按钮。

➢ 选择菜单栏"绘图"→"点"→"单点"命令。

➢ 在命令行输入 POINT，并按 Enter 键。

执行绘制单点操作后，命令行提示：

命令提示行中的 PDMODE 和 PDSIZE 两个系统变量用于存储点的样式和点的大小，可以通过运行这两个命令设置这两个系统变量的值，改变点的样式和大小。

直接用鼠标在绘图区单击或输入点的坐标，可指定点的位置，直到按 Enter 键或〈Esc〉键结束命令。当然，也可以用菜单栏"绘图"→"点"→"单点"命令绘制一个单独的点，使用该命令绘制完一个点后，自动结束命令。

二、绘制直线

在 AutoCAD 中，"直线"是指具有两个端点的直线段，一般用于绘制轮廓线、中心线等。AutoCAD 2015 通过指定两个端点来绘制一条直线。用户可通过以下 3 种方法执行绘制直线命令。

➢ 单击功能区"默认"选项卡→"绘图"面板→直线按钮 ／ 。

➢ 选择菜单栏"绘图"→"直线"命令。

➢ 在命令行输入 LINE（或 L）并按 Enter 键。

使用"直线"命令，可以创建一系列连续的直线段，具体操作如下。执行绘制直线命令，命令行提示：

`× ⚙ ╱ LINE 指定第一个点：`

此时指定直线的起点。用户可以通过在绘图区单击鼠标左键指定该点，也可以在命令行中输入点的绝对坐标值或相对坐标值指定该点。若直接按 Enter 键，则以上绘制的直线或圆弧终点作为现在所绘制的直线的起点。指定第一点后，命令行提示：

`× ⚙ ╱ LINE 指定下一点或 [放弃(U)]：`

此时指定直线的第二点，通过这两个点即完成一条线段的绘制。指定完这一点后，"直线"命令并不会自动结束，命令行继续提示：

`× ⚙ ╱ LINE 指定下一点或 [放弃(U)]：`

此时指定直线的第三点或放弃。当绘制的线段超过两条以后，命令行会提示：

`× ⚙ ╱ LINE 指定下一点或 [闭合(C) 放弃(U)]：`

这两个选项的含义如下所示。

选择"闭合"：表示以第一条线段的起点作为最后一条线段的终点，形成一个闭合的线段环。

选择"放弃"：表示删除直线序列中最近一次绘制的线段，多次选择该项可按绘制次序的逆序逐个删除线段。如果用户不终止绘制直线操作，命令行将一直提示：

`× ⚙ ╱ LINE 指定下一点或 [闭合(C) 放弃(U)]：`

完成线段绘制后，可按 Enter 键或 Esc 键退出绘制直线操作；也可在绘图区右击，从弹出的快捷菜单中选择"确定"命令。

三、绘制射线

射线是指在一个方向上无限延伸的直线，一般用作辅助线。AutoCAD 2015 通过指定射线的起点和通过点来绘制射线，有以下 3 种方法可执行绘制射线命令。

➢ 单击功能区"默认"选项卡→"绘图"面板→"射线"按钮╱。
➢ 选择菜单栏"绘图"→"射线"命令。
➢ 在命令行输入 RAY，并按 Enter 键。

执行绘制射线操作后，命令行提示：

`× ⚙ ╱ RAY 指定起点：`

此时在绘图区单击或在命令行中输入点的坐标值指定射线的起点。指定起点后，命令行提示：

`× ⚙ ╱ RAY 指定通过点：`

此时指定第一条射线的通过点，通过这两个点即完成一条射线的绘制。指定一个通过点后，可连续指定多个通过点以绘制一簇射线，这些射线拥有共同的起点。同样，可按 Enter 键或〈Esc〉键退出绘制射线操作，也可在绘图区右击后退出。

四、绘制构造线

"构造线"是指两端均无限延伸的直线,一般用作辅助线。AutoCAD 2015 通过指定构造线的中心点和通过点来绘制构造线,可以使用以下 3 种方法绘制构造线。

➢ 单击功能区"默认"选项卡→"绘图"面板→"构造线"按钮。
➢ 选择菜单栏"绘图"→"构造线"命令。
➢ 在命令行输入 XLINE(或 XL),并按 Enter 键。

执行绘制构造线操作后,命令行提示:

`XLINE 指定点或 [水平(H) 垂直(V) 角度(A) 二等分(B) 偏移(O)]:`

用鼠标在绘图区单击或在命令行中输入点的坐标值,指定构造线的中心点。中括号里的各个选项的含义如下:

➢ 水平(H):表示绘制通过指定点的水平构造线,即平行于 X 轴。
➢ 垂直(V):表示绘制通过指定点的垂直构造线,即平行于 Y 轴。
➢ 角度(A):表示以指定的角度创建一条构造线。
➢ 二等分(B):表示绘制一条将指定角度平分的构造线。
➢ 偏移(O):表示绘制一条平行于另一个对象的参照线。

如果选择了指定第一点,命令行将继续提示:

`XLINE 指定通过点:`

此时指定第一条构造线的通过点,通过这两个点即完成一条构造线的绘制。指定一个通过点后,亦可连续指定多个通过点以绘制一簇构造线。同样可按 Enter 键或 Esc 键停止绘制构造线操作,也可在绘图区右击后退出。

五、绘制多段线

多段线是由许多首尾相连的直线段和圆弧段组成的一个独立对象,它提供单个直线所不具备的编辑功能。例如:可以调整多段线的宽度和圆弧的曲率等。

(一)绘制多段线

在 AutoCAD 2015 中,可以通过以下 3 种方法绘制多段线。

➢ 单击功能区"默认"选项卡→"绘图"面板→"多段线"按钮。
➢ 选择菜单栏"绘图"→"多段线"命令。
➢ 命令行输入 PLINE(或 PL)并按 Enter 键。

执行绘制多段线操作后,命令行提示:

`XLINE 指定点或 [水平(H) 垂直(V) 角度(A) 二等分(B) 偏移(O)]:`

此时可用鼠标拾取或输入起点坐标指定多段线的起点,然后命令行提示:

```
PLINE
指定起点:
当前线宽为 0.0000
```

`PLINE 指定下一个点或 [圆弧(A) 半宽(H) 长度(L) 放弃(U) 宽度(W)]:`

命令行显示当前的多段线宽度。此时可以指定下一点或者输入对应的字母选择中括号里的选项。其中，各个选项的含义如下所示。

➤ 圆弧（A）：用于将弧线段添加到多段线中。选择该选项后，将绘制一段圆弧，之后的操作与绘制圆弧相同。

➤ 半宽（H）：用于指定从多段线线段的中心到其一边的宽度。选择该选项后，将提示指定起点的半宽宽度和端点的半宽宽度。

➤ 长度（L）：在与上一线段相同的角度方向上绘制指定长度的直线段。如果上一线段是圆弧，程序将绘制与该弧线段相切的新直线段。

➤ 放弃（U）：删除最近一次绘制到多段线上的直线段或圆弧段。

➤ 宽度（W）：用于指定下一段多段线的宽度。

（二）编辑多段线

在 AutoCAD 2015 中，可以通过以下 3 种方法编辑多段线。

➤ 单击功能区"默认"选项卡→"修改"面板→"编辑多段线"按钮 。

➤ 选择菜单"修改"→"对象"→"多段线"命令。

➤ 在命令行中输入 PEDIT（或 PE）并按 Enter 键。

执行编辑多段线操作后，命令行提示：

```
PEDIT 选择多段线或 [多条(M)]:
```

此时可用鼠标选择要编辑的多段线，如果所选择的对象不是多段线，命令行将提示：

```
PEDIT 是否将其转换为多段线？ <Y>
```

此时在命令行中输入"Y 或 N"，选择是否转换。"多条"选项用于多个多段线对象的选择。选择完多段线对象后，命令行提示如下：

```
PEDIT 输入选项 [闭合(C) 合并(J) 宽度(W) 编辑顶点(E) 拟合(F) 样条曲线(S)
非曲线化(D) 线型生成(L) 反转(R) 放弃(U)]:
```

与编辑多线时弹出的对话框不同，此时只能输入对应字母选择各个选项来编辑多段线。各个选项的功能如下所示。

➤ 打开（O）/闭合（C）：如果选择的多段线是闭合的，则此选项显示为"打开"；如果选择的多段线是打开的，则此选项显示为"闭合"。"打开"和"闭合"选项分别用于将闭合的多段线打开及将打开的多段线闭合。

➤ 合并（J）：用于在开放的多段线的尾端点添加直线、圆弧或多段线。如果选择的合并对象是直线或圆弧，那么要求直线和圆弧与多段线是彼此首尾相连的，合并的结果是将多个对象合并成一个多段线对象；如果合并的是多个多段线，命令行将提示输入合并多段线的允许距离。

➤ 宽度（W）：选择该选项可将整个多段线指定为统一宽度。

➤ 编辑顶点（E）：该选项用于编辑多段线的每个顶点的位置。选择该选项后，会在正在编辑的位置显示"×"标记。

➤ 拟合（F）：表示用圆弧拟合多段线，即转化为由圆弧连接每对顶点的平滑曲线。转化后的曲线会经过多段线的所有顶点。

➤ 样条曲线（S）：该选项用于将多段线用样条曲线拟合，执行该选项后，对象仍然为多段线对象。
> 非曲线化（D）：删除由拟合曲线或样条曲线插入的多余顶点，拉直多段线的所有线段。
> 线型生成（L）：用于生成经过多段线顶点的连续图案线型。"线型生成"不能用于带变宽线段的多段线。
> 反转（R）：通过反转方向来更改指定给多段线的线型中的文字的方向。
> 放弃（U）：还原操作，每选择一次"放弃"选项，取消上一次的编辑操作，可以一直返回到编辑任务开始时的状态。

六、绘制样条曲线

样条曲线是通过拟合一系列离散的点而生成的光滑曲线，它用于创建形状不规则的曲线，土地整治工程制图中通常用来表示断面。在 AutoCAD 2015 中，可以使用以下 3 种方法绘制样条曲线：
> 单击功能区"默认"选项卡→"绘图"面板→"样条曲线拟合"按钮 或"样条曲线控制点"按钮 。
> 选择菜单栏"绘图"→"样条曲线"→"拟合点"或"控制点"命令。
> 在命令行中输入 SPLINE（或 SPL），并按 Enter 键。

七、绘制平面形体

本节主要介绍运用 AutoCAD 2015 绘制圆或圆弧、椭圆、矩形等平面形体的方法。

（一）绘制圆形

在 AutoCAD 2015 中，绘制圆的方法有三大类：一种是通过指定圆心和半径（或直径）来绘制圆，一种是指定圆经过的点来绘制圆，还有一种是创建和某对象相切的圆。调用绘制圆的命令可以使用以下 3 种方法。
> 单击功能区"默认"选项卡→"绘图"面板→绘制圆的按钮 。
> 选择菜单栏"绘图"→"圆"子菜单。
> 在命令行输入 CIRCLE（或 C），并按 Enter 键。
"圆"子菜单中的每个选项代表一种绘制圆的方法，各选项的含义如下所示。
> 圆心、半径：通过指定圆的圆心位置和半径绘制圆。
> 圆心、直径：通过指定圆的圆心位置和直径绘制圆。
> 两点：通过指定圆直径上的两个端点绘制圆。
> 三点：通过指定圆周上的三个点绘制圆。
> 相切、相切、半径：通过指定与圆相切的两个对象以及圆的半径绘制圆。
> 相切、相切、相切：通过指定与圆相切的三个对象绘制圆。
单击"绘图"工具栏上的"圆"按钮，或在命令行输入 CIRCLE（或 C）并按 Enter 键，之后命令行将提示：

CIRCLE 指定圆的圆心或 [三点(3P) 两点(2P) 切点、切点、半径(T)]:

用鼠标在绘图区单击或在命令行中输入点的坐标值，指定圆心。命令行将继续提示：

```
CIRCLE 指定圆的半径或 [直径(D)]:
```

此时可在绘图区单击指定半径值或直接输入半径值，完成圆的绘制。此外，还可以选择中括号里的选项，采用其他方式绘制圆。各选项对应"圆"子菜单中的各同名选项。

（二）绘制圆弧

AutoCAD 2015 提供了更多绘制圆弧的方式，通过指定圆弧的起点、端点、圆心角、圆弧方向、弦长等参数来控制圆弧的形状和位置。虽然 AutoCAD 提供了多种绘制圆弧的方法，但经常用到的仅是其中的几种，在以后的章节里将会学到用"倒圆角"和"修剪"命令来间接生成圆弧。

同绘制圆一样，有以下 3 种调用绘制圆弧的命令的方式。
➢ 单击功能区"默认"选项卡→"绘图"面板，面板上将显示绘制圆弧的系列按钮。
➢ 选择菜单栏"绘图"→"圆弧"子菜单。
➢ 在命令行中输入 ARC，并按下 Enter 键。

（三）绘制椭圆

绘制椭圆时，可通过点击功能区"默认"选项卡→"绘图"面板→"椭圆"按钮和菜单栏"绘图"→"椭圆"子菜单来进行绘制。绘制椭圆的方法有两种：一种是圆心法，另一种是轴、端点法。

（1）圆心法

用圆心法绘制椭圆时，要能确定椭圆的中心位置以及长轴和短轴的长度。选择菜单栏"绘图"→"椭圆"→"圆心"命令或单击功能区"默认"选项卡→"绘图"面板→"椭圆"按钮→"圆心"按钮，命令行提示如下：

```
ELLIPSE 指定椭圆的中心点:
```

此时用鼠标在绘图区单击或在命令行中输入点的坐标值指定中心点。指定中心点后，命令行提示：

```
ELLIPSE 指定轴的端点:
```

此时用鼠标在绘图区单击或在命令行中输入半轴的长度指定一个轴的端点，命令行提示：

```
ELLIPSE 指定另一条半轴长度或 [旋转(R)]:
```

通过输入值（半轴长度）或定位点来指定距离。若选择"旋转（R）"选项，需指定旋转角度，通过绕已知轴旋转圆来创建椭圆。

（2）轴、端点法

用轴、端点法绘制椭圆时，必须知道椭圆的一条轴的两端点和另一条轴的半轴长。选择菜单栏"绘图"→"椭圆"→"轴、端点"命令或单击功能区"默认"选项卡→"绘图"面板→"椭圆"按钮→"轴、端点"按钮，命令行提示如下：

```
ELLIPSE 指定椭圆的轴端点或 [圆弧(A) 中心点(C)]:
```

分别确定轴端点即可得到欲绘制椭圆。

（四）绘制椭圆弧

在 AutoCAD 中可以方便地绘制出椭圆弧。绘制椭圆弧的方法与上述椭圆绘制方法基本类似。单击"椭圆弧"命令按钮，按照命令行提示，前三步使用轴、端点法或圆心法绘制一个椭圆。随后，指定圆弧起点与长轴的角度，通过输入值或定位点 A 来指定起点角度。命令行提示如下：

```
× ⚙ ◉▾ ELLIPSE 指定起点角度或 [参数(P)]:
```

此时指定圆弧端点与长轴的角度，通过输入值或定位点来指定端点角度，从而得到欲绘制椭圆弧。

（五）绘制矩形

矩形是 AutoCAD 中较常用的几何图形，用户可以通过指定矩形的两个对角点来绘制矩形，也可以使用面积（A）或尺寸（D）选项指定矩形尺寸来绘制矩形。在 AutoCAD 2015 中，可以通过以下 3 种方法绘制矩形。

➤ 单击功能区"默认"选项卡→"绘图"面板→"矩形"按钮▭。
➤ 选择菜单栏"绘图"→"矩形"命令。
➤ 在命令行中输入 RECTANG（或 REC），并按 Enter 键。

执行绘制矩形操作后，命令行提示：

```
× ⚙ ▭▾ RECTANG 指定第一个角点或 [倒角(C) 标高(E) 圆角(F) 厚度(T) 宽度(W)]:
```

此时默认选项是"指定第一个角点"，该选项表示指定矩形的第一个角点。指定第一个角点以后，命令行将提示：

```
× ⚙ ▭▾ RECTANG 指定另一个角点或 [面积(A) 尺寸(D) 旋转(R)]:
```

此时默认选项是"指定另一个角点"，即用鼠标拾取或坐标指定矩形的另一个角点完成绘制矩形。也可以选择中括号里的选项完成矩形绘制：输入"A"可指定矩形面积，输入"D"可指定矩形的长度和宽度，输入"R"可指定矩形的旋转角度。其他各个选项用于绘制不同形式的矩形，但仍需指定两个对角点。选择这些选项中的任何一个并设置好参数后，命令行仍然返回到：

```
× ⚙ ▭▾ RECTANG 指定另一个角点或 [面积(A) 尺寸(D) 旋转(R)]:
```

此时提示用户指定第一个角点。中括号里的各个选项的含义如下所示。

➤ 倒角（C）：用于绘制带倒角的矩形。选择该选项后，命令行将提示指定矩形的两个倒角距离。
➤ 标高（E）：选择该选项可指定矩形所在的平面高度。默认情况下，所绘制的矩形均在 $Z=0$ 平面内，通过该选项就会将矩形绘制在 Z 值所在平面内。带标高的矩形一般用于三维绘图。
➤ 圆角（F）：用于绘制带圆角的矩形。选择该选项后，命令行将提示指定矩形的圆角半径。
➤ 厚度（T）：用于绘制带厚度的矩形。选择该选项后，命令行将提示指定矩形的厚度。带厚度的矩形一般用于三维绘图。

➢ 宽度（W）：用于绘制带宽度的矩形。选择该选项后，命令行将提示指定矩形的线宽。

（六）绘制正多边形

执行多边形命令，可以根据指定的圆心和设想的圆半径，或是多边形任意一条边的起点和终点创建等边闭合多段线。AutoCAD 2015 支持绘制边数为 3～1024 的正多边形。在 AutoCAD 2015 中，可以通过以下 3 种方法绘制正多边形。

➢ 单击功能区"默认"选项卡→"绘图"面板→"多边形"按钮⬠。
➢ 选择菜单栏"绘图"→"多边形"命令。
➢ 在命令行中输入"POLYGON（或 POL）"并按 Enter 键。

执行绘制正多边形操作后，命令行依次提示：

> POLYGON _polygon 输入侧面数 <4>:

此时输入要绘制正多边形的边数并按 Enter 键。尖括号里面的数字表示上一次绘制正多边形时指定的边数，直接按 Enter 键表示指定尖括号里面的数字。命令行提示：

> POLYGON 指定正多边形的中心点或 [边(E)]:

此时有两种方法绘制正多边形。

① 指定正多边形的中心点，通过"内切于圆/外切于圆"来绘制多边形。通过鼠标拾取或输入坐标值指定正多边形中心点后，命令行提示：

> POLYGON 输入选项 [内接于圆(I) 外切于圆(C)] <I>:

选择"内接于圆（I）"，表示绘制的正多边形内接于假想的圆，其所有顶点均在圆上，圆的半径即多边形中心点到顶点的距离；选择"外切于圆（C）"，表示绘制的正多边形外切于假想的圆，其所有边均与圆相切，圆的半径即多边形中心点到其边的距离。选择任意一个选项后，命令行均将提示：

> POLYGON 输入选项 [内接于圆(I) 外切于圆(C)] <I>:

② 选择"边（E）"选项，通过指定正多边形的一条边的两个端点确定整个正多边形。选择"边（E）"选项后，命令行提示：

> POLYGON 指定边的第一个端点:

此时通过鼠标拾取或在命令行输入点的坐标值指定边的第一个端点。

> POLYGON 指定边的第一个端点: 指定边的第二个端点:

指定边的第二个端点，可以用鼠标拾取，也可以输入点的相对坐标值，还可以通过鼠标指定方向并在命令行输入边长来指定，至此完成绘制。

八、图案填充

AutoCAD 中的图案填充应用比较广泛，如绘剖面图等。"图案填充"命令是使用填充图案来填充封闭区域或选定对象。填充图案可以使用 AutoCAD 2015 预设的图案，也可以用当前线型定义简单的线图案，甚至可以自定义复杂的填充图案。在 AutoCAD 2015 中，可以通过以下 3 种方法进行图案填充。

➢ 单击功能区"默认"选项卡→"绘图"面板→"图案填充"按钮。

➢ 选择菜单栏"绘图"→"图案填充"命令。

➢ 在命令行中输入 HATCH（或 H），并按 Enter 键。

执行图案填充操作后，如果功能区处于活动状态，将显示"图案填充创建"上下文选项卡；如果功能区处于关闭状态，将显示"图案填充和渐变色"对话框。二者所包含的设置项目一一对应。此时命令行提示：

`HATCH 拾取内部点或 [选择对象(S) 放弃(U) 设置(T)]:`

用户可以选择"设置（T）"选项，打开如图 10-11 所示的"图案填充和渐变色"对话框。下面介绍该对话框中各项的功能。"图案填充和渐变色"对话框主要包括"类型和图案""角度和比例""图案填充原点""边界""选项"5 个选项组。

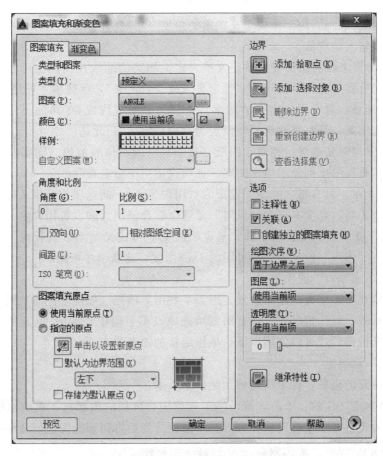

图 10-11 "图案填充和渐变色"对话框

（1）"类型和图案"选项组

用于指定图案填充的类型、图案、颜色和背景色。

"类型"下拉列表框：用于设置填充图案的类型，包括"预定义""用户定义"和"自定义"3 个选项。若选择"预定义"选项，可使用 AutoCAD 2015 附带的 ANSI 标准和 ISO 标准填充图案，以及其他 AutoCAD 2015 附带的图案。若选择"用户定义"选项，则允许用户基于当前线型定义填充图案；若选择"自定义"选项，则可以使用已添加到搜索路径（在"选项"对话框的"文件"选项卡上设置）中的自定义 PAT 文件列表。

"图案"下拉列表框：可从中选择具体的预定义填充图案。单击按钮，将弹出"填充图案选项板"对话框，在该对话框中可以预览所有预定义的图案的图像。只有在"类型"下拉列表框中选择了"预定义"选项时，此选项才可用。

"颜色"下拉列表框：使用填充图案和实体填充的指定颜色替代当前颜色。单击按钮，可为新图案填充对象指定背景色。选择"无"可关闭背景色。

"样例"：显示选定图案的预览图像。单击样例可显示"填充图案选项板"对话框，重新选择填充图案。

"自定义图案"下拉列表框：列出可用的自定义图案。最近使用的自定义图案将出现在列表顶部。只有在"类型"下拉列表框中选择了"自定义"选项时，此选项才可用。

（2）"角度和比例"选项组

用于指定选定填充图案的旋转角度和缩放比例。

"角度"下拉列表框：用于指定填充图案的角度（相对当前 UCS 坐标系的 X 轴），也可在文本框中直接输入角度值。

"比例"下拉列表框：用于设置预定义或自定义图案的缩放比例，也可在文本框中直接输入比例值。只有将"类型"设定为"预定义"或"自定义"，此选项才可用。

"双向"复选框：对于用户定义的图案，绘制与原始直线成 90°角的另一组直线，从而构成交叉线填充图案。只有将"类型"设定为"用户定义"，此选项才可用。

"相对图纸空间"复选框：相对于图纸（布局）空间单位缩放填充图案。使用此选项可以按适合于命名布局的比例显示填充图案。该项仅适用于命名布局。

"间距"文本框：只有将"类型"设定为"用户定义"，此选项才可用。用于指定用户定义图案中的直线距离，此文本框和"双向"复选框联合使用共同设置用户定义图案。

"ISO 笔宽"下拉列表框：基于选定笔宽缩放 ISO 预定义图案。只有将"类型"设定为"预定义"，并将"图案"设定为一种可用的 ISO 图案，此选项才可用。

（3）"图案填充原点"选项组

用于控制填充图案生成的起始位置。因为某些图案填充（如砖块图案）需要与图案填充边界上的一点对齐。默认情况下，所有图案填充原点都对应于当前的 UCS 原点。选择"指定的原点"单选按钮后，可以使用以下选项指定新的图案填充原点。

（4）"边界"选项组

定义图案填充的边界，各个按钮的功能如下所示。

"添加：拾取点"按钮：单击该按钮可拾取闭合区域的内部点，系统根据围绕指定点构成封闭区域的现有对象来确定填充边界。单击该按钮后将回到绘图区，命令行提示：

HATCH 拾取内部点或 [选择对象(S) 放弃(U) 设置(T)]：

"添加：选择对象"按钮：根据构成封闭区域的选定对象确定填充边界。该功能不会自动检测内部对象，单击该按钮系统将填充指定对象内的所有区域。

"删除边界"按钮：单击该按钮系统将从边界定义中删除之前添加的任何对象。

"重新创建边界"按钮：围绕选定的图案填充对象创建多段线或面域，并使其与图案填充对象相关联，只有在编辑填充边界时才可用。

"查看选择集"按钮：使用当前图案填充或填充设置显示当前定义的边界。仅当定义了边界时才可以使用此选项。

（5）"选项"选项组

用于控制几个常用的图案填充或填充选项，如关联性等。

九、创建面域

面域是使用形成闭合环的对象创建的二维闭合区域。用于创建面域的闭合环可以是直线、圆、圆弧、椭圆、椭圆弧、多段线和样条曲线的组合，但要求组成闭合环的对象必须闭合或是通过与其他对象共享端点而形成闭合区域。在 AutoCAD 2015 中，一般可以通过两种方法创建面域。

一是通过 REGION 命令创建面域。REGION 命令用于将闭合环转换为面域，可以通过以下 3 种方法执行 REGION 命令。

> 单击功能区"默认"选项卡→"绘图"面板→"面域"按钮 ⊙。
> 选择菜单栏"绘图"→"面域"命令。
> 在命令行中输入 REGION（或 REG），并按 Enter 键。

执行 REGION 命令后，命令行提示：

```
× ⚒ ⊙ ▾ REGION 选择对象：
```

此时可选择有效的对象，然后按 Enter 键或右击完成选择，即可将所选对象转换为面域。

二是通过 BOUNDARY 命令创建面域。在 AutoCAD 2015 中，BOUNDARY 命令可以由对象封闭的区域内的指定点来创建面域或者多段线，有以下 3 种方法执行 BOUNDARY 命令。

> 单击功能区"默认"选项卡→"绘图"面板→"边界"按钮 ▨。
> 选择菜单栏"绘图"→"边界"命令。
> 在命令行中输入 BOUNDARY（或 BO），并按 Enter 键。

执行 BOUNDARY 命令后，将弹出"边界创建"对话框，如图 10-12 所示。要创建面域，需将其中的"对象类型"下拉列表框设为"面域"。

在"边界创建"对话框中，单击"拾取点"按钮，可以拾取闭合边界内的一点，AutoCAD 2015 会根据点的位置自动判断该点周围构成封闭区域的现有对象来确定面域的边界。"孤岛检测"复选框用于设置创建面域或边界时是否检测内部闭合边界，即孤岛。只要对象间存在闭合的区域，就可以通过 BOUNDARY 命令创建面域。

十、创建图块

"图块"简称"块"，是 AutoCAD 图形设计中的一个重要概念。在绘制图形时，如果图形中有大量相同或相似的内容，或者所绘制的图形与已有的图形文件相同，则可以把要重复绘制的图形创建成块，在需要时直接插入它们；也可以将已有的图形文件直接插入到当前图形中，从而提高绘图效率。用户还可以根据需要为块创建属性，用来指定块的名称和用途等。AutoCAD 2015 只能将已经绘制好的对象创建为块。创建块需要打开"块定义"对话框，在其中完成设置。用户可以通过以下 4 种方法来打开该对话框。

➢ 单击功能区"默认"选项卡→"块"面板→"创建"按钮 。
➢ 单击功能区"插入"选项卡→"块定义"面板→"创建块"按钮 。
➢ 选择菜单栏"绘图"→"块"→"创建"命令。
➢ 在命令行中输入 BLOCK（或 B），并按 Enter 键。

执行上述操作后，打开"块定义"对话框。通过该对话框可以定义块的名称、块的插入基点、块包含的对象等。

图 10-12　图边界创建对话框

第三节　编辑二维图形

本节主要介绍通过图形编辑工具，对所绘图形进行修改、删除等编辑工作。AutoCAD 2015 的图形编辑工具主要通过"修改"面板和"修改"菜单以及相应的修改命令来使用。

一、选择对象

在绘图过程中（尤其是在大型图纸的绘图过程中），经常需要编辑某些图形对象，这就需要先合理正确地选择这些特定的图形对象。

（一）点选

在 AutoCAD 2015 中，最简单和最快捷选择对象的方法是使用鼠标单击。被选择的对象的组合叫作选择集。在无命令状态下，对象选择后会显示其夹点。如果是执行命令过程中提示选择对象，十字光标变为小方框（称为拾取框），被选择的对象则亮显。

（二）窗口选择

如要一次选择多个对象，可在图形的左侧单击，向右拖动鼠标会画出一个由套索包围的蓝色区域，释放鼠标后，被蓝色套索窗口全部包围的对象被选择；如果在图形的右侧单击，向左拖动鼠标会画出一个由套索包围的绿色区域，释放鼠标后，此时选择与绿色套索窗口相交的对象，即不管对象是全部在窗口中还是只有一部分在窗口中，均会被选中。

（三）快速选择

在 AutoCAD 2015 中，使用"快速选择"功能可以根据指定的过滤条件（对象的类型和特性等）来快速选择对象。使用"快速选择"功能，需要打开"快速选择"对话框，在其中完成设置。可以通过以下 4 种方法来打开该对话框。

➢ 单击功能区"默认"选项卡→"实用工具"面板→"快速选择"按钮。
➢ 选择菜单栏"工具"→"快速选择"命令。
➢ 在绘图区域单击鼠标右键，在弹出的菜单中选择"快速选择"命令。
➢ 在命令行中输入 QSELECT（或 QSE），并按 Enter 键。

经上述操作后，软件将弹出快速选择对话框，如图 10-13 所示。

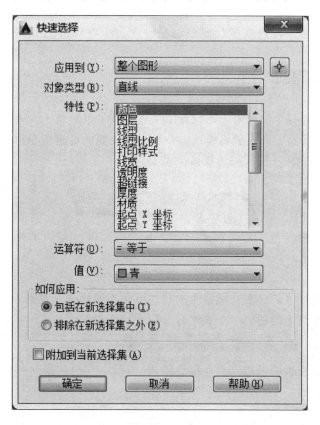

图 10-13　快速选择对话框

在"快速选择"对话框中可根据过滤条件创建选择集的方式，对话框中各选项的功能如下。

"应用到"下拉列表框：用于指定将过滤条件应用到整个图形还是当前选择集（如果

存在）。

"对象类型"下拉列表框：用于指定要包含在过滤条件中的对象类型。如果过滤条件应用于整个图形，则"对象类型"下拉列表框包含全部的对象类型，包括自定义。否则，该列表只包含选定对象的对象类型。

"特性"列表框：指定过滤器的对象特性。此列表包括选定对象类型的所有可搜索特性。选定的特性决定"运算符"和"值"中的可用选项。

"运算符"下拉列表框：控制过滤的范围。根据选定的特性，选项可包括"等于""不等于""大于""小于"等。使用"全部选择"选项将忽略所有特性过滤器。

"值"下拉列表框：用于指定过滤器的特性值。"特性""运算符"和"值"这3个下拉列表框是联合使用的。

"如何应用"选项组：指定是将符合给定过滤条件的对象包括在新选择集内或是排除在新选择集之外。选择"包括在新选择集中"将创建其中只包含符合过滤条件的对象的新选择集。选择"排除在新选择集之外"将创建其中只包含不符合过滤条件的对象的新选择集。

"附加到当前选择集"复选框：用于指定是将创建的新选择集替换还是附加到当前选择集。

用户也可以使用组合键 Ctrl+A 或功能区"默认"选项卡→"实用工具"面板→"全部选择"按钮来快速选择全部对象。

二、使用夹点编辑图形

AutoCAD 2015 为每个图形对象均设置了夹点。在二维对象上，夹点显示为一些实心的小方框，如图 10-14 所示。夹点编辑模式是一种方便快捷的编辑操作途径，可以拖动这些夹点快速拉伸、移动、旋转、比例缩放或镜像对象。

图 10-14 对象夹点显示图

要进入夹点编辑模式，只需在无命令的状态下，用鼠标选择对象，对象关键点上将出现夹点。例如，单击直线上的任何一个夹点时，命令行会提示：

命令行的提示信息表明已进入夹点编辑模式。

（一）拉伸对象

拉伸操作指的是将长度拉长，比如直线的长度、圆的半径等长度参量。在夹点编辑模式下，是通过移动夹点位置来拉伸对象的。在无命令的状态下选择对象，单击其夹点即可进入夹点拉伸模式，AutoCAD 2015 自动将被单击的夹点作为拉伸基点。此时命令行提示：

`-指定拉伸点或 [基点(B) 复制(C) 放弃(U) 退出(X)]:`

此时可通过鼠标移动或在命令行中输入数值指定拉伸点，该夹点就会移动到拉伸点的位置。对于一般的对象，随着夹点的移动，对象会被拉伸；对于文字、块参照、直线中点、圆心和点对象，夹点将移动对象。

（二）移动对象

移动是指对象位置的平移，而对象的方向和大小均不改变。在夹点编辑模式，可通过移动夹点位置移动对象。单击夹点进入夹点编辑模式后，按 Enter 键或 Space 键切换编辑模式至"移动"，或者在命令行下直接输入"MO"进入移动模式，AutoCAD 2015 自动将被单击的夹点作为移动基点。此时命令行提示：

`-指定移动点 或 [基点(B) 复制(C) 放弃(U) 退出(X)]:`

通过鼠标拾取或在命令行中输入移动点的坐标值并按 Enter 键，可将对象移动到指定位置。

（三）旋转对象

旋转对象是指对象绕基点旋转指定的角度。单击夹点进入夹点编辑模式后，按 Enter 键或 Space 键切换编辑模式至"旋转"，或者在命令行下直接输入"RO"进入旋转模式，AutoCAD 2015 自动将被单击的夹点作为旋转基点。此时命令行提示：

`-指定旋转角度或 [基点(B) 复制(C) 放弃(U) 参照(R) 退出(X)]:`

在某个位置上单击，即表示指定旋转角度为该位置与 X 轴正方向的夹角度数，也可通过在命令行中输入角度值指定旋转的角度。选择"参照"选项，可指定旋转的参照角度。

（四）比例缩放

比例缩放是指对象的大小按指定比例进行放大或缩小。单击夹点进入夹点编辑模式后，按 Enter 键或 Space 键切换编辑模式至"比例缩放"，或者在命令行下直接输入"SC"进入比例缩放模式，AutoCAD 2015 自动将被单击的夹点作为比例缩放基点。此时命令行提示：

`-指定比例因子或 [基点(B) 复制(C) 放弃(U) 参照(R) 退出(X)]:`

此时输入比例因子，完成对象基于基点的缩放操作。比例因子大于 1 表示放大对象，小于 1 表示缩小对象。

（五）镜像对象

镜像对象是指将对象沿着镜像线进行对称操作。单击夹点进入夹点编辑模式后，按 Enter 键或 Space 键切换编辑模式至"镜像"，或者在命令行下直接输入"MI"进入镜像模式，AutoCAD 2015 自动将被单击的夹点作为镜像基点。此时命令行提示：

`-指定第二点或 [基点(B) 复制(C) 放弃(U) 退出(X)]:`

此时指定的第二点与镜像基点构成镜像线，对象将以镜像线为对称轴进行镜像操作并删除原始对象。

三、改变图形位置

在 AutoCAD 中，除了使用夹点编辑图形外，系统还提供了多个图形编辑工具可以可以移动图形，改变图形的大小，复制图形等。

（一）移动对象

在绘制图形时，移动命令可以帮助用户精确地把对象移动到不同的位置。使用移动命令，用户必须选择基点来移动图形对象。此基点是对象移动前指定的起始位置，再将此点移动到目的位置。用户可以通过单击两点或指定位移来移动对象。在 AutoCAD 2015 中，可以通过以下 3 种方法移动对象。

- 单击功能区"默认"选项卡→"修改"面板→"移动"按钮。
- 选择菜单栏"修改"→"移动"命令。
- 在命令行中输入 MOVE（或 M），并按 Enter 键。

执行移动操作后，命令行提示：

> MOVE 选择对象：

此时选择要移动的对象，然后按 Enter 键或右击完成对象选择，命令行继续提示：

> MOVE 指定基点或 [位移(D)] <位移>：

可通过"基点"方式或"位移"方式移动对象，系统默认为"指定基点"。此时可用鼠标单击绘图区某一点，即指定为移动对象的基点。基点可在被移动的对象上，也可不在对象上，坐标中的任意一点均可作为基点。指定基点后，命令行继续提示：

> MOVE 指定第二个点或 <使用第一个点作为位移>：

此时可指定移动对象的第二个点，该点与基点共同定义了一个矢量，指示了选定对象要移动的距离和方向。指定该点后，将在绘图区显示基点与第二点之间的连线，表示位移矢量。如果在命令行提示：

> MOVE 指定基点或 [位移(D)] <位移>：

若不指定基点而是直接按 Enter 键，那么命令行将提示：

> MOVE 指定位移 <0.0000, 0.0000, 0.0000>：

此时输入的坐标值将指定相对距离和方向。

（二）旋转对象

旋转对象是指对象绕基点旋转指定的角度。在 AutoCAD 2015 中，可以通过以下 3 种方法旋转对象。

- 单击功能区"默认"选项卡→"修改"面板→"旋转"按钮。
- 选择菜单栏"修改"→"旋转"命令。
- 在命令行中输入 ROTATE（或 RO），并按 Enter 键。

执行旋转操作后，命令行提示：

`× ⚙ ○- ROTATE 选择对象：`

此时选择要旋转的对象，然后按 Enter 键或右击完成对象选择，命令行继续提示：

`× ⚙ ○- ROTATE 指定基点：`

此时指定对象旋转的基点，即对象旋转时所围绕的中心点，可用鼠标拾取绘图区上的点，也可输入坐标值指定点。指定基点后，命令行继续提示：

`× ⚙ ○- ROTATE 指定旋转角度，或 [复制(C) 参照(R)] <0>：`

此时可以用鼠标在某角度方向上单击或在命令行中输入角度值来指定旋转角度，也可以选择中括号里面的选项，从而达到修改目的。

四、绘制多个图形

AutoCAD 的绘图过程中，经常用复制、阵列和偏移等命令创建很多与原对象相同的对象。

（一）复制

在绘图过程中，有时候要绘制相同的图形，如果用绘图命令逐个绘制，将大大降低绘图效率。用户可以使用复制命令复制对象。在 AutoCAD 2015 中，可以通过以下 3 种方法复制对象。

- 单击功能区"默认"选项卡→"修改"面板→"复制"按钮 ⚙。
- 选择栏"修改"→"复制"命令。
- 在命令行中输入 COPY（或 CO），并按 Enter 键。

执行复制操作后，命令行提示：

`× ⚙ ⚙- COPY 选择对象：`

此时选择要复制的对象并按 Enter 键或右击，命令行继续提示：

`× ⚙ ⚙- COPY 指定基点或 [位移(D) 模式(O)] <位移>：`

其后的操作步骤类似于移动命令的操作。

（二）镜像

在工程制图中，经常会遇到一些对称的图形。可以画出对称图形的一半，然后用镜像命令将另一半对称图形复制出来，而不必绘制整个图形。AutoCAD 2015 通过指定临时镜像线及镜像对象，镜像时可以选择删除原对象还是保留原对象。AutoCAD 2015 中，有以下 3 种方法镜像对象。

- 单击"功能区默认"选项卡→"修改"面板→"镜像"按钮 ⚙。
- 选择菜单栏"修改"→"镜像"命令。
- 在命令行中输入 MIRROR（或 MI），并按 Enter 键。

执行镜像操作后，命令行提示：

`× ⚙ ⚙- MIRROR 选择对象：`

选择要镜像的对象并按 Enter 键或右击，命令行依次提示：

> MIRROR 指定镜像线的第一点：

> MIRROR 指定镜像线的第一点：指定镜像线的第二点：

此时可根据命令行的提示依次指定镜像线上的两点以确定镜像线，命令行继续提示：

> MIRROR 要删除源对象吗？[是(Y) 否(N)] <N>：

此时可选择是否删除被镜像的源对象。输入"Y"，将镜像的图像放置到图形中并删除原始对象；输入"N"，将镜像的图像放置到图形中并保留原始对象。

（三）阵列

在制图过程中，要绘制按矩形阵列或圆周均布排列的相同图形，可以使用阵列命令。阵列分为3类：矩形阵列、路径阵列和环形阵列。主要介绍矩形阵列和环形阵列。

（1）矩形阵列

矩形阵列是按照行列方阵的方式进行对象复制的。执行矩形阵列时必须确定想阵列的行数、列数及行间距、列间距。在 AutoCAD 2015 中，可以通过以下3种方法执行矩形阵列命令。

➢ 单击功能区"默认"选项卡→"修改"面板→"阵列"下拉列表→"矩形阵列"按钮。

➢ 选择菜单栏"修改"→"阵列"→"矩形阵列"命令。

➢ 在命令行中输入 ARRAYRECT，并按 Enter 键。

执行矩形阵列操作后，命令行提示：

> ARRAYRECT 选择对象：

此时用鼠标拾取要阵列的对象，并按 Enter 键或右击完成选择。命令行提示：

> ARRAYRECT 选择夹点以编辑阵列或 [关联(AS) 基点(B) 计数(COU) 间距(S) 列数(COL) 行数(R) 层数(L) 退出(X)] <退出>：

此时，用户也可以根据需要选择中括号里的选项来定义矩形阵列参数，各选项的含义如下。

关联（AS）：指定是否在阵列中创建项目作为关联阵列对象，或作为独立对象。选择该项中的"是（Y）"，表示创建关联阵列，使用户可以通过编辑阵列的特性和源对象，快速传递修改。选择"否（N）"，表示创建阵列项目作为独立对象，更改一个项目不影响其他项目。

基点（B）：指定阵列的基点。

计数（COU）：指定阵列中的列数和行数。

间距（S）：指定列间距和行间距。

列数（COL）：指定阵列中的列数和列间距，以及它们之间的增量标高。

行数（R）：指定阵列中的行数和行间距，以及它们之间的增量标高。

层数（L）：指定层数和层间距。

用户可以在新打开的功能区"阵列创建"上下文选项卡中进行上述设置。如图 10-15 所示。

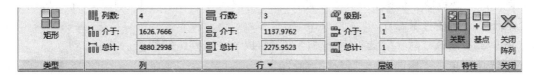

图 10-15　矩形阵列选型卡

（2）环形阵列

环形阵列是将所选实体按圆周等距复制。这个命令需要确定阵列的圆心和阵列的个数，以及阵列图形所对应的圆心角等。在 AutoCAD 2015 中，可以通过以下 3 种方法绘制环形阵列对象。

➢ 单击功能区"默认"选项卡→"修改"面板→"阵列"下拉列表→"环形阵列"按钮。

➢ 选择菜单栏"修改"→"阵列"→"环形阵列"命令。

➢ 在命令行中输入 ARRAYPOLAR，并按 Enter 键。

执行环形阵列操作后，命令行提示：

> ARRAYPOLAR 选择对象：

此时用鼠标拾取要阵列的对象，并按 Enter 键或右击完成选择。随后命令行提示：

> ARRAYPOLAR 指定阵列的中心点或 [基点(B) 旋转轴(A)]：

此时指定阵列的中心点，完成环形阵列中心的定义。也可以根据需要选择中括号里的选项，其选项的含义如下。选择中心点后，命令行提示如下：

> ARRAYPOLAR 选择夹点以编辑阵列或 [关联(AS) 基点(B) 项目(I) 项目间角度(A) 填充角度(F) 行(ROW) 层(L) 旋转项目(ROT) 退出(X)] <退出>：

用户可根据不同的需要选择中括号里的选项来定义矩形阵列，其选项的含义如下。

关联（AS）：指定是否在阵列中创建项目作为关联阵列对象，或作为独立对象。

基点（B）：指定阵列的基点。

项目（I）：指定阵列中的项目数。

项目间角度（A）：指定项目之间的角度。

填充角度（F）：指定阵列中第一个和最后一个项目之间的角度。

行（ROW）：指定阵列中的行数和行间距，以及它们之间的增量标高。

层（L）：指定阵列中的层数和层间距。

旋转项目（ROT）：控制在排列项目时是否旋转项目。

用户可以在新打开的功能区"阵列创建"上下文选项卡中进行上述设置。如图 10-16 所示。

图 10-16　环形阵列选型卡

（四）偏移

偏移命令用于创建造型与选定对象造型平行的新对象。可以偏移的对象包括直线、圆弧、圆、两维多段线、椭圆、构造线、射线和样条曲线等。在 AutoCAD 2015 中，可以通过以下 3 种方法偏移对象。

> 单击功能区"默认"选项卡→"修改"面板→"偏移"按钮。
> 选择菜单栏"修改"→"偏移"命令。
> 在命令行中输入 OFFSET（或 OF），并按 Enter 键。

执行偏移操作后，命令行提示：

`× ✧ ⌂ · OFFSET 指定偏移距离或 [通过(T) 删除(E) 图层(L)] <通过>:`

根据命令行提示，此时可指定偏移距离或选择中括号里的选项。"偏移距离"是指偏移后的对象与现有对象的距离。除偏移距离选项外，中括号里其他 3 个选项的含义如下：通过（T）是指通过指定通过点来偏移对象，删除（E）用于设置是否在偏移源对象后将其删除，图层（L）用于设置将偏移对象创建在当前图层上还是源对象所在的图层上。输入距离的数值后，命令行将继续提示：

`× ✧ ⌂ · OFFSET 选择要偏移的对象，或 [退出(E) 放弃(U)] <退出>:`

此时选择要偏移的对象并按 Enter 键或右击。偏移操作只允许一次选择一个对象，但是偏移操作会自动重复，可以偏移一个对象后再选择另一个对象。选择偏移对象后，命令行提示：

`× ✧ ⌂ · OFFSET 指定要偏移的那一侧上的点，或 [退出(E) 多个(M) 放弃(U)] <退出>:`

此时在指定偏移的那一侧的任意一点单击即可完成偏移操作。

五、图形的缩放与拉伸

（一）图形缩放

除了前面介绍的使用夹点进行比例缩放，还可以通过以下 3 种方法缩放对象。

> 单击功能区"默认"选项卡→"修改"面板→"缩放"按钮。
> 选择菜单栏"修改"→"缩放"命令。
> 在命令行中输入 SCALE（或 SC），并按 Enter 键。

执行缩放操作后，命令行提示：

`× ✧ ⌂ · SCALE 选择对象:`

此时选择要缩放的对象并按 Enter 键或右击。命令行继续提示：

`× ✧ ⌂ · SCALE 指定基点:`

此时指定缩放操作的基点。该基点是指选定对象的大小发生改变时位置保持不变的点。基点可以在选定对象上，也可不在选定对象上。指定基点后，命令行提示：

`× ✧ ⌂ · SCALE 指定比例因子或 [复制(C) 参照(R)]:`

此时可以输入比例因子，按 Enter 键完成对象基于基点的缩放操作。比例因子大于 1 表示放大对象，小于 1 表示缩小对象。

（二）图形拉伸

拉伸命令用于移动图形对象的指定部分。在 AutoCAD 2015 中，可以通过以下 3 种方法拉伸对象。
> 单击功能区"默认"选项卡→"修改"面板→"拉伸"按钮。
> 选择菜单栏"修改"→"拉伸"命令。
> 在命令行中输入 STRETCH（或 STR），并按 Enter 键。

执行拉伸操作后，命令行提示：

```
× ┘ - STRETCH 选择对象：
```

命令行同时提示"以交叉窗口选择要拉伸的对象"，此时一定要以交叉窗口或交叉多边形的形式选择对象，然后按 Enter 键或右击。注意不要框选住所有的对象，如果都选中就会变为移动操作。选择要拉伸的对象后，命令行提示：

```
× ┘ - STRETCH 指定基点或 [位移(D)] <位移>：
```

指定基点后，命令行提示：

```
× ┘ - STRETCH 指定第二个点或 <使用第一个点作为位移>：
```

再指定第二个点或者指定拉伸距离后，完成拉伸操作。

六、图形编辑的其他操作

（一）删除

在 AutoCAD 2015 中，有以下 4 种方法删除对象。
> 单击功能区"默认"选项卡→"修改"面板→"删除"按钮。
> 选择菜单栏"修改"→"删除"命令。
> 在命令行中输入 ERASE（或 E），并按 Enter 键。
> 选择对象后直接按 Delete 键，将所选对象直接删除。

执行前三种删除操作后，命令行提示：

```
× ┘ - ERASE 选择对象：
```

此时选择要删除的对象，然后按 Enter 键或右击，将删除已选择的对象。

（二）修剪与延伸

使用"修剪"命令可修剪掉图形中不需要的部分，前提要指定剪切边。系统将以剪切边为界，将被剪切对象上位于拾取点一侧的部分剪切掉。在 AutoCAD 2015 中，有以下 3 种方法修剪对象。
> 单击功能区"默认"选项卡→"修改"面板→"修剪"按钮。
> 选择菜单栏"修改"→"修剪"命令。
> 在命令行中输入 TRIM（或 TR），并按 Enter 键。

执行修剪操作后，命令行提示：

```
当前设置：投影=UCS, 边=延伸
选择剪切边...
选择对象或 <全部选择>：*取消*
- 键入命令
```

命令行第一行显示的是修剪命令的当前设置；第二行和第三行的提示信息是指选择作为

剪切边的对象。选择剪切边后，命令行继续提示：

`选择要修剪的对象，或按住 Shift 键选择要延伸的对象，或`
`TRIM [栏选(F) 窗交(C) 投影(P) 边(E) 删除(R) 放弃(U)]：`

此时选择要修剪的对象，将鼠标移动到想要修剪的部分上，即可进行修剪。"修剪"命令不可修剪与剪切边不相交的对象。即剪切边须与被剪切对象相交，或剪切边延长线与被剪切对象相交。当二者延长相交时，应对剪切命令设置为"边为延伸"才可进行修剪。

延伸操作是指将对象延伸至指定边界，其操作类似修剪命令，此处不详述。

（三）倒角

倒角主要是为了去除掉锐边和安装方便。通常有倒方角和倒圆角。

（1）倒方角

在 AutoCAD 2015 中，可以通过以下 3 种方法倒方角。

➤ 单击功能区"默认"选项卡→"修改"面板→"倒角"按钮。
➤ 选择菜单栏"修改"→"倒角"命令。
➤ 在命令行中输入 CHAMFER（或 CHA），并按 Enter 键。

执行倒角操作后，命令行提示：

`("修剪"模式) 当前倒角距离 1 = 0.0000, 距离 2 = 0.0000`
`CHAMFER 选择第一条直线或 [放弃(U) 多段线(P) 距离(D) 角度(A) 修剪(T) 方式(E) 多个(M)]：`

命令行第一行显示了倒角操作的当前设置。默认情况下，倒角距离1＝0，倒角距离2＝0。第二行提示选择第一条直线或中括号里的选项。若以默认设置倒角距离1＝0，倒角距离2＝0进行倒角操作，结果将无任何效果。此时选择"距离（D）"选项来设置倒角距离。命令行依次提示：

`CHAMFER 指定 第一个 倒角距离 <0.0000>：`

此时依次输入第一个倒角距离和第二个倒角距离。设置倒角距离后，命令行继续依次提示：

`CHAMFER 指定 第二个 倒角距离 <100.0000>：`

分别指定两个被倒角的直线即可完成倒角操作。当两个倒角距离不同的时候，要注意两条线的选中顺序。第一个倒角距离适用于第一条被选中的线，第二个倒角距离适用于第二条被选中的线。

（2）倒圆角

在 AutoCAD 2015 中，可以通过以下 3 种方法倒圆角。

➤ 单击功能区"默认"选项卡→"修改"面板→"圆角"按钮。
➤ 选择菜单栏"修改"→"圆角"命令。
➤ 在命令行中输入 FILLET（或 F），并按 Enter 键。

执行圆角操作后，命令行提示：

`当前设置：模式 = 修剪, 半径 = 0.0000`
`FILLET 选择第一个对象或 [放弃(U) 多段线(P) 半径(R) 修剪(T) 多个(M)]：`

命令行第一行显示了圆角操作的当前设置。默认情况为修剪模式，圆角半径＝0。第二行提示选择第一个对象或中括号里的选项。若以默认设置圆角半径＝0进行圆角操作，结果将无任何效果。此时选择"半径（R）"选项来设置圆角半径。命令行将提示：

```
FILLET 指定圆角半径 <0.0000>:
```

此时使用键盘输入半径值指定圆角半径。命令行提示：

```
FILLET 选择第一个对象或 [放弃(U) 多段线(P) 半径(R) 修剪(T) 多个(M)]:
```

分别指定两个被圆角的对象即可完成圆角操作。

（四）打断

打断命令用于删除对象中的一部分或把一个对象分为两部分。可以打断的对象包括直线、圆弧、圆、两维多段线、椭圆弧、构造线、射线和样条曲线等。在 AutoCAD 2015 中，可以通过以下 3 种方法打断对象。

- ➤ 单击功能区"默认"选项卡→"修改"面板→"打断"按钮 。
- ➤ 选择菜单栏"修改"→"打断"命令。
- ➤ 在命令行中输入 BREAK（或 BR），并按 Enter 键。

执行打断操作后，可以先在第一个断点处选择对象，然后再指定第二个打断点；或者也可以先选择对象，然后在命令行有如下提示时，选择中括号里的"第一点（F）"，重新选择第一打断点。

（五）合并

合并可以将相似的对象合并为一个对象。合并可用于直线、圆弧、椭圆弧、多段线、三维多段线、螺旋或样条曲线。在 AutoCAD 2015 中，可以通过以下 3 种方法合并对象。

- ➤ 单击功能区"默认"选项卡→"修改"面板→"合并"按钮 。
- ➤ 选择菜单栏"修改"→"合并"命令。
- ➤ 在命令行中输入 JOIN，并按 Enter 键。

根据选择对象的不同，合并到源的对象也相应限制，否则合并操作不能进行。如果所选源对象为直线，要求被合并的直线必须在同一条直线上；如合并圆弧、椭圆弧，要求被合并的圆弧（椭圆弧）必须在同一假想的圆（椭圆）上；如合并多段线，被合并的多段线必须与源相连。

（六）分解

在 AutoCAD 中，有许多组合对象，如矩形（矩形命令绘制的）、正多边形（正多边形命令绘制的）、块、多段线、标注、图案填充等，不能对其某一部分进行编辑，就需要使用分解命令把对象组合进行分解。在 AutoCAD 2015 中，有以下 3 种方法分解对象：

- ➤ 单击功能区"默认"选项卡→"修改"面板→"分解"按钮 。
- ➤ 选择菜单栏"修改"→"分解"命令。
- ➤ 在命令行中输入 EXPLODE（或 X），并按〈Enter〉键。

执行分解操作后，命令行提示：

```
EXPLODE 选择对象:
```

此时用鼠标拾取要分解的对象，按 Enter 键或右击结束对象选择，同时完成分解操作。

七、编辑对象特性

每个图形对象都有其特有的属性,包括线型、颜色和线宽等。可以用"特性"选项板对其相关属性进行编辑。

(一)"特性"选项板

一般对象的特性包括颜色、图层、线型等。在 AutoCAD 2015 中,所有对象的特性均可通过打开"特性"选项板来查看并编辑。如果未选择对象,"特性"选项板只显示当前图层的基本特征、图层附着的打印样式表的名称及有关 UCS 的信息等;选择单个对象时,"特性"选项板中显示该对象的所有特性,包括基本特性、几何位置等信息;选择多个对象时,"特性"选项板只显示选择集中所有对象的公共特性。图 10-17 所示为选择对象情况不同时所显示的不同的"特性"选项板。

(a) 无选择对象　　　　　　　(b) 单一选择对象　　　　　　　(c) 多个选择对象

图 10-17　特性选型板对话框图

在 AutoCAD 2015 中,有以下 5 种方法打开"特性"选项板。
➤ 单击功能区"默认"选项卡→"特性"面板→"特性"按钮。
➤ 选择菜单栏"修改"→"特性"命令。
➤ 在命令行中输入 PROPERTIES,并按 Enter 键。
➤ 选中对象后右击,在弹出的快捷菜单中选择"特性"命令。

➢ 选择要查看或修改其特性的对象后双击。

在调出特性对话框后，选定对象，即可通过修改特性对话框里面的特性参数，对欲编辑的对象进行修改，比如修改对象的颜色、图层、线型等特性参数。

（二）特性匹配

AutoCAD 2015 提供特性匹配工具来复制特性，特性匹配可将选定对象应用到其他对象，特性匹配类似于 Office 软件里面的格式刷。默认情况下，所有可应用的特性都会自动地从选定的第一个对象复制到其他对象。如果不希望复制特定的特性，可以在执行该命令的过程中随时选择"设置"选项禁止复制该特性。在 AutoCAD 2015 中，可以通过以下 3 种方法进行"特性匹配"。

➢ 单击功能区"默认"选项卡→"特性"面板→"特性匹配"按钮 。
➢ 选择菜单栏"修改"→"特性匹配"命令。
➢ 在命令行中输入 MATCHPROP，并按 Enter 键。

第四节　辅助绘制图形工具

AutoCAD 2015 为用户提供了多种绘图的辅助工具，如"捕捉""栅格""正交""极轴追踪"和"对象捕捉"等。这些辅助工具类似于手工绘图时使用的方格纸、三角板，使用它们可以更容易、更准确地创建和修改图形对象。本节主要介绍这些辅助精准绘图工具的使用。

一、捕捉与栅格

在绘图过程中，为了提高绘图的速度和效率，可以设置和使用捕捉与栅格功能。

（一）设置与使用捕捉

（1）设置捕捉

在 AutoCAD 2015 中，对捕捉的设置通过"草图设置"对话框的"捕捉和栅格"选项卡来实现。用户可以通过以下 3 种方式打开"草图设置"对话框。

➢ 选择菜单栏中"工具"→"绘图设置"命令。
➢ 在命令行中输入 DSETTINGS，并按〈Enter〉键。
➢ 单击状态栏"捕捉模式"按钮［图片］旁的小三角按钮再点击"捕捉模式"按钮，在弹出的快捷菜单中选择"捕捉设置"命令。

执行上述操作，将弹出草图设置对话框，如图 10-18 所示。

"草图设置"对话框的"捕捉和栅格"选项卡主要分为两部分，左侧用于捕捉设置，右侧用于栅格设置。"捕捉和栅格"选项卡左侧的捕捉设置部分包括"捕捉间距""极轴间距"和"捕捉类型"3 个选项组。

"捕捉间距"选项组用于设置捕捉在 X 轴和 Y 轴方向的间距。

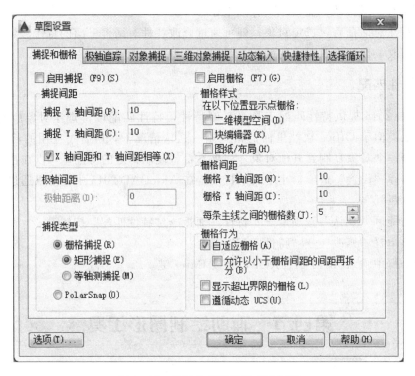

图 10-18 捕捉和栅格设置对话框图

"极轴间距"选项组中,"极轴距离"文本框用于设置极轴捕捉增量距离,必须在"捕捉类型"选项组中选择"Polar Snap"项,该文本框才可用;

"捕捉类型"选项组可以分别选择"栅格捕捉"的"矩形捕捉"或"等轴测捕捉"和"Polar Snap" 3 种捕捉类型。"矩形捕捉"是指捕捉矩形栅格上的点,即捕捉正交方向上的点;"等轴测捕捉"用于将光标与 3 个等轴测中的两个轴对齐,并显示栅格;"Polar Snap"需与"极轴追踪"一起使用,当两者均打开时,光标将沿在"极轴追踪"选项卡上相对于极轴追踪起点设置的极轴对齐角度进行捕捉。

(2) 使用捕捉

捕捉模式主要是按指定距离和角度限制光标,使其按照定义的间距和方向移动。在 Auto CAD 2015 中,有以下 3 种方法打开或关闭捕捉模式。

➢ 单击状态栏的"捕捉"按钮;
➢ 按 F9 键;
➢ 在"草图设置"对话框的"捕捉与栅格"选项卡中单击"启用捕捉"复选框。

(二) 设置与使用栅格

(1) 设置栅格

在 AutoCAD 2015 中,对栅格的设置也是通过"草图设置"对话框的"捕捉和栅格"选项卡来实现,如图 10-18 所示,右侧用于栅格设置。"捕捉和栅格"选项卡右侧的栅格设置部分包括"栅格样式""栅格间距"和"栅格行为" 3 个选项组。

"栅格样式"选项组用于设置在"二维模型空间""块编辑器""图纸/布局"位置显示点栅格或线栅格。

"栅格间距"选项组用于设置栅格在 X 轴、Y 轴方向上的显示间距。如果它们的值都设置为 0，那么栅格采用捕捉间距的值。"每条主线之间的栅格数"调整框用于指定主栅格线相对于次栅格线的频率，只有当栅格显示为线栅格时才有效。

"栅格行为"选项组：选择"自适应栅格"复选框后，在视图缩小和放大时，系统将自动控制栅格显示的比例；"允许以小于栅格间距的间距再拆分"复选框用于控制在视图放大时是否允许生成更多间距更小的栅格线；"显示超出界限的栅格"复选框用于设置是否显示超出 LIMITS 命令指定的图形界限之外的栅格；利用"遵循动态 UCS"复选框可更改栅格平面，以跟随动态 UCS 的 XY 平面。

（2）使用栅格

在 AutoCAD 2015 中，有以下 3 种方法打开或关闭栅格显示。

➢ 单击状态栏的"栅格"按钮 。
➢ 按 F7 键。
➢ 在"草图设置"对话框的"捕捉与栅格"选项卡中选中"启用栅格"复选框。

栅格只在屏幕上显示，不能打印输出，且栅格模式和捕捉模式经常被同时打开，配合使用。

二、正交模式与极轴追踪

正交模式和极轴追踪是两个相对的模式，两者不能同时使用。正交模式将光标限制在水平和竖直方向上移动，配合直接距离输入方法可以创建指定长度的正交线或将对象移动指定的距离。极轴追踪将使光标按指定角度进行移动，配合使用极轴捕捉，光标可以沿极轴角度按指定增量移动。

（一）使用正交模式

使用正交模式可以将光标限制在水平或竖直方向上移动，以便精确地创建和修改对象。打开正交模式后，移动光标时，不管是水平轴还是垂直轴，哪个离光标最近，拖动引线时将沿着该轴移动。正交模式对光标的限制仅仅局限于命令执行过程中，比如绘制直线时。在无命令的状态下，鼠标仍然可以在绘图区自由移动。

在 AutoCAD 2015 中，可以使用以下 3 种方法打开或关闭正交模式。

➢ 单击状态栏的"正交模式"按钮 。
➢ 按 F8 键。
➢ 在命令行中输入 ORTHO 并按 Enter 键然后选择"开"选项。

注意，在命令执行过程中可随时打开或关闭正交，输入坐标或使用对象捕捉时将忽略正交。要临时打开或关闭正交，可按住临时替代键 Shift 键或者 F8。

（二）极轴追踪

极轴追踪的设置可以通过"草图设置"对话框的"极轴追踪"选项卡来实现，如图 10-19 所示。

"极轴追踪"选项卡包括"极轴角设置""对象捕捉追踪设置"和"极轴角测量"3 个选项组。

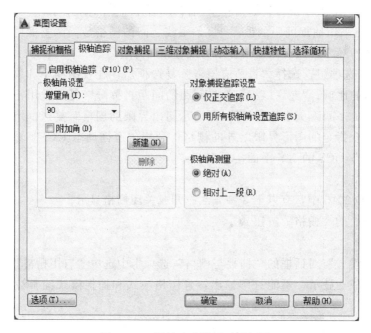

图 10-19　极轴追踪设置对话框图

"极轴角设置"选项组可设置极轴追踪的增量角与附加角。"增量角"下拉列表框用来选择极轴追踪对齐路径的极轴角测量;"附加角"复选框选中后,可指定一些附加角度。

"对象捕捉追踪设置"选项组可设置对象捕捉和追踪的相关选项,这一选项组的设置需要打开对象捕捉和对象捕捉追踪才能生效。"仅正交追踪"单选按钮打开时,仅显示已获得的对象捕捉点的正交(水平/垂直)对象捕捉追踪路径;"用所有极轴角设置追踪"单选按钮选择后,光标将从获取的对象捕捉点起沿极轴对齐角度进行追踪。

"极轴角测量"选项组可设置测量极轴追踪对齐角度的基准。"绝对"单选按钮选中后,表示根据当前用户坐标系 UCS 确定极轴追踪角度;"相对上一段"单选按钮选中后表示根据上一条线段确定极轴追踪角度。

在 AutoCAD 2015 中,可以通过以下 3 种方法打开或关闭极轴追踪。

➢ 单击状态栏的"极轴追踪"按钮 。
➢ 按 F10 键。
➢ 在"草图设置"对话框的"极轴追踪"选项卡中单击"启用极轴追踪"复选框。

三、对象捕捉

在 AutoCAD 中,使用对象捕捉可以将指定点快速、准确地限制在现有对象的确切位置上,如圆心、端点、中点、交点、象限点等,而不必一步一步地计算和输入坐标值。

(一)设置对象捕捉

设置对象捕捉和对象捕捉追踪模式,可以使用"草图设置"对话框的"对象捕捉"选项卡,如图 10-20 所示。可在命令行中输入 OSNAP(或 OS)直接打开"对象捕捉"选项卡。

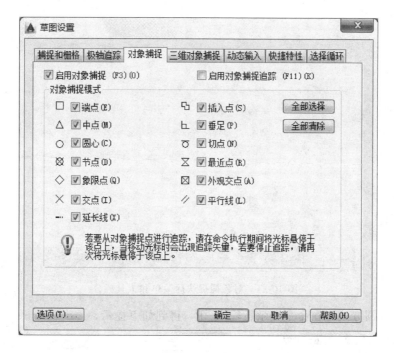

图 10-20　对象捕捉设置对话框图

启用"对象捕捉"复选框分别用于打开和关闭对象捕捉功能。在"对象捕捉模式"选项组中，列出了可以在执行对象捕捉时捕捉到的特征点，各个复选框前的图标显示的是捕捉该特征点时的对象捕捉标记。在"对象捕捉"选项卡中设置需要捕捉的特征点并启用"对象捕捉"，在绘图过程中，AutoCAD 2015 会根据"对象捕捉"选项卡中的设置自动捕捉相应的特征点。

（二）使用对象捕捉

只要命令行提示输入点，就可以使用对象捕捉功能。默认情况下，当光标移到对象捕捉设置的特征点时，光标将显示为特定的标记，并显示工具栏提示。在 AutoCAD 2015 中，可以通过以下 3 种方法打开或关闭对象捕捉。

➢ 单击状态栏的"对象捕捉"按钮。
➢ 按 F3 键。
➢ 在"草图设置"对话框的"对象捕捉"选项卡中选中"启用对象捕捉"复选框。

另外，AutoCAD 2015 还提供了"对象捕捉"工具栏和"对象捕捉"快捷菜单，以方便用户在绘图过程中使用，如图 10-21 所示。

"对象捕捉"工具栏在默认情况下不显示，可以选择"工具"→"工具栏"→"AutoCAD"→"对象捕捉"命令，打开该工具栏；在命令行提示指定点时，按住 Shift 键并在绘图区右击可以打开"对象捕捉"快捷菜单。利用对象捕捉可方便地捕捉到 AutoCAD 2015 所定义的特征点，如端点、中点、交点、圆心、象限点、节点等。

例如，可通过对象捕捉作已知三角形的内切圆。步骤如下所示：

首先，调用画圆命令，命令提示行输入 CIRCLE（或者 C），得到如下提示，

CIRCLE 指定圆的圆心或 [三点(3P) 两点(2P) 切点、切点、半径(T)]：

图 10-21　对象捕捉快捷菜单和工具栏

选择三点画圆方式，在命令提示行输入 3P，得到如下提示，

此时，使用对象捕捉中的切点捕捉，可点击工具栏中的切点捕捉或者按住 Shift 键右击鼠标，在弹出的菜单中选择捕捉切点，待在三角形的一条边上出现捕捉切点符号后，左键点击，此时命令行提示，

重复上述操作两次，得到最终的图形，如图 10-22 所示。

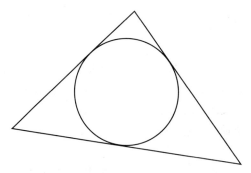

图 10-22　使用对象捕捉绘制三角形内切圆

四、查询对象信息

在 AutoCAD 2015 中，通过菜单栏"工具"→"查询"子菜单或功能区"默认"选项卡→"实用工具"面板→"测量"按钮，可提取一些图形对象的相关信息，包括两点之间的距离、对象的面积等。

（一）查询距离

在 AutoCAD 2015 中，可以通过以下 4 种方法查询距离。

- 单击功能区"默认"选项卡→"实用工具"面板→"距离"按钮。
- 选择菜单栏"工具"→"查询"→"距离"命令。
- 在命令行中输入 DIST，并按 Enter 键。
- 在命令行中输入 MEASUREGEOM 并按 Enter 键，选择"距离"选项。

操作步骤如下：

选择菜单栏"工具"→"查询"→"距离"命令。命令行提示：

> MEASUREGEOM 指定第一点：

此时单击直线的左端点。命令行继续提示：

> MEASUREGEOM 指定第二个点或 [多个点(M)]：

此时单击直线的右端点。命令行给出的距离信息如下：

```
距离 = 1120.9446, XY 平面中的倾角 = 351,    与 XY 平面的夹角 = 0
X 增量 = 1108.3039,    Y 增量 = -167.8671,    Z 增量 = 0.0000
MEASUREGEOM 输入选项 [距离(D) 半径(R) 角度(A) 面积(AR) 体积(V) 退出(X)] <距离>：
```

在上面的显示信息中，"距离"表示两点之间的绝对距离；"XY 平面中的倾角"是指第一点和第二点之间的矢量在 XY 平面的投影与 X 轴的夹角；"与 XY 平面的夹角"是指两点构成的矢量与 XY 平面的夹角；"X 增量""Y 增量"和"Z 增量"分别是指两点的 X、Y 和 Z 坐标值的增量，即第二点的坐标值减去第一点的坐标值的对应坐标值。

（二）查询面积

在 AutoCAD 2015 中，使用查询面积功能可以计算指定对象的面积和周长，可以通过以下 4 种方法查询面积。

- 单击功能区"默认"选项卡→"实用工具"面板→"面积"按钮。
- 选择菜单栏"工具"→"查询"→"面积"命令。
- 在命令行中输入 AREA，并按 Enter 键。
- 在命令行中输入 MEASUREGEOM 并按 Enter 键，选择"面积"选项。

查询面积时，可以查询指定点围成的面积，也可以直接查询指定对象（不一定闭合）围成的面积。

（三）列表显示

使用 AutoCAD 2015 的列表显示功能可以显示所选对象的类型、所在图层、相对于当前用户坐标系 UCS 的 X、Y、Z 位置，以及对象是位于模型空间还是布局空间等信息；如果颜色、线型和线宽没有设置为"随层"，则还显示这些项目的相关信息。

在 AutoCAD 2015 中，可以通过以下两种方法执行列表显示命令。

- 选择菜单栏"工具"→"查询"→"列表"命令。
- 在命令行中输入 LIST，并按 Enter 键。

执行列表显示命令后，命令行提示：

> LIST 选择对象：

此时可选择一个或多个对象后按 Enter 键或右击，系统将自动弹出文本窗口显示所选对象的属性信息。

第五节 尺寸标注

尺寸标注描述了设计对象各组成部分的大小及相对位置关系，在土地整治工程制图中更是图形的重要组成部分。本节主要介绍标注样式的设置，各种尺寸的标注方法以及尺寸标注的修改编辑等内容。

一、创建与设置标注样式

在 AutoCAD 2015 中，可通过标注样式控制标注格式，包括尺寸线线型、尺寸线箭头大小、标注文字高度以及排列方式等。

（一）设置标注样式

设置或编辑标注样式，需要在"标注样式管理器"对话框（如图 10-23 所示）中进行，用户可以通过以下 4 种方法打开"标注样式管理器"对话框。

➤ 选择菜单栏"格式"→"标注样式"命令。
➤ 单击功能区"默认"选项卡→"注释"面板→"标注样式"按钮。
➤ 单击功能区"注释"选项卡→"标注"面板→"标注样式"按钮。
➤ 在命令行中输入 DIMSTYLE（或 D），并按 Enter 键。

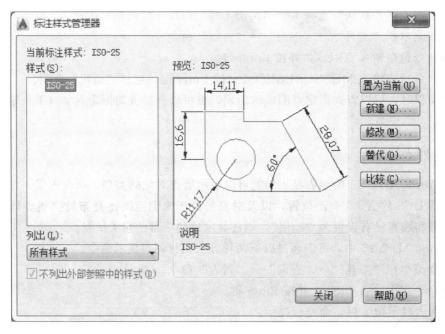

图 10-23 标注样式管理器对话框

打开"标注样式管理器"后，单击"标注样式管理器"对话框右侧的"新建"按钮，将打开如图 10-24 所示的"创建新标注样式"对话框。

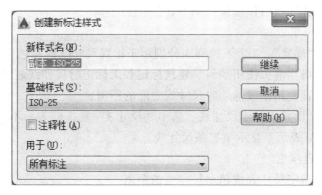

图 10-24　新建标注样式管理器对话框

在"新样式名"文本框中输入新建样式的名称；在"基础样式"下拉列表框中选择新建样式的基础样式，新建样式即在该基础样式的基础上进行修改而成；在"用于"下拉列表框中选择新建标注的应用范围，如"所有标注""线性标注""角度标注"等；选中"注释性"复选框，可以自动完成缩放注释的过程，从而使注释能够以合适的大小在图纸上打印或显示。

单击"继续"按钮，进入"新建标注样式：副本 ISO-25"对话框，如图 10-25 所示。

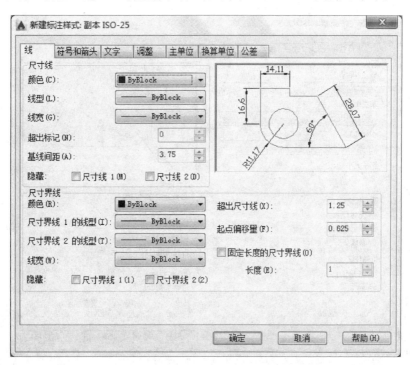

图 10-25　"新建标注样式：副本 ISO-25"对话框

该对话框包括"线""符号和箭头""文字""调整""主单位""换算单位"和"公差"7 个选项卡，可设置标注的一系列元素的属性，在对话框右侧有所设置内容的预览。各选项卡说明如下。

(1)"线"选项卡

"线"选项卡包含"尺寸线"和"尺寸界线"两个选项组，分别用于设置尺寸线、尺寸

第十章　AutoCAD 2015绘图简介　231

界线的格式和特性。各选项组设置说明如下。

① "尺寸线"选项组

"颜色""线型""线宽"：3个下拉列表分别用于设置尺寸线的颜色、线型和线宽。

"超出标记"：是指当箭头使用倾斜、建筑标记和无标记时尺寸线超过尺寸界线的距离。

"基线间距"：设置使用基线标注时尺寸线之间的距离。

"隐藏"复选框：设置不显示尺寸线。选中"尺寸1"复选框表示不显示第一条尺寸线，选中"尺寸2"复选框表示不显示第二条尺寸线。

② "尺寸界线"选项组

"超出尺寸线"：指定尺寸界线超出尺寸线的距离。

"起点偏移量"：设置自图形中定义标注的点到尺寸界线的偏移距离。

"固定长度的尺寸界线"：若选择该复选框，将启用固定长度的尺寸界线，其长度可在"长度"调整框中设置。

其他选项与"尺寸线"选项组的对应选项含义相同。

(2) "符号和箭头"选项卡

"符号和箭头"选项卡主要用于设置箭头、圆心标记、弧长符号、半径折弯标注和线性折弯标注的格式和位置，见图10-26。

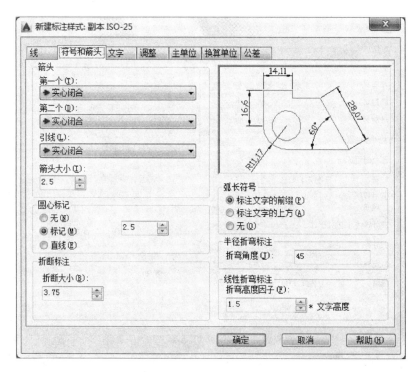

图10-26 新建标注样式中符号和箭头设置对话框

① "箭头"选项组

"第一个""第二个""引线"3个下拉列表框：分别用于设置第一个尺寸线箭头、第二个尺寸线箭头及引线箭头的类型；

"箭头大小"：设置箭头的大小。

② "圆心标记"选项组

"无"单选按钮:如选择该按钮,表示不创建圆心标记或中心线。
"标记"单选按钮:表示创建圆心标记。
"直线"单选按钮:创建中心线。

③"折断标注"选项组
设置折断标注的间隙大小。

④"弧长符号"选项组
该组中,"标注文字的前缀""标注文字的上方"和"无"3个单选按钮,用于设置弧长符号在尺寸线上的位置,即在标注文字的前方、上方或者不显示。

⑤"半径折弯标注"选项组
该选项组用于设置折弯半径标注的显示样式,这种标注一般用于圆心在纸外的大圆或大圆弧标注。"折弯角度"文本框用来确定折弯半径标注中,尺寸线的横向线段的角度。

⑥"线性折弯标注"选项组
该选项组用于控制线性标注折弯的显示。当标注不能精确表示实际尺寸时,通常将折弯线添加到线性标注中。在"折弯高度因子"调整框中可以设置折弯符号的高度和标注文字高度的比例。

(3)"文字"选项卡
"文字"选项卡用于设置标注文字的格式、位置和对齐方式,如图10-27所示。

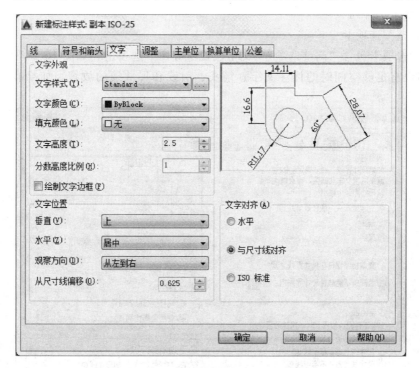

图 10-27　新建标注样式中文字设置对话框

①"文字外观"选项组
"文字样式"下拉列表框:列出可用的文本样式。也可通过单击按钮,打开"文字样式"对话框设置新的文字样式。
"文字颜色""填充颜色"两个下拉列表框:分别用于选择标注文字的颜色和填充的

第十章　AutoCAD 2015绘图简介　　**233**

颜色。

"文字高度"调整框：设置当前标注文字样式的高度。

"分数高度比例"调整框：仅在"主单位"选项卡上选择"分数"作为"单位格式"时，此选项才可用。该调整框用于设置相对于标注文字的分数比例。在此处输入的值乘以文字高度，可确定标注分数相对于标注文字的高度。

"绘制文字边框"复选框：在标注文字周围绘制一个边框。

② "文字位置"选项组

"垂直"和"水平"下拉列表框：分别用于设置标注文字相对于尺寸线的垂直位置和标注文字在尺寸线上相对于尺寸界线的水平位置。

"观察方向"下拉列表框：控制标注文字的观察方向，即是按从左到右阅读的方式放置文字，还是按从右到左阅读的方式放置文字。

"从尺寸线偏移"调整框：设置当尺寸线断开以容纳标注文字时，标注文字周围的距离；或者尺寸线没有断开，标注文字与尺寸线之间的距离。

③ "文字对齐"选项组

"水平"单选按钮：无论尺寸线的方向如何，标注文字的方向总是水平的。

"与尺寸线对齐"单选按钮：标注文字保持与尺寸线平行。

"ISO标准"单选按钮：当文字在尺寸界线内时，文字与尺寸线对齐。当文字在尺寸线界外时，文字水平排列。

（4）"调整"选项卡

"调整"选项卡包含"调整选项""文字位置"等4个选项组，如图10-28所示。该选项卡用于控制没有足够空间时的标注文字、箭头、引线和尺寸线的放置。如果有足够大的空

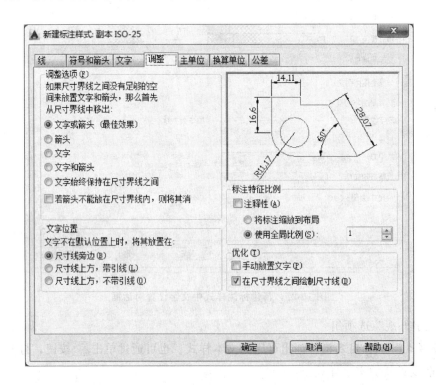

图10-28　新建标注样式中调整设置对话框

间，文字和箭头都将放在尺寸界线内。否则，将按照"调整选项"中的设置放置文字和箭头。

（5）"主单位"选项卡

"主单位"选项卡用于设置主标注单位的格式和精度，并设置标注文字的前缀和后缀，如图10-29所示。

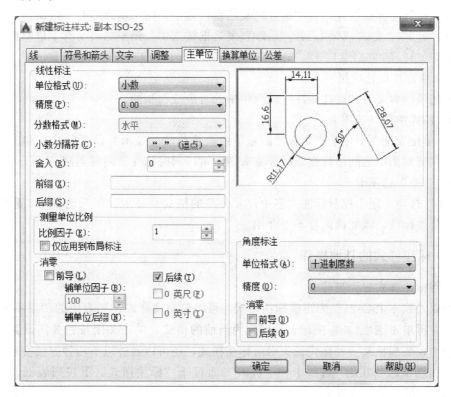

图10-29 新建标注样式中调整主单位对话框

① "线性标注"选项组

"单位格式"下拉列表框：设置除角度之外的所有标注类型的当前单位格式，包括"科学""小数""工程"等几种格式。用户可以根据自己的行业类别和标注需要选择所需的单位格式。在预览窗口可以预览标注效果。

"精度"下拉列表框：设置标注文字中的小数位数。

"分数格式"下拉列表框：设置分数格式。只有当"单位格式"设为"分数"格式时才可用。

"小数分隔符"下拉列表框：用于设置小数点的格式。只有当"单位格式"设置为"小数"格式时才可用。

"舍入"调整框：为除角度之外的所有标注类型设置标注测量值的舍入规则。如果输入0.25，则所有标注距离都以0.25为单位进行舍入。如果输入1.0，则所有标注距离都将舍入为最接近的整数。小数点后显示的位数取决于"精度"设置。

"前缀"文本框：在标注文字中包含前缀，可以输入文字或使用控制代码显示特殊符号。

"后缀"文本框：在标注文字中包含后缀，同样可以输入文字或使用控制代码显示特殊符号。

② "测量单位比例"选项组

"比例因子"调整框：设置线性标注测量值的比例因子，该值不应用到角度标注。例如：如果输入"2"，则1mm的直线的尺寸将显示为2mm。

"仅应用到布局标注"复选框：设置测量单位比例因子是否仅应用到布局标注。

③ "消零"选项组

不显示前导零和后续零。若"前导"复选框被选中，则不输出所有十进制标注中的前导零。例如：0.5000变成.5000；若"后续"复选框被选中，则不输出所有十进制标注中的后续零。例如：12.5000将变成12.5。

④ "角度标注"选项组

各个选项的含义与"线性标注"选项组中的对应选项相同。

（6）"换算单位"选项卡

"换算单位"选项卡用于指定标注测量值中换算单位的显示并设置其格式和精度，该选项卡在公、英制图纸之间进行交流时非常有用，可以同时标注公制和英制。

（7）"公差"选项卡

"公差"选项卡用于控制标注文字中尺寸公差的格式及显示，因土地整治工程设计中基本不涉及公差标注，因此该内容不予介绍。

（二）标注样式的其他操作

（1）将标注样式置为当前

若要以"副本 ISO-25"为当前标注格式，可以单击"样式"列表中的"副本 ISO-25"，使之亮显，再单击 置为当前(U) 按钮，设置它为当前的格式，单击关闭按钮关闭设置。在标注尺寸过程中，要想把某一种样式设为当前标注样式，还可以通过以下两种方法实现。

➢ 单击功能区"默认"选项卡→"注释"面板→"标注样式"下拉列表框，选择"副本 ISO-25"，可将其置为当前标注样式；

➢ 单击功能区"注释"选项卡→"标注"面板→"标注样式"下拉列表框，选择"副本 ISO-25"，也可将其置为当前标注样式。

（2）修改标注样式

在"标注样式管理器"对话框中，单击要修改的标注样式名，使其亮显，然后单击 修改(M)... 按钮，就会进入"修改标注样式"对话框，具体修改方法跟新建标注样式一样，修改完毕单击确定按钮就可以完成样式的修改。

（3）删除和重命名标注样式

如果要删除一个没有使用的样式，或者对某个样式进行重命名，用户可以打开"标注样式管理器"对话框，在"样式"列表中某样式名上右击，单击"删除"或"重命名"选项即可。当前样式和已经使用的样式不能被删除。

二、各种具体尺寸的标注方法

完成标注样式的设置后，就可以使用各种尺寸标注工具进行尺寸标注了。在标注尺寸前，先将所需使用的标注样式设置为当前标注样式。在 AutoCAD 2015 中，可通过以下 4 种方法选取各种尺寸标注工具。

➢ 单击功能区"默认"选项卡→"注释"面板→"标注工具"列表按钮。
➢ 单击功能区"注释"选项卡→"标注"面板→"标注工具"列表按钮，从中选取各种尺寸标注工具进行尺寸标注。
➢ 选择"标注"菜单下的相应命令。
➢ 在命令行输入相应命令调用各种标注工具。

标注中常用到的形式有：线性尺寸标注、对齐尺寸标注、角度尺寸标注、半径标注、直径标注等，下面就来具体介绍它们的注法。

（一）线性尺寸标注

线性尺寸标注是指标注对象在水平或垂直方向的尺寸。可通过以下4种方式执行标注线性尺寸命令。

➢ 单击功能区"默认"选项卡→"注释"面板→"线性"按钮├─┤。
➢ 单击功能区"注释"选项卡→"标注"面板→"线性"按钮├─┤。
➢ 选择菜单栏"标注"→"线性"命令。
➢ 在命令行中输入 DIMLINEAR（或 DLI），并按 Enter 键。

执行以上任一操作后，命令行提示如下：

`× ⚙ ├─┤ ▼ DIMLINEAR 指定第一个尺寸界线原点或 <选择对象>：`

命令行要求指定第一个尺寸界线的原点。一般地，指定标注的尺寸界线原点时，可利用"对象捕捉"功能。指定第一个点后，命令行继续提示：

`× ⚙ ├─┤ ▼ DIMLINEAR 指定第二条尺寸界线原点：`

此时指定第二个点，命令行继续提示：

`× ⚙ ├─┤ ▼ DIMLINEAR [多行文字(M) 文字(T) 角度(A) 水平(H) 垂直(V) 旋转(R)]：`

此时系统自动测量标注两点之间的水平或竖直距离，用户只要在合适的位置单击即可指定尺寸线位置，完成标注线性尺寸操作。用户也可以选择中括号里的选项，各个选项的含义如下。

多行文字（M）：选择该选项后进入多行文字编辑器，可用它来编辑标注文字。
文字（T）：在命令提示下，自定义标注文字。生成的标注测量值显示在尖括号中。
角度（A）：用于修改标注文字的旋转角度。例如：要将文字旋转60°，此时在命令行中输入"60"并按〈Enter〉键。
水平（H）/垂直（V）：这两项用于选择尺寸线是水平的或是垂直的。
旋转（R）：用于创建旋转线性标注。这一项用于旋转标注的尺寸线，而不同于"角度（A）"中的旋转标注文字。

用户也可以在命令行提示"指定第一个尺寸界线原点或〈选择对象〉"时，直接按下 Enter 键选择要标注的对象。

（二）对齐尺寸标注

对齐尺寸标注可以让尺寸线始终与被标注对象平行，它也可以标注水平或垂直方向的尺寸，完全代替线性尺寸标注，但是，线性尺寸标注则不能标注倾斜的尺寸。标注倾斜尺寸，可通过以下 4 种方式之一执行标注对齐尺寸命令。
> 单击功能区"默认"选项卡→"注释"面板→"对齐"按钮。
> 单击功能区"注释"选项卡→"标注"面板→"对齐"按钮。
> 选择菜单栏"标注"→"对齐"命令。
> 在命令行中输入 DIMALIGNED（或 DAL），并按 Enter 键。

对齐尺寸标注操作命令行提示的选项与线性标注步骤基本相同，可参照线性标注方法完成标注。

（三）角度尺寸标注

角度尺寸标注是用来标注角度尺寸的。角度尺寸标注的两条直线必须能相交。一般而言，在进行角度标注前需要建立一个标注角度的样式——"角度样式"。"角度样式"的建立步骤如下。

首先，进入"标注样式管理器"对话框，在"样式"列表中选择"副本 ISO-25"，然后单击"新建"按钮，出现"创建新标注样式"对话框。

其次，不需要输入新样式名，在"用于"下拉列表框中选取"角度标注"，单击"继续"按钮进入"新建样式标注"对话框。

随后，进入"文字"选项卡，在"文字对齐"选项组中选择"水平"选项。单击"关闭"按钮，回到"标注样式管理器"对话框，这时在"副本 ISO-25"下加了"角度"这个子样式。

角度标注用于标注两条非平行直线、圆、圆弧或者不共线的 3 个点之间的角度。标注时先设置角度标注样式为当前样式，然后通过以下 4 种方式之一执行角度标注命令。
> 单击功能区"默认"选项卡→"注释"面板→"角度"按钮。
> 单击功能区"注释"选项卡→"标注"面板→"角度"按钮。
> 选择菜单栏"标注"→"角度"命令。
> 在命令行中输入 DIMANGULAR（或 DAN），并按 Enter 键。

执行角度标注后，命令行依次提示：

DIMANGULAR 选择圆弧、圆、直线或 <指定顶点>：;

DIMANGULAR 选择第二条直线：;

DIMANGULAR 指定标注弧线位置或 [多行文字(M) 文字(T) 角度(A) 象限点(Q)]：;

此时用鼠标在合适的位置单击完成角度标注。

（四）半径标注

半径标注是用来标注圆和圆弧的半径，在标注文字前加半径符号 R 表示，可通过以下 4 种方式来实现。
> 单击功能区"默认"选项卡→"注释"面板→"半径"按钮。
> 单击功能区"注释"选项卡→"标注"面板→"半径"按钮。
> 选择菜单栏"标注"→"半径"命令。
> 在命令行中输入 DIMRADIUS（或 DRA），并按 Enter 键。

执行半径标注后，命令行依次提示：

> ✕ ✎ ⊙ ▼ DIMRADIUS 选择圆弧或圆：

> ✕ ✎ ⊙ ▼ DIMRADIUS 指定尺寸线位置或 [多行文字(M) 文字(T) 角度(A)]：

此时在合适的位置单击指定尺寸线的位置即可。

（五）直径标注

直径标注用于标注圆或圆弧的直径，在标注文字前加直径符号 ϕ 表示，可通过以下 4 种方式来实现。

➢ 单击功能区"默认"选项卡→"注释"面板→"直径"按钮◎。
➢ 单击功能区"注释"选项卡→"标注"面板→"直径"按钮◎。
➢ 选择菜单栏"标注"→"直径"命令。
➢ 在命令行中输入 DIMDIAMETER（或 DDI），并按〈Enter〉键。

执行直径标注后，命令行提示与操作和半径标注基本相同。
其他标注在土地整治工程制图中使用较少，这里不再详述。

第六节　文字和表格

文字是工程图纸中重要的组成部分，如标题栏、技术要求和尺寸标注等很多地方都需要文字。它可以对工程图中几何图形难以表达的部分进行注释和补充。另外，在工程图中经常会遇到表格，使用 AutoCAD 2015 的绘制表格功能，可以自动生成表格，非常方便。

一、创建文字样式

在为图形添加文字对象之前，应先确定文字的样式。AutoCAD 2015 默认的文字样式为 Standard。通过"文字样式"对话框，用户可以自己设置文字样式，如图 10-30 所示。在 AutoCAD 2015 中，可以通过以下 5 种方法打开"文字样式"对话框。

➢ 选择菜单栏"格式"→"文字样式"命令；
➢ 单击功能区"默认"选项卡→"注释"面板→"文字样式"按钮 A；
➢ 单击功能区"注释"选项卡→"文字"面板→"文字样式"按钮 A；
➢ 单击"文字"工具栏→"文字样式"按钮 A；
➢ 在命令行中输入 STYLE（或 ST），并按 Enter 键。

如图 10-30 所示，"文字样式"对话框的"样式"列表框内列出了所有文字样式。通过"样式"列表框下方的预览窗口，可对所选择的样式进行预览。

"文字样式"对话框主要包括"字体""大小"和"效果"3 个选项组，分别用于设置文字的字体、大小和显示效果。单击 置为当前(C) 按钮，可将所选择的文字样式置为当前；单击 新建(N)... 按钮，可新建文字样式，新建的文字样式将显示在"样式"列表框内；单击 删除(D)

按钮，可删除文字样式，但不能删除 Standard 文字样式、当前文字样式和已经使用的文字样式。

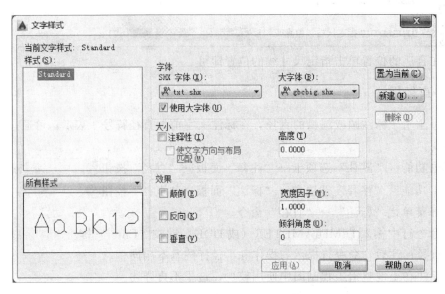

图 10-30　新建文字样式对话框

AutoCAD 可以提供两种类型的文字，分别是 AutoCAD 专用的形字体（后缀为 shx）和 Windows 自带的 Truetype 字体（后缀为 ttf）。形文字的特点是字形比较简单，占用的计算机资源较低；TrueType 字体是 Windows 自带字体。AutoCAD 2015 提供了中国用户专用的符合国家标准的中西文工程形字体，其中有两种西文字体和一种中文长仿宋体工程字，两种西文字体的字体名是 gbeitc.shx（控制英文斜体）和 gbenor.shx（控制英文直体），中文长仿宋体的字体名为 gbcbig.shx。

通过"字体名"下拉列表框可选择所需字体。选择"使用大字体"复选框指定亚洲语言的大字体文件。只有在"字体名"中指定.shx 文件才能使用"大字体"。

在"大小"选项组可设置文字的大小。文字大小通过"高度"文本框设置，默认为 0.0000，如果设置"高度"为 0.0000，则每次用该样式输入文字时，文字高度的默认值为 2.5；如果输入大于 0.0000 的高度值，则将该样式设置为相应的文字高度。

在"效果"选项组，可设置文字的显示效果，共 5 个选项，其中，"颠倒"复选框选中表示倒置显示字符；"反向"复选框选中表示反向显示字符；"垂直"复选框选中表示文字垂直书写；"宽度因子"文本框默认值是 1，如果输入值大于 1，则文本宽度加大，反之则文本宽度变窄；"倾斜角度"文本框表示字符向左右倾斜的角度，以 Y 轴正向为 0°，顺时针为正，可以输入 $-85\sim85$ 的一个值，使文本倾斜。

二、文字输入

AutoCAD 提供了两种文字输入方式，分别为单行文字与多行文字。所谓的单行文字输入并不是用该命令每次只能输入一行文字，而是将输入文字的每一行单独作为一个实体对象来处理。相反，多行文字输入就是不管输入几行文字，AutoCAD 都把它作为一个实体对象来处理。对于简短的输入项可以使用单行文字，对于有内部格式的分行较多的输入项则使用多行文字比较合适。

（一）单行文字

在 AutoCAD 2015 中，可以通过以下 4 种方法创建单行文字。
- ➤ 单击功能区"默认"选项卡→"注释"面板→"单行文字"按钮 A。
- ➤ 单击功能区"注释"选项卡→"文字"面板→"单行文字"按钮 A。
- ➤ 选择菜单栏"绘图"→"文字"→"单行文字"命令。
- ➤ 在命令行中输入 TEXT（或 DT），并按〈Enter〉键。

执行"单行文字"命令后，命令行提示：

```
当前文字样式： "Standard"  文字高度： 2.5000  注释性： 否  对正： 左
AI- TEXT 指定文字的起点 或 [对正(J) 样式(S)]:
```

命令行第一行显示当前的文字样式，第二行提示指定单行文字的起点。

指定单行文字的起点后，命令行继续提示：

```
AI- TEXT 指定高度 <2.5000>:
```

此时通过鼠标定位或输入高度值来指定文字的高度。命令行继续提示：

```
AI- TEXT 指定文字的旋转角度 <0>:
```

此时可设置文字的旋转角度，既可以在命令行直接输入角度值，也可以将鼠标置于绘图区，这样会显示光标到文字起点的橡皮筋线，然后在相应的角度位置单击并指定角度。指定文字的起点、高度、旋转角度之后，光标变为 I 型，即可在输入框中输入文字。

（二）多行文字

多行文字输入命令用于输入内部格式比较复杂的多行文字，与单行文字输入命令不同的是，输入的多行文字是一个整体，每一单行不再是一个单独的文字对象。

在 AutoCAD 2015 中，可通过以下 4 种方法创建多行文字。
- ➤ 单击功能区"默认"选项卡→"注释"面板→"多行文字"按钮 A。
- ➤ 单击功能区"注释"选项卡→"文字"面板→"多行文字"按钮 A。
- ➤ 选择菜单栏"绘图"→"文字"→"多行文字"命令。
- ➤ 在命令行中输入 MTEXT（T 或 MT），并按 Enter 键。

执行"多行文字"命令后，命令行提示：

```
当前文字样式: "Standard"  文字高度： 3  注释性： 否
A- MTEXT 指定第一角点:
```

此时指定多行文字的第一角点，命令行继续提示：

```
A- MTEXT 指定对角点或 [高度(H) 对正(J) 行距(L) 旋转(R) 样式(S) 宽度(W) 栏(C)]:
```

此时可指定第二角点或者选择中括号内的选项设置多行文字。指定对角点之后，系统自动切换到多行文字编辑界面。功能区提供了附加的"文字编辑器"选项卡，便于对多行文字进行编辑。此时可在"文本输入区"输入文本，按 Enter 键可换行，单击绘图区空白处结束命令。

（三）输入特殊字符

在 AutoCAD 中有些字符是不方便通过标准键盘直接输入的，这些字符为特殊字符，如直径符号"ф"、角度符号"°"、正负号"±"等。在多行文本输入文字时可通过符号按钮来输入常用的符号，在单行文本输入中则必须使用控制码。

（1）利用"多行文字编辑器"

执行"多行文字"命令后，在出现的"文字编辑器"选项卡上单击"插入"面板→"符号"按钮，弹出"符号"菜单。菜单中列出了常用符号及其控制代码或 Unicode 字符串。从中选择需要的符号便可将其插入光标处。如果在"符号"菜单中没有要输入的符号，还可选择菜单的"其他"选项，用"字符映射表"来插入所需符号。

（2）使用控制码

执行"单行文字"或"多行文字"命令，在命令行提示输入文本时输入控制码即可。控制码由两个百分号（％％）后紧跟一个字母构成。表 10-3 是 AutoCAD 中常用的控制码。

表 10-3　常用控制码简表

控制码	功　　能
％％o	加上划线
％％u	加下划线
％％d	角度符号
％％p	正负号
％％c	直径符号

三、文字编辑

（一）编辑单行文字

对单行文字的编辑包含两方面的内容：修改文字内容和修改文字特性。如果仅修改文字内容，可以直接在文字上双击，文字处于编辑状态；要修改单行文字的特性，可选择文字对象后，单击"默认"选项卡→"特性"面板上的"特性"按钮，打开"特性"对话框修改文字的内容、样式、高度、旋转角度等。编辑完成后，关闭"特性"对话框即可。

（二）编辑多行文字

直接双击多行文字，系统切换到多行文字编辑界面，在文本输入区中修改文字内容，利用"文字编辑器"选项卡可设置多行文字格式，见图 10-31。"文字编辑器"选项卡主要包括"样式"、"格式"、"段落"、"插入"、"选项"和"关闭"等面板。各个面板上的控件既可以在输入文本之前设置其格式，也可以设置选定文本的格式。简要介绍如下。

图 10-31　文字编辑器选项卡

(1) 样式面板

"样式"列表框：用于设置多行文字对象的文字样式。该列表框中将列出所有的文字样式，包括系统默认的样式和用户自定义的样式。

"注释性"按钮：为新的或选定的多行文字对象启用或禁用注释性。

"文字高度"下拉列表框：按图形单位设置多行文字的高度。可以从其下拉列表框中选取，也可以直接输入数值指定高度。

"遮罩"按钮：用于在多行文字后放置不透明背景。

(2) "格式"面板

"字体"下拉列表框：设置多行文字的字体。

"颜色"下拉列表框：设置多行文字的颜色。

"粗体"按钮、"斜体"按钮、"删除线"按钮、"下划线"按钮、"上划线"按钮：分别用于开关多行文字的粗体、斜体、删除线、下划线和上划线格式。

"匹配文字格式"按钮：用于将选定文字的格式应用到相同多行文字对象中的其他字符；

"堆叠"按钮：用于堆叠指定的分数和公差格式的文字。

"上标"按钮、"下标"按钮：分别用于将选定文字转为上标、下标。

"倾斜角度"调整框：确定文字是向前倾斜还是向后倾斜。倾斜角度表示的是相对于 90°方向的偏移角度。输入一个 −85～85 的数值可使文字倾斜。倾斜角度的值为正时，文字向右倾斜；倾斜角度的值为负时，文字向左倾斜。

"追踪"调整框：用于增大或减小选定字符之间的间距。1.0 是常规间距，该值大于 1.0 可增大间距，小于 1.0 可减小间距。

"宽度因子"调整框：扩展或收缩选定字符。设为 1.0 代表此字体中的字母是常规宽度，可以增大该宽度或减小该宽度。

(3) "段落"面板

"对正"按钮：单击该按钮将显示多行文字的"对正"下拉列表，有 9 个对齐选项可用。

"段落"面板按钮：单击该按钮将显示"段落"对话框，可设置段落格式。

"默认"按钮、"左对齐"按钮、"居中"按钮、"右对齐"按钮、"对正"按钮和"分散对齐"按钮：设置当前段落或选定段落的左、中或右文字边界的对正和对齐方式。设置对齐方式时，设置对象将包含一行末尾输入的空格，并且这些空格会影响行的对正。

"行距"按钮：调整多行文字之间的距离。行距是多行段落中文字的上一行底部和下一行顶部之间的距离。

"项目符号和编号"按钮：用于创建项目符号或列表。

(4) "插入"面板

"列"按钮：单击该按钮将显示"列"下拉列表。该下拉列表提供了 3 个栏选项："不分栏""动态栏"和"静态栏"。可根据绘图要求选用。

"符号"按钮：单击该按钮将显示"符号"下拉列表，可以插入制图过程中需要的特殊符号。

"字段"按钮：单击该按钮将弹出"字段"对话框，从中可以选择要插入文字中的特殊字段，如创建日期、打印比例等。

(5)"选项"面板

"放弃"按钮与"重做"按钮：分别用于放弃和重做在多行文字编辑器中的操作，包括对文字内容和文字格式所做的修改。

"标尺"按钮：用于控制文本输入区上方标尺的显示与隐藏。

"更多"按钮：用于显示其他文字选项列表。

四、创建表格

表格是由包含注释（以文字为主）的单元构成的对象。在工程上大量使用表格，例如标题栏和明细表都属于表格的应用。

在创建表格之前，应先定义表格的样式，包括表格的字体、颜色和填充等。AutoCAD 2015 默认的表格样式为 Standard 样式。通过"表格样式"对话框，用户可以定义所需的表格样式，如图 10-32 所示。

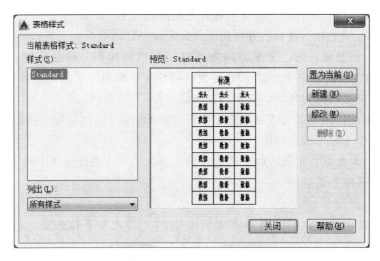

图 10-32　表格样式对话框

在 AutoCAD 2015 中，打开"表格样式"对话框的方法有以下 4 种。

➢ 选择菜单栏"格式"→"表格样式"命令。

➢ 单击功能区"默认"选项卡→"注释"面板→"表格样式"按钮 。

➢ 单击功能区"注释"选项卡→"表格"面板→"表格样式"按钮 。

➢ 在命令行中输入 TABLESTYLE（或 TS），并按 Enter 键。

如图所示，"表格样式"对话框的"样式"列表框中列出了所有的表格样式。在"预览"窗口，可对所选择的表格样式进行预览。单击 按钮，可将所选择的表格样式置为当前；单击 按钮，可新建表格样式，新建的表格样式将显示在"样式"列表框内；单击 按钮，可修改所选表格样式； 按钮用于删除表格样式，但不能删除 Standard 表格样式、当前表格样式及已经使用的表格样式。

创建新的表格样式，可单击 按钮，在弹出的"创建新的表格样式"对话框的"新样式名"文本框中输入样式名称，并选择基础样式。单击 按钮，弹出"新建表格样式"对话框，可对新建的表格样式的各个属性进行设置。

第七节 图层管理

图层是 AutoCAD 管理图形的一种非常有效的方法，用户可以利用图层将图形进行分组管理。使用图层不仅使图形的各种信息清晰、有序、便于观察，而且也会给图形的编辑、修改、输出带来很大的方便。

一、创建图层

（一）"图层"面板

AutoCAD 2015 在"草图与注释"工作空间的"默认"选项卡中专门提供了"图层"面板，以便简单、快捷地操作，如图 10-33 所示。

图 10-33　图层面板图

（二）图层特性管理器

如图 10-34 所示，"图层特性管理器"对话框不仅可以创建新图层，设置图层特性包括颜色、线型和线宽等，还可以对图层进行各种设置和管理。

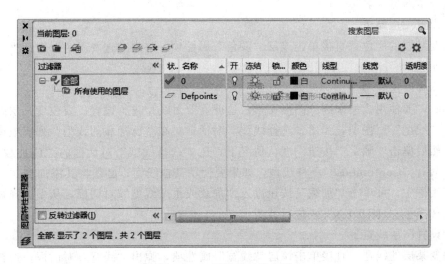

图 10-34　图层特性管理器

打开该对话框的方法有以下 3 种。

➢ 单击功能区"默认"选项卡→"图层"面板→"图层特性"按钮。
➢ 选择菜单栏"格式"→"图层"命令。
➢ 在命令行中输入 LAYER，并按〈Enter〉键。

（三）新建和删除图层

开始绘制新图形时，AutoCAD将自动创建一个名为0的特殊图层。默认情况下，图层0将被指定使用7号颜色、CONTINUOUS线型、"默认"线宽（默认设置是0.01英寸或0.25毫米）等。0层是默认层，不能删除或重命名。在没有建立新层之前，所有的操作都是在此层上进行的。

绘图过程中，如果用户需要使用更多的图层来绘制图形，则需要创建新图层。单击"新建图层"按钮，将在图层列表中自动生成一个新层，新层以临时名称"图层1"显示在列表中，并采用默认设置的特性。此时"图层1"反白显示，可以直接用键盘输入图层新名称，然后按 Enter 键（或在空白处单击），新层建立完成。

如果图形进行了尺寸标注，图层列表中会出现一个"Defpoints"层，这个层只有在标注后才会自动出现，该层记录了定义尺寸的点，这些点是不显示的。"定义点"层是不能打印的，不要在此层上进行绘制。

为了节约系统资源，可以删除一些多余的图层。删除的方法是在"图层特性管理器"对话框中选择多余的层，单击"删除图层"按钮即可。需要注意的是，0层、Defpoints层、当前层和含有图形对象的层不能删除。

（四）设置图层特性

新建图层后，应设置图层的各个特性，包括图层名称、线型、线宽和颜色等，以便和其他层区分，提高绘图效率。

（1）修改图层名称

在该层名称上单击，使其所在行高亮显示，然后在名称处再次单击，进入文本输入状态，修改或重新输入名称即可。

（2）设置图层颜色

要改变某层的颜色，直接单击该层"颜色"属性项，弹出"选择颜色"对话框，为图层选择一种颜色。

（3）设置图层线型

绘图时，要使用线型来区分图形元素，这就需要对线型进行设置。要改变某层线型，可单击该层"线型"属性项，弹出"选择线型"对话框。在"已加载的线型"列表框中选择一种线型，然后单击"确定"按钮。默认情况下，在"选择线型"对话框的"已加载的线型"列表框中只有"Continuous"一种线型，如果要使用其他线型，必须将其添加到"已加载的线型"列表框中。可单击"加载"按钮进入"加载或重载线型"对话框，从中选择需要的线型（例如选择了"HIDDEN"）进行装载。

（4）设置图层线宽

要改变某层的线宽，直接单击该层"线宽"属性项，弹出"线宽"对话框，选择合适的线宽。虽然上述操作设置了线宽，但在默认情况下 AutoCAD 系统是不显示线宽的，即所有的线条都是一样的宽度。想要显示线宽，单击状态栏的"显示/隐藏线宽"按钮使其亮显即可。

（五）设置图层状态特性

除了设置"图层名称""图层颜色""图层线型"和"图层线宽"等基本特性之外，一个图层还包括打开/关闭、冻结/解冻、锁定/解锁、透明度和打印样式等其他特性，它们控制着图层的各种状态。

➢ 开关状态。打开和关闭选定图层。如果灯泡图标 💡 显示为黄色，则表示图层已打开。当图层打开时，该层中的图形可见并且可以打印。当图层关闭时，该层中的图形不可见且不能打印，不论"打印"选项是否打开。

➢ 冻结/解冻。冻结/解冻所有视口中选定的图层，包括"模型"选项卡。如果图层显示为❄，则图层被冻结，被冻结的图层上的对象不能显示、打印、消隐、渲染或重生成；

➢ 锁定/解锁。锁定和解锁选定图层。如果图标显示为 🔒，则表示图层被锁定。被锁定的图层上的对象不能被修改，但可以显示、打印和重生成。

➢ 透明度。控制所有对象在选定图层上的可见性。对单个对象应用透明度时，对象的透明度特性将替代图层的透明度设置。

➢ 打印样式。更改与选定图层关联的打印样式。

➢ 打印/不打印。控制是否打印选定图层。即使关闭图层的打印，仍将显示该图层上的对象。不管"打印"列表的设置如何，都不会打印已关闭或冻结的图层。

二、管理图层

复杂的图纸可以包括十几个图层，甚至上百个图层，因此对图层的管理很重要。

（一）设置当前层

（1）切换当前层的方法

建立了若干图层后，要想在某一层上绘制图形，就需把该层设置为当前层。切换当前层可以通过以下几种方法来实现。

➢ 在"图层特性管理器"对话框的图层列表中选择某一图层，单击上方的"置为当前"按钮。

➢ 单击功能区"默认"选项卡→"图层"面板或"图层"工具栏上的"应用过滤器"下拉列表框 💡☼🔒■0 ，选择需要置为当前的图层。

➢ 选择某一对象，单击"图层"面板或"图层"工具栏上的"将对象的图层置为当前"按钮。

➢ 在命令行中输入 CLAYER 并按 Enter 键，然后在命令行中输入图层名称并按 Enter 键即可。

（2）改变对象所在层的方法

如果要把其他层的对象放到指定层，可以选择这些对象，然后单击"应用过滤器"下拉列表框 💡☼🔒■0 ，在下拉列表中单击指定图层。

（二）图层过滤器

当图形中包含大量图层时，可以使用图层过滤器将相关的图层放到一起，方便图层的选取。AutoCAD 2015 中有两种图层过滤器，分别为图层特性过滤器和图层组过滤器。

(1) 图层特性过滤器

图层特性过滤器用于过滤名称或其他特性相同的图层，即一个图层特性过滤器中的所有图层必须具有某种共性。单击"图层特性管理器"对话框中的"新建特性过滤器"按钮，打开"图层过滤器特性"对话框，如图 10-35 所示。

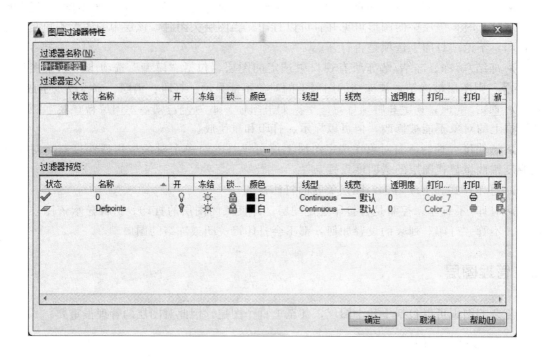

图 10-35 新建图层过滤器对话框

在"过滤器名称"文本框中命名图层过滤器。在"过滤器定义"列表框中选择需要过滤的特性，"过滤器预览"列表框即会显示过滤出的图层列表。如过滤被锁定的图层，选择完成后单击"确定"按钮。

(2) 图层组过滤器

这种过滤器不是基于图层的名称或其他特性，而是用户将指定的图层划入图层组过滤器，只需将选定图层拖到图层组过滤器，就可以从图层列表中添加选定的图层。

单击"图层特性管理器"对话框中的"新建组过滤器"按钮，在对话框左侧过滤器树列表中将会添加一个"组过滤器 1"，可根据需要进行命名。在过滤器树中单击"所有使用的图层"或其他过滤器，显示对应的图层信息，然后将需要分组过滤的图层拖动到"组过滤器1"中即可。创建好的过滤器将显示在"图层特性管理器"的左侧树状图内，单击过滤器将显示所有相关图层。

(三) 图层状态管理器

在 AutoCAD 2015 中，可通过如图 10-36 所示的"图层状态管理器"管理、保存和恢复图层设置，可以通过以下 4 种方法打开"图层状态管理器"对话框。

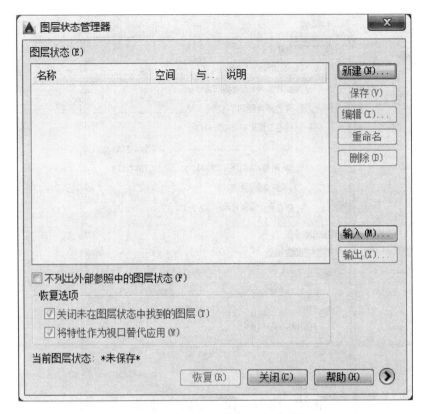

图 10-36　图层状态管理器对话框

① 单击"图层特性管理器"对话框中的"图层状态管理器"按钮 。

② 单击功能区"默认"选项卡→"图层"面板→"图层状态"按钮→"管理图层状态"命令。

③ 选择菜单栏"格式"→"图层状态管理器"命令。

④ 在命令行中输入 LAYERSTATE，并按 Enter 键。

"图层状态管理器"左侧的"图层状态"列表框中会列出已保存在图形中的命名图层状态、保存它们的空间（模型空间、布局或外部参照）、图层列表是否与图形中的图层列表相同及可选说明，下方的"不列出外部参照中的图层状态"复选框用于控制是否显示外部参照的图层状态。

（四）修改图层设置

单击"图层特性管理器"对话框右上侧的"设置"按钮，弹出如图 10-37 所示的"图层设置"对话框，可对图层的一些参数进行设置。

"图层设置"对话框包括以下 3 个选项组。

"新图层通知"选项组：用于设置控制新图层的计算和通知。

"隔离图层设置"选项组：用于控制未隔离图层的设置。

"对话框设置"选项组：用于设置是否将图层过滤器应用于"图层"工具栏和视口替代背景颜色等。

用户可根据要求对图层相关参数进行设置。

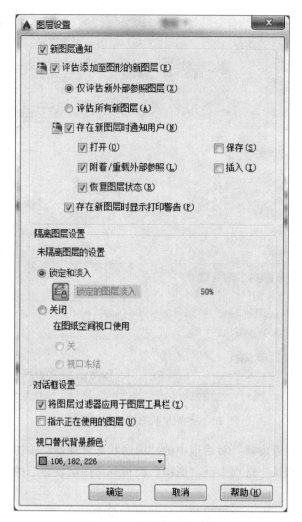

图 10-37　图层设置对话框

参 考 文 献

[1] 陈志民. AutoCAD 2015 完全学习手册 [M]. 北京：清华大学出版社，2015.
[2] 杜廷娜，蔡建平. 土木工程制图. 第二版 [M]. 北京：机械工业出版社，2009.
[3] 管殿柱，牛雪倩，魏代善等. AutoCAD 2015 中文版从入门到精通 [M]. 北京：机械工业出版社，2015.
[4] 何斌，陈锦昌，王枫红. 建筑制图. 第六版 [M]. 北京：高等教育出版社，2010.
[5] 何铭新，钱可强，徐祖茂. 机械制图. 第六版 [M]. 北京：高等教育出版社，2010.
[6] 杜冬梅，崔永军. 工程制图与 CAD [M]. 北京：中国电力出版社，2013.
[7] 高宗华，刘礼贵. 工程制图与 CAD [M]. 长沙：中南大学出版社，2013.
[8] 孙根正，王永平. 工程制图基础. 第二版 [M]. 西安：西北工业大学出版社，2003.
[9] 贾洪斌，雷光明，王德芳. 土木工程制图 [M]. 北京：高等教育出版社，2006.
[10] 纪花，邵文明. 土木工程制图 [M]. 北京：中国电力出版社，2012.
[11] 张爽，丁江. 土木工程制图 [M]. 北京：机械工业出版社，2011.
[12] 丁宇明，黄水生，张竞 [M]. 土建工程制图 [M]. 北京：高等教育出版社，2012.
[13] 张华. 画法几何及土木工程制图 [M]. 北京：中国水利水电出版社，2010.
[14] 刘小年，杨月英. 机械制图 [M]. 北京：高等教育出版社，2007.
[15] 朱育万，卢传贤. 画法几何及土木工程制图. 第四版 [M]. 北京：高等教育出版社，2010.
[16] 蔺伯华，杨广林. 钢筋混凝土结构 [M]. 北京：中国铁道出版社，2011.
[17] 齐明超，梅素琴. 画法几何及土木工程制图 [M]. 北京：机械工业出版社，2009.
[18] 阮志刚. AutoCAD 公路工程制图 [M]. 成都：西南交通大学出版社，2008.
[19] 佟以丹，刘文彦，王晓玲. 工程制图与 AutoCAD 教程 [M]. 北京：化学工业出版社，2010.
[20] 王子茹，黄红武. 房屋建筑结构识图 [M]. 北京：中国建材工业出版社，2001.
[21] 殷佩生，吕秋灵. 画法几何及水利工程制图 [M]. 北京：高等教育出版社，2015.
[22] 郧宛琪，朱道林，汤怀志. 中国土地整治战略重塑与创新 [J]. 农业工程学报，2016（4）：1-8.
[23] 张英，郭树荣. 建筑工程制图. 第三版 [M]. 北京：中国建筑出版社，2012.
[24] 《土地整治项目制图规范》（TD/T 1040—2013）.
[25] 《土地利用现状分类》（GB/T 21010—2007）.
[26] 《水利水电工程制图标准 水工建筑图》（SL 73.1—2013）.
[27] 《水利水电工程制图标准 基础制图》（SL 73.1—2013）.
[28] 《建筑结构制图统一标准》（GB 50105—2010）.
[29] 《建筑结构制图标准》（GB/T 50105—2010）.
[30] 《建筑制图标准》（GB/T 50104—2010）.
[31] 《总图制图标准》（GB/T 50103—2010）.
[32] 《建筑给水排水制图标准》（GB/T 50106—2010）.
[33] 《房屋建筑制图统一标准》（GB 50001—2010）.
[34] 《混凝土结构施工图平面整体表达方法制图规则和构造详图》（11G101-1）.
[35] 《混凝土结构设计规范》（GB 50010—2010）.
[36] 《第二次全国土地调查技术规程》（TD/T 1014—2007）.
[37] 《道路工程制图标准》（GB 50162—1992）.